합작과 연정은 시대정신이다

합작과 연정은 시대정신이다

이남곡 지음

Mindcube

차례

합작과 연정으로
새로운 문명국가를

1.

2009년《진보를 연찬하다》라는 제목으로 책을 낸 뒤 많은 변화들이 있었다.

경제 지표에서 약간의 긍정적 변화(GDP의 성장, 국제수지의 개선 등)와 인간 존엄 지표의 계속적 악화가 있었다. '헬조선', '망한민국' 같은 충격적인 말들이 특히 젊은 층에서 공공연하게 공감을 얻고 있는 지경이 되었다. 양극화, 불평등, 차별 등이 개선되지 못하고 오히려 고착되고 악화하는 경향마저 나타나고, 이제 그것이 이른바 수구적이고 보수적인 세력과 탐욕적인 자본에게만 원인을 돌릴 수 없는 실태로 나타나고 있다. '진보'를 표방하는 정치세력과 노동운동에도 그 책임을 묻지 않을 수 없게 되었다.

더 투쟁을 가열하게 못했다거나 더 '선명'하게 싸우지 못했다는 의미의 책임이 아니다. 사태를 여기까지 몰고 오는 데 '공범'의 역할을 하고 있다는 의미의 책임이다. 그런 자각이 없는 '선명'은 이미 시대착오로 된 구호를 반복하는 것에 지나지 않는다. 그것은 몰라보게 달라진 도로를 업그레이드 안 된 네비게이션으로 달리는 자동차와 같다.

대한민국은 그런 '곧 망해야 할' 형편없는 나라가 결코 아니다. 2차대전 후 신생 독립한 나라들과 개발도상국 가운데 그 예를 찾아볼 수 없는 성과를 달성한, 위대한 나라이고 위대한 국민이다.

지금의 위기는 절대빈곤과 독재에서 발생하는 것이 아니라, 업그레이드해야 할 때 업그레이드하지 못하게 발목을 잡고 있는 낡은 제도(시스템)와 관행, 그리고 특히 산업화와 민주화의 시대에는 동력으로 작동했지만 새로운 시대를 열어가는 데는 결정적인 장애로 되고 있는 '이미 낡아버린 의식'에서 발생하는 것이다.

물신(物神)의 지배와 이기주의의 심화가 한편의 장애라면, 수직사회에서의 저항의식을 넘어서는 수평사회의 성숙한 시민의식의 미발달이 또 한편의 장애로 작용하고 있다. '탐욕'과 '저항'은 과거의 보수·진보나 좌·우의 대립을 한층 더 비합리적이고 극단적인 정서대립의 방향으로 악화시킨다.

그러나 희망은 있다.

이대로는, 즉 과거의 산업화·민주화 시대에나 쓰일법한 동력으로는 새로운 시대를 열 수 없다는 자각 또한 높아지고 있다. 특히 지지난해 세월호 참극을 겪으면서 '이대로는 안 된다'는 전국민적 공감을 만들었던 소중한 경험이 있다. 이미 국민 대다수의 심층에는 새로운 동력으로 새로운 나라를 만들어야 한다는 불씨가 커가고 있다. 나는 그것이, 물신에 지배되고 차가운 이기주의가 지배하는 각자도생(各自圖生)의 세상을 우리의 후손들에게는 물려주어서는 안 되겠다는 거룩한 자각의 마음이라고 생각한다. 그런데 한때 공유했던 이 거룩한 마음마저 '고질적인 진영의 블랙홀'에 들어가면 변질되어 버린다.

우리 근현대사에서 '진영-편가름'의 폐해는 말할 수 없이 컸다. 진영-편가름은 대한제국이 무너진 원인이기도 했고, 우리 손으로 나라를 해방하려는 노력이 성공적이지 못하게 된 원인이기도 했으며, 동족상잔의 한 원인이 되기도 했다. 이제는 급기야, 위대한 업적의 나라를 쇠퇴와 망국의 길로 몰고가고 있다. 나는 우리나라 근대 100년의 정치가 이제 '합작'과 '연정'으로 수렴해야 한다고 생각한다. 그 생각의 바탕에는 나라를 망하게 하고 사대적이며 비자주적으로 만들고 있는 진영-편가름의 뿌리를 극복해야 한다는 역사적 비원(悲願)과 절박한 인식이 놓여 있다. 우리가 함께 그러한 희망을 얘기해보자는 뜻에서, 이 책을 쓰게 됐다.

2.

다행히, 요즘 협치(協治)·연정(聯政)·합작(合作)·합의제 민주주의 등의 목소리가 현실 정치인들에게서도 공공연하게 나오고 있다. 이것이 희망의 하나다. 이런 말들 자체가, 화해나 해원(解冤)보다 전향적인 표현들이다.

그 동안 화해나 해원을 기치로 많은 움직임들이 있었지만, 오히려 과거의 상처들을 들쑤셔서 더 아프게 만드는 등, 과거집착적인 경향으로 그 본뜻을 살리지 못한 경우가 많았다. 서로 잘 풀리지 않는 원한과 증오·대립 등을 대를 물려가면서 지속시키는 것보다, 잘 안 풀리는 것들을 괄호 안에 묶어놓고, 미래를 함께 논의하고 설계하는 것이 전향적인 태도라고 생각한다. '합작'과 '연정'을 잘 진행하다보면 그 괄호 안에 놓아두었던 얼음들이 녹을 것이다.

　실제로 한국 현대사에서 의미 있는 정권 교체는 바로 '합작'의 산물이었다. 김영삼 정부는 '3당 합작'에 의해 탄생했고, 김대중 정부는 'DJP연합'에 의해 탄생했다. 문제는 그런 합작과 연정을 통한 정권의 탄생이, 이후에 진정한 합작과 연정으로 이어지지 않았다는 점이다. 거기에는 여러 가지 원인들이 있을 것이다. 이른바 정권 창출을 위한 정치공학적 접근, 진영논리를 넘어서지 못한 낡은 진영 내의 소합작(小合作), 전근대적 보스정치 등 말이다. 그러나 나는 거기에 또 다른 중요한 원인도 있다고 본다. 이 시기 한국 좌파가 진보하지 못했다는 점이 바로 그것이다. 만약 이 시기에 좌파가 진보했다면 합작과 연정에 주도적 역할을 할 수 있지 않았을까.

　합작의 인문적·과학적 토대는 '실사구시'(實事求是, 사실에 토대를 두어 옳음을 추구함)와 '구동존이'(求同尊異, 같음을 추구하되 다름을 존중함)라고 생각한다. 만일 이런 바탕에서 좌파가 진보했더라면, 철학도 없고 실력도 없는 빈곤한 정권 탄생을 막을 수 있지 않았을까. 오죽하면 노무현 전대통령의 '대연정' 주장―어떤 진영에서도 진지한 반응을 얻지 못하고 비아냥만 받았던―이 나왔겠는가? 나는 노 전대통령의 이 제안이 실제로 국정을 책임진 대통령으로서 진심을 담은, 어쩌면 피 토하는 심정의 절규였을 것이라고 생각한다.

어쩌면 역사를 크게 바꾸고 새로운 동력을 얻었을 이 시기에 진보하지 못한 좌파는 이제라도 그 책임을 통감해야 한다. 그러지 못하면 좌파가 진보라는 등식(이미 깨졌지만)은 앞으로 더더욱 우리 사회에서 상당히 오랫동안 빛을 잃을 것이다.

물질적 수준과 민주주의 제도는 역사적 비원인 진정한 '합작'과 '연정'의 조건들을 많이 만들어냈다. 이제 크게 한번 점프하면 된다. 양심적인 보수는 '선진화'를, 합리적인 진보는 '인간화'를 시대정신으로 파악하고, 선진화와 인간화가 서로 합작하면 된다.

합작에는 '상층(上層) 합작'과 '기층(基層) 합작'이 있다. 두 가지가 서로 보합(保合)해야 한다. 둘 다 쉽지 않다. 어떤 의미에서는 기층 합작이 더 어려울 수 있다. 왜냐하면 아직 왕정(王政)의 의식을 벗어나지 못한 세대도 있고, 워낙 오랫동안 중앙집권적 정치가 지배해온 데다 지방분권이나 자치의 경험이 별로 없고, '저항'의 수준을 넘어선 진정한 시민주체가 형성되지 못했기 때문이다.

기층의 합작(풀뿌리, 민회 등)을 결코 경시하는 게 아니다. 상층의 합작이 더 선결과제로 되는 것이 우리의 역사적·현실적 과제가 아닌가 생각한다. 그런 면에서 나는 다음과 같은 내용을 제안해보고 싶다. 물론 나는 현실정치에는 백면서생인 인문운동가이며, 바람잡이에 불과하다. 다행히 기운 왕성한 젊은이들이 많다. 나는 그 분들이 '새로운 정치'를 위한 상상력을 해방하는 데 다소라도 영향을 줄 수 있다면, 그것으로 족할 뿐이다.

3.

먼저 '상층 합작'에 대해 이야기해보겠다.

연정을 제도적으로 가능케 하는 헌법 개정은 어려워 보인다. 설령 그것을 가능케 하는 '의원내각제' 같은 개헌이 이루어진다 해도 지금의 정당구조·정치문화·지역할거주의가 변하지 않는다면 오히려 그 단점인 정국의 불안정만 더 심해질 가능성이 크다. 따라서 현행 헌법 아래에서 진정한 합작과 연정을 가능케 하는 정당구조와 정치문화의 획기적 변화를 모색하고 추구해야 한다.

적어도 내년(2017년) 선거에서는 이것이 가능하도록 공개적이며 대담한 작업이 추진되고, 그것을 추진할 스스로에게는 현실의 정치권력에 한 발 물러설 수 있다는 '사심 없는 결사(結社)'가 요청된다. 지금은 결사대(決死隊)가 필요한 때가 아니다. 다만 사심이 없으면서도 자신의 최선을 다하는 사람, 즉 현대적 애국자들의 결사(結社)가 절실한 때다. 그만큼 현실이 급박하다는 것이다. 더 바닥을 쳐야 변하지 않겠느냐는 분들도 계시지만, 바닥을 치는 게 아니라 땅을 뚫고 내려가면 회생불능이 될 수 있다. 망하는 집이나 사업 등을 보면 부지불식간에 거의 그렇게 된다. '나라'라고 다를 리 있을까?

합작을 하자는 건 모두가 비슷해지자는 얘기가 아니다. 오히려 보수와 진보 그리고 새로운 문명을 지향하는 녹색이 그 정체성을 뚜렷이 하는 게 진정한 합작의 전제다.

자유와 평등은 서로 보완하는 점도 있지만 평면상에서는 서로 충돌하는 면이 불가피하게 나타난다. 공동체 전체의 번영과 안전이라는 측면과 공동체 내부의 정의라는 것도 서로 보합하는 면도 있지만, 구체적 상황에서는 갈등이 일어나게 되어 있다. 자본주의에서는 그런 갈등이 거의 필연적이다. 대체로 위의 두 면에서 전자의 입장에 가까운 게 보수고, 후자의 입장을 대표하는 게 진보라고 말할 수 있을 것이다.

합작과 연정이란 평면상에서 해결하기 어려운 것을 입체로 튀어올라 해결하는 과정이라고 할 수 있다. 이 입체로 튀어오르는 것이 업그레이드의 핵심이다. 나는 이 과정이 인문운동과의 결합을 통해서 이루어진다고 생각하고 있다.

또 한 가지 중요한 건, 전통적인 진보와 보수의 보합 내지는 대립과 다르게 새로운 문명, 즉 의식과 생활양식의 근본적 변화를 추구하는 사람들이 많아지고 있다는 점이다. 이들이 합작과 연정의 중요한 정치주체로 되는 게 중요하다. 이 범주에 속하는 사람들이 형성할 정당은 '기층 합작'과 깊은 관계를 가지게 될 것이다.

나는 진정한 합작과 연정을 위해 크게 세 종류의 대표 정당이 출현하는 새로운 정당 질서가 이루어지기를 바란다. 물론 정당의 자유는 완전히 보장되므로, 다수당이 출현하는 것은 당연하다.

우리의 실태로 볼 때, 앞으로도 상당한 기간 동안 보수 정당이 중심적 역할을 하게 될 것이다. 지금의 새누리당과 더불어민주당·국민의당 세력 가운데, 자유민주주의의 원칙과 공동체 전체의 번영과 안전을 통해 선진국을 지향하는 사람들이 지역적 할거의 기득권에서 벗어나 '보수 대표 정당'을 만들 수 있기를 바란다. 자유민주주의와 공정한 시장 질서를 옹호하는 보수정당 말이다. 과감히 지역할거의 구심력과 기득권을 내려놓을 수 있다면, 지금 있는 인재들로도 충분히 가능하다고 나는 보고 있다.

진보 정당 쪽에는 현재 정의당 등이 있는 것으로 아는데, 실사구시에 바탕을 두고, 노동자와 농민, 영세자영업자를 포함한 대다수 사회경제적 약자의 권리와 이익을 대표하는 한국형 '사회민주주의' 정당이 되었으면 한다. 연정의 진보적 입장을 대표하는 당사자로 될 수 있는 대표성이 있는 정당으로 되어야 한다. 이른바 진보적이라고 스스로 생각하거나 지금까지 인정 받아온 정당끼리의 연합이나 연정이 아니다. 보수 정당과의 연정이다. 처음에는 노동·복지·농업·중소기업 등의 각료로 소수가 참여하게 되겠지만, 진정한 진보의 길을 진정성 있게 걷는다면 언젠가는 더 주도적인 역할을 하게 될 것이.

그렇게 되기 위해서는 비폭력·민주집중제의 폐기, 계급투쟁이 아니라 계급조화를 그 강령으로 담을 수 있어야 한다. 이 말은, 투쟁 자체를 부정하는 게 아니다. 부당하고 불공정한 행위에 대해서는 적극적으로 투쟁하되, 다만 그것이 과거처럼 계급투쟁이 계급독재의 과정으로 되는 것을 이른바 해방이라고 보는 시각에서 완전히 벗어나야 한다는 뜻이다. 실제로 계급 없는 사회라는 이상(理想)은 계급투쟁이 아니라 계급 조화를 통해 이루어진다고 보는 게 훨씬 현실적 전망에 가깝다.

그리고 여기에 아직은 미약하지만, 녹색당이 연정의 파트너로 받아들여지고, 스스로도 그런 준비를 해야 한다.

이 당은 문명 자체의 전환을 목표로 한다. 지금의 생태주의자나 환경운동가뿐만 아니라, 협동운동이나 공동체 운동, 마을운동이나 사회적경제 등 새로운 문명을 추구하는 사람들 가운데 상당수가 이 당의 지지기반으로 확대되어야 한다. 우리나라도 이미 그 잠재적 역량은 상당하다고 생각한다. 아마 스스로 잘 준비하면 한두 개 분야의 내각에 참여할수 있지 않을까 한다.

결국 자유민주주의와 사회민주주의 그리고 새로운 문명 추구의 세 분야가 합작에 성공하고 연정을 실현하는 게 최상의 전망이다. 아마도 새누리당과 더불어민주당·국민의당이 헤쳐모여서 먼저 진정한 보수 대표정당을 만든다면, 당장은 그 당의 후보가 대통령으로서 가장 유력할 것이다.

그 당의 대통령 후보가 연정을 강력히 지지하고, 가능하면 선거에 나올 때 진보정당과 녹색당(신문명당)을 각료에 포함시키는 이른바 주요부서의 내각을 미리 구성하여 선거에 임하는 방법은 불가능할까?

합작의 주 파트너는 상당 기간 자유민주주의와 사회민주주의가 될 것이다. 언젠가는 번갈아가면서 집권하는 시대도 올 수 있겠지만, 지금 우리 사회의 특성으로 볼 때 기어코 한 번은 합작과 연정에 성공해야 한다. 이것은 단순한 꿈이 아니라 나라와 사회의 위기를 극복하고, 산업화와 민주화의 위대한 성과들을 살릴 수 있는 유일한 길이라고, 나는 보고 있다.

북한은 어떠한가. 북한은 아직 왕정에서 벗어나는 민주화가 핵심 과제다. 따라서 아직은 합작의 대상이 아니다. 통일을 이야기하는 것도 지금으로서는 비현실적일 뿐 아니라, 그것은 흡수통일을 의미하게 될 텐데 지금의 상태에서라면 자칫하면 북한이 천민자본주의의 식민지로 되어, 내란의 위험까지 수반하게 될 것이다. 남북관계를 국가 간의 관계로 정상화함으로써 민주화를 어렵게 하는 외적 조건들을 해결해주는 게 통일에 다가가는 길이 될 것이다.

이른바 급변 사태는 외부에서 만들 수 있는 것이 아니라, 내부의 민주화 과정에서 일어날 수도 있다. 그 때에 대비하는 것도 한국에서 선진화와 인간화, 그리고 자유민주주의와 사회민주주의가 합작과 연정에 성공하는 것이 답이다. 언젠가 민주화된 북한과의 합작과 연정에 마침내 성공한다면, 한반도에 위대한 통일국가가 탄생할 것이다.

4.

이제 기층 합작에 대해 이야기해보겠다.

기층은 흔히 하는 말로 '보통 사람들'을 의미한다. 시대에 따라 '신민 (臣民)', '백성', '인민', '민중', '국민', '시민' 등으로 불려온 그 사람들이다. 이 중에서 어떤 단어는 피치자(被治者)의 신분을 나타내는 말로, 어떤 말은 저항의 주체로, 또 어떤 말은 동원의 대상의 말로 사용되어왔다. 역사의 진전과 함께 그 위상이 달라져온 것이다.

민주화가 이루어지면 '보통 사람들'은 '국민'이라는 이름으로 피치자이면서 동시에 주권자가 된다. 주권자인 국민의 민도(民度)의 수준과 공정한 민주적 선거가 이루어지는 정도에 따라, 기층의 뜻이 상층을 결정하기도 한다. 선거가 형식적으로 이루어지고 부정과 부패가 지배하고, 세뇌된 낮은 민도와 결합하면 가짜 민주주의를 포장하는 용도로 쓰이기도 한다. 제도만 민주화되었다고 해서 진정한 민주주의로 되는 게 아니다. 그래서 풀뿌리운동·민회운동·자치운동 들이 중요하게 된다.

지금 우리의 경우는 어떤가? 이른바 이념으로, 세대로, 이해관계로, 지역으로, 정규직과 비정규직으로, 계층으로 오리가리 나뉘어 서로를 미워하고 서로에게 분노하고 서로 자기를 갉아먹는 경쟁에 시달리고 있는 현상들이 아직도 많지 않은가?

물론 기층 민중이 서로를 함께 살아가야 할 동료로 알고 합작하기를 원하는 방향으로 바뀌는 게 결코 쉽지는 않다. 민주주의의 원리대로 하면 기층이 변해서 상층이 바뀌는 것이 순리일지 모른다. 그러나 현실은 그렇지 않아서 때로는 상층의 합작이 기층의 합작을 이끌어내는 역할을 할 수도 있다. 함께 병행해야겠지만, 나는 우리 정치의 역사와 특징으로 미루어 상층의 합작이 더 먼저 이루어져야 하지 않을까 생각하고는 있지만, 결국은 기층의 변화가 근본이라는 데는 풀뿌리운동이나 민회운동을 하는 분들과 생각이 다르지 않다.

나는 특히 시민이 민주화 운동의 그 빛나던 저항 주체의 역할로부터 한 단계 업그레이드되어 진정한 민주주의의 주체로 성숙하는 것이 이 기층 합작의 길이라고 생각하고 있다. 물론 민주주의의 역행이나 퇴행에 대해서는 강력하게 저항하는 주체이면서, 더 나아가 수평 사회를 만드는 주체로서, 진정한 세계화의 주체로서, 책임·관용〔恕〕·공공성〔活私開公〕·세계시민성을 성숙시켜야 한다. 요즘의 협동운동이나 마을운동, 풀뿌리운동이나 민회운동 등은 바로 이런 새로운 시민 주체를 배양하는 좋은 학교이며 연습장이다.

5.

끝으로 이른바 '토대'의 변화에 대해 말씀드리고 싶다.

과거의 사회변혁 이론은 '물질적 생산력'을 토대로 보고, 그 위에 의식이나 정신이 선다고 보았다. 토대가 상부구조를 결정한다는 것이다. 또 그것과는 좀 다르지만 제도와 시스템이 토대가 되어 그 시대의 사람들의 의식이 결정된다고 보아서, 먼저 제도와 시스템을 개혁(혁파 또는 혁명)하는 것을 선결 과제로 보기도 했다.

틀린 말들은 아니다. 다만 그것이 일방통행의 결정론으로 되면 안 되는 것이다. 이미 많은 역사적 경험들이 그 사실을 증명했다.

나는 적어도 자본주의가 뿌리내려 상당한 생산력을 갖추고 절차적 민주주의가 진전된 곳에서는 토대의 역전(逆轉)이 이루어진다고 보고 있다. 사람들의 의식이나 욕구가 제도를 결정하는 요소로 된다는 말이다. 물론 일방적 방향은 아니다. 그 역할의 중요성이 바뀐다는 것이다. 내가 인문운동가로서 자기 정체성을 가지고, 협동운동이나 마을운동·교육운동·시민운동 등에 참여하고 있는 것은 사실 이런 인식의 바탕에서 하고 있는 것이다.

나는 오랜 세월 익숙해진 위대한 성현들의 이야기를 과학적으로 대중적으로 보편화하는 것을 인문운동의 중심으로 잡고 있다. 나는 다음의 세 문장을 나의 인문운동의 도구로 가장 많이 사용하고 있다. 첫째는 공자의 말이다.

> 공자가 말하기를, "내가 아는 것이 있겠는가? 아는 것이 없다. 그러나 어떤 사람이 나에게 물어오더라도, 텅 비어 있는 데서 출발하여 그 양 끝을 들추어내어 마침내 밝혀 보겠다.
>
> 子曰, 吾有知乎哉? 無知也 有鄙夫問於我 空空如也 我叩其兩端而竭焉
>
> 《논어》,〈자한편〉

나는 이 구절을 '소통은 과학이다'라는 주제로 이야기한다. 소통을 윤리적·도덕적 또는 멸사봉공(滅私奉公)의 집단주의적 요구에서가 아니라, 이미 상식화한 과학을 우리의 사고와 실천에 적용하자는 것이다. '무지'의 자각이 출발이다.

인간은 사실 그 자체를 인식할 수 있는 존재가 아니고, 자신의 감각과 판단을 통해서 인식할 뿐이다. '내가 옳다', '내가 사실을 안다'는 것은 과학적으로 전혀 근거가 없다. 그러면서 동시에 사람은 끝까지 사실이나 진리를 추구하는 존재다. 자신(또는 자신이 확대된 집단)의 감각과 판단을 통해서 한다. 따라서 그것을 비우라는 것이 공공(空空)이 아니다. 다만 자기가 알고 있는 것이 사실 자체와는 별개로 자신의 감각과 판단이라는 자각을 유지하라는 것이다.

이는 중학교 과정만 마쳐도 아는 상식화된 것이지만 실제의 삶과 실천에서는 단정이 지배하는 문화가 오랜 세월 동안 이어져왔다. 심지어 제도화된 종교의 일부는 아집의 원천이 되어 피비린내 나는 살육전을 지금도 벌이고 있다. 기층 민중 속에서 이런 자각이 보편화되는 것이야말로 합작을 실현할 수 있는 가장 큰 힘으로 될 것이다.

둘째도 역시 공자의 말이다.

자공(子貢)이 여쭈었다.

"가난하면서도 아첨함이 없으며, 부유하면서도 교만함이 없으면 어떠합니까?"

공자께서 말씀하셨다.

"좋은 말이다. 그러나 가난하면서도 즐거워하며, 부유하면서도 예를 좋아하는 것만은 못하다."

子貢曰, 貧而無諂 富而無驕 何如 子曰, 可也 未若貧而樂 富而好禮
者也

《논어》, 〈학이편〉

사람이 많아진 마을을 지나면서 무엇부터 해야 하는지를 제자들이
묻자 공자는 '부(富, 물질적 성숙)'라고 말하고, 그 다음이 '교(敎, 정신적 성
숙)'라고 말한다. 행복의 일차적 조건을 물질적 수요의 충족이라고 보고
그 다음을 정신적 성숙이라고 보고 있는 것이다. 중요한 것은 물질적 풍
요가 정신적 성숙의 조건으로 작용할 때만 행복이 된다는 것을 분명히
하고 있다는 것이다. 이는 과학적인 통찰이고, 실제로 인류 역사를 통해
검증되어온 사실이다.

그리고 '교'의 목표를 빈이락(貧而樂, 가난하지만 즐겁다)과 부이호례(富
而好禮, 넉넉하지만 서로 예로써 대한다)로 제시한다. 이것은 현대에 와서 자
발적 가난을 주창하는 사람들에게나, 자본주의의 인간화를 모색하는 사
람들에게 시사하는 바가 크다고 생각한다.

요즘 중국은 '부'의 해결 방식으로 자본주의를, '교'의 해결 주체로 중
국공산당을 내세우는 세기적 실험을 하고 있는 것으로 보인다. 다만 권
력 집단이 인민의 의식과 욕구를 변화시킬 수 있는지는 과거 권력이데
올로기로 이용되어온 무수한 사례를 볼 때, 회의적이긴 하다.

나는 우리 사회에서 이 주체가 '시민'이 되어야 한다고 생각한다. 그
것을 연습할 수 있는 가장 좋은 무대가 협동조합과 마을만들기, 민회와

자치운동 같은 기층의 운동이라고 생각한다. 물질과 정신의 조화야말로 합작을 가능케 하는 또 하나의 관문이다.

셋째는 선가(禪家)의 이야기다. 중국 송나라 때의 청원유신(靑源惟信) 선사(禪師)의 말이다.

노승이 30년 전 아직 참선을 하지 않을 때, 산을 보니 산이고, 물을 보니 물이었다. 나중에 친히 선지식을 만나서 하나의 깨침이 있음에 이르러서는 산을 보니 산이 아니고, 물을 보니 물이 아니었다. 지금에 이르러 하나의 휴식처를 얻고 보니, 여전히 산을 보니 다만 산이고 물을 보니 다만 물이다.

'산은 산임을 본다(분절 1) → 산은 산이 아님을 본다(무분절) → 산은 다만 산임을 본다(분절 2)'는 것은 더 이상 선가의 화두가 아니라 과학적으로 상식화한 이야기다. '분절 1'의 의식으로부터 '분절 2'의 의식으로 나아가는 데는 이른바 '무분절에 대한 깨달음'을 통과하지 않으면 안 된다.

나는 이 깨달음이 예전에는 탁월한 사람들이 각고의 노력을 통해 오직 소수만이 도달할 수 있었던 것이라면, 현대 즉 21세기의 인류사에서 보면 보통 사람들이 이런 깨달음에 도달할 수 있는 지점에 왔다고 생각한다.

'일체(一體)', '온생명', '한생명', '한살림', '유일한 생명단위로서의 우주' 등 표현은 다양할지 몰라도 분리 독립된 실체는 존재할 수 없다는 것은 이미 상식화하고 있다. '한 장의 종이, 한 벌의 옷 속에서 우주를 본다'는 표현은 더 이상 신비주의자의 말이 아니게 되었다. 다만 문제는 과학적 상식일 뿐 우리의 사고와 삶과 사회적 실천에 삼투하지 못하고 화석화(化石化)되고 있을 뿐인 것이다.

아마도 인류가 지금의 자본주의 문명을 넘어서기 위한 철학적 기초는 '분절 2'의 의식을 바탕으로 해야 하지 않을까 생각한다. 그 철학적 기초가 구체적 사회운영의 원리로 작동해야 하는 것이다. 노동운동이나 계급투쟁론 등 과거의 운동 방식을 변혁하는 인문적 토대가 될 것이다.

어디 그뿐일까? '분절 2'의 의식으로 살게 되면 풀 한 포기, 나무 한 그루, 새 한 마리가 다 무분절, 즉 일체의 드러남이기 때문에 생태적 삶은 너무 자연스럽게 되어 '산은 푸르고, 물은 맑게' 된다. 또 나와 너의 경계가 점차 사라져 '사랑과 평화'가 강처럼 흐르게 될 것이다. 예술적 감각이 고도로 발달하게 되어 해와 달이 뜨고 지는 것에서도, 이름 모를 산새의 지저귐이나 야생화의 아름다움을 느끼는 데서도, 그 감각의 순도가 높아져 세상이 있는 그대로 최고의 예술이 될 것이다.

너무 이상적인 이야기여서 공허하게 들릴지도 모른다. 그만큼 엄혹한 현실이 있음을 잘 알고 있다. 그럼에도 이 논의가 현실을 이겨내고 마침내 '사람이 중심이 되는 따뜻한 세상'을 만드는 동력으로 작용하기를 바랄 뿐이다. 이 책에 쓴 내용들이 다소라도 진보의 상상력을 해방하고, 합작과 연정을 위한 실천의 에너지를 깨우는 데 도움이 된다면 그보다 더 다행한 일은 없을 것이다.

사실 많은 협동운동단체들, 시민운동 단체들, 새로운 정치운동들, 교육혁신운동들, 마을운동가들이 이 책을 만들게 했다. 그리고 마인드큐브의 김인수 선생이 마음을 내었다. 연찬문화연구소의 유기만 님이 많이 수고했다. 오직 고마울 뿐이다.

여러 운동 분야와 인문운동의 결합을 이야기하다 보니 불가피하게 같은 내용을 반복한 부분이 눈에 띈다. 이 점, 독자들의 양해를 바란다.

2016년 3월
장수에서
이 남 곡

진보의 길에 서서

요즘 경제위기가 세계를 뒤덮고 있다. 세계적 규모의 자본주의의 위기다. 아마도 한 세기 전이라면 '혁명적 사회주의자'들이 드디어 자본주의의 조종(弔鐘)을 울리고 새로운 세상을 맞이할 결정적 시기가 도래했노라고 내심 반겼을지도 모른다. 하지만 지금은 사정이 다르다.

마르크스주의가 재조명되고 신자유주의가 재평가되며 시장과 정부의 역할 혹은 노사간의 대타협 등에 대한 논의들이 늘어나고 있다. 하지만 어디에도 이 위기에 대한 근본 해법이나 새로운 세상을 위한 이정표가 보이는 것 같지는 않다. 이는 지난 세기 동안 진보의 대명사처럼 여겨져왔던 현실사회주의가 '종언'을 고한 것과 관련이 깊다.

이를 두고 한쪽에서는 이제 진보니 이념이니 하는 것은 끝났다고 목소리를 높인다. 그리고 그 반대쪽에서는 아직도 그 오류투성이 이데올로기를 차마 내려놓지 못한 채 들고 서 있다. 나는 이 둘 모두 진리에서 벗어나 있는 태도라고 생각한다. 진보는 어느 순간 '종언'되는 것이 아니며, 딱딱하게 굳은 관념 덩어리 역시 진보와는 전혀 인연이 없다고 생각한다.

우주 자연계 안에서 가장 진화된 존재인 인간은 높은 '지적 능력'과 근원적인 '자유욕구'를 지녔다는 점에서 다른 존재와 구별된다. 이 두 가지가 인간으로 하여금 끊임없이 자유와 행복을 넓히는 '진보'의 길을 가게 하는 것이다. 이 길에서 인간은 때로는 곧장, 때로는 에둘러서 앞으로 나아왔다. 아무리 어려운 난관이라도 결국은 뚫고 지금에 이르렀고, 앞으로도 이러한 나아옴은 계속될 것이라고 생각한다.

사실 지난 세기의 진보는 눈부신 바가 있다. 인간을 억압하고 수탈하던 낡은 제도와 인습을 타파하는 데서 엄청난 진보를 이룩하였다. 지금까지도 인간의 근원적인 자유욕구는 개인을 정치적·종교적·신분적·계급적·인습적 억압으로부터 해방하는 것이며, 이런 개인주의를 바탕으로 자본주의와 자유민주주의라는 제도를 발전시켜왔다. 그리고 아직은 불평등과 생태환경의 문제에 가려서 그 진가가 제대로 실현되지 못하고 있지만, 인류사상 처음으로 '인류의 총수요를 넘어서는 총생산력'을 가지게 되었다. 지난 세기의 사회주의 실험도 어떤 의미에서는 아직 그 체제원리를 실현할 수 있는 '사람'의 준비가 안 되었기 때문에 실패한 것처럼 보이지만, 세계자본주의와 세계 민주주의에 나름대로 기여한 바가 있다고 생각한다. 그런 점에서 보면 역사에서는 완전히 실패한 실험은 없는 것 같다. 실패로 보이는 것조차도 사실은 자유를 향한 긴 도정에 하나의 사다리를 놓고 있는 것이다.

지난 세기의 진보가 낡은 제도와 인습을 타파하는 것이었다면, 지금 세기의 진보는 새로운 사회를 만들어가는 것이라고 생각한다. 낡은 것을 타파하는 것과 새로운 것을 만드는 것은 그 주체와 동력과 방법이 모두 다를 수밖에 없다. 이 점을 인류는 지난 세기 비싼 값을 지불하면서 배웠다고 생각한다.

사실 '낡은 진보'란 형용모순이다. 낡아버리면 진보가 아니기 때문이다. 그러나 지금 낡은 것이라고 해서 그 당시에도 진보가 아니었던 것은 아니다. 지난날 유물론이 낡은 제도와 인습을 타파하는 데 도움이 되었다면 그것은 진보적인 것이다. 그러나 그 유물론이 이제 인간의식의 실태와 그 진화의 방향과 중요성을 제대로 인식하지 못하고 새로운 사회를 운영할 수 있는 사람들을 준비하는 데 기여하지 못한다면, 그것은 더 이상 진보적이지 않으며 그저 완고한 관념으로 남는 것이다. 그렇다고 무조건 유물론의 반대편(관념론 등)으로 돌아가는 것은 또하나의 극단일 뿐 진정한 진보의 길과는 거리가 먼 것이 된다고 생각한다.

이미 낡아버린 생각들을 아직도 신주단지 모시듯 고수하는 것은 더 말할 것이 없지만, 현실의 실천 과정에서 좌절한 나머지 '마음'의 세계로 숨어드는 것도 또다른 단(端)이다. 투쟁의 들판[野]에서 지쳐서 마음의 평화[山]를 찾으려는 노력도 필요하고 그것이 우리가 거쳐야 할 또하나의 과정인지도 모르겠지만, 이제 현실의 실천과 마음의 세계가 하나로 되는 새로운 지평이 열리는 시대를 맞고 있다고 생각한다. 새로운 세상이 비산비야(非山非野)에서 시작된다는 오래된 예언이 현상의 세계

(물질·제도)와 마음의 세계(의식)가 둘이 아닌 불이(不二)의 경지를 지적
한 것이 아닌가 생각되는 것이 요즘의 심경이다.

물론 요즘은 여러 가지 면에서 희망을 이야기하기가 어려운 분위기
다. 세계적인 위기에 가장 민감할 수밖에 없는 구조를 가진 한국경제,
아직 튼튼히 뿌리내리지 못한 민주화의 과제들, 그리고 불안정한 남북
관계 등이 서로 악순환하는 방향으로 증폭되는 것 같다. 그러다보니 세
상은 과연 진보하는 것인가 하는 오래된 물음 앞에 새삼스럽게 서지는
듯도 하다.

인생과 세상에 대해서 여러가지 견해가 있고 진보에 대해서도 서로
다른 관점들이 있기 때문에 일률적으로 말할 수는 없지만, 일반적으로
인생의 목적이 행복을 증진하는 것이고 그 길에서 앞으로 나아가는 것
을 진보라고 한다면, 세상은 지금까지 분명히 진보해왔고 또 앞으로도
계속 진보할 것이라고 나는 생각한다. 그러나 한사람 한사람의 삶에서
도 그렇지만, 더욱 사회나 세상은 앞으로 전진만 하는 것이 아니라 기복
이 있고 전진과 후퇴가 반복되는 과정으로 진행이 된다. 그 와중에서 가
라앉고 후퇴하는 시기에 살게 되다 보면 세상이 어둡게 보이고 비관적
인 생각에 사로잡히기 쉽지만, 그것으로 인생이나 세상 자체를 단정하
는 것은 옳지 않다고 생각한다.

지금까지의 역사를 통해 보면 우리는 수많은 우여곡절을 통해 앞으
로 나아왔다. 우리나라의 경우는 2차대전 이후 신생 독립한 나라들 가

운데 어쩌면 가장 뚜렷한 변화의 길을 걸어왔다고 할 수 있다. 지금 비록 어둡고 비관적인 생각이 들기도 하겠지만, 반세기 전과 비교하면 그 시절로의 후퇴는 상상하기 어려운 지점까지는 나아온 것이 사실이다. 어려운 시기를 맞아서 역설적으로 무엇이 진보인지, 어떻게 해야 앞으로 나아갈 수 있는지를 알아차리게 하는 기회라고도 생각된다.

경제(물질생활)가 어려워지면 정치·사회·문화의 여러 영역에서 창조적 활기가 사라지고 진보의 기운보다는 퇴영적인 기운이 감돌기 쉽다는 것을 피부로 느끼게 된다. 이것은 산업화로 표현되는 그동안의 물질적 성과가 진보의 필수불가결한 한 축이었음을 실감하게 하는 것이다. 또 요즈음 10년 만에 정권이 바뀌고 많은 이들이 '어두웠던 과거'를 떠올리게 되기도 하는데, 나는 이것이 오히려 새삼 우리가 이룩해온 민주화라는 진보의 또 한 축을 확인할 수 있는 계기라고 생각한다.

요즘 말하는 선진화도 산업화와 민주화의 성과들을 익히고 굳혀서 한 단계 더 앞으로 나아갈 수 있는 기반을 만드는 것이라는 점에서, 어떤 한 정파가 내거는 목표로만 볼 것이 아니라 나라 전체의 목표가 되는 것이다.

세계적 경제위기를 겪으면서 지금까지 물질적 생산력(시장)과 자유·평등(자유민주주의)을 이끌어온 개인주의가 이제 질적으로 변화하지 않으면 시장도 자유민주주의도 중대한 파국을 맞게 된다는 것을 점점 더 많은 사람들이 실감하고 있다. 이 실감들이 진보의 현대적 중심축이 무엇인가를 자각하고 그것을 실천해가는 방향으로 사람들을 움직이게 할 것이다. 나는 이것을 '인간화'라고 부르고 싶다.

여기서 말하는 인간화는 자기중심성을 당연한 것으로 하는 동물계로부터 질적으로 진화된 인간의 질서로 변화하는 것을 말한다. 즉 자기중심적 가치체계와 이기주의를 넘어서 인간의 숭고품성(흔히 영성[靈性], 혹은 불성[佛性] 혹은 양심[良心] 등으로 불리는 그것)을 사회운영의 구체적 원리로 체현하는 것을 인간화라고 부르는 것이다. 나는 이 인간화가 진정한 진보라고 생각한다.

지금 인간의 탐욕이 시장을 해치고 파멸로 이끄는 것을 사람들이 고통을 통해서 느끼고 있는데, 이를 방대한 규모의 정부 개입으로 해결할 수 있는 일시적 현상으로 본다면 그것이야말로 큰 재앙을 예비하는 것으로 될 것이다. 생태환경의 위기에 더하여 이제 시장의 위기가 우리에게 보내는 신호를 근본적인 문명 전환의 기회로 파악해야 할 것이다. 물질적 생산력과 자유롭고 평등한 사회제도, 그리고 자기중심성을 넘어서는 의식혁명이 서로 보완·조화되는 새로운 진보의 지평이 열리는 시대를 우리는 살고 있는 것이다.

젊은 시절부터 나에게는 일관된 지향이 있다. 그것은 자본주의를 극복하고 인간의 진정한 자유와 행복을 향하여 나아가는 새로운 사회 그것이다. 그리고 나의 삶은 그 꿈을 실현하기 위해 나름대로 나 자신을 저어온 것이었다고 생각한다.

1980년대를 전후해서 나는 생각과 실천의 큰 전환을 경험하게 되었는데, 이것이 나에게는 얼마나 다행인지 모른다. 전에는 자본주의의 모순에 견뎌하지 못하고 어떻게든 그것을 무너뜨리기 위한 생각과 실천에 골몰하였다면, 후에는 그 모순을 해결하기 위한 싸움이 불가피하다고 할지라도 그 실천 속에서 그것을 넘어서는 새로운 사회를 만들어갈 수 있는 씨앗이 움트고 자라야 한다는 쪽에 더 마음이 가게 되었다.

전에는 부자유와 불평등의 원인은 자본주의 제도이고 그것을 유지하게 하는 것은 자본가의 탐욕과 제국주의 패권국가의 지배욕이라고 생각하였다면, 후에는 지금의 자본주의가 세계의 보편적인 시스템으로 되고 있는 것은 지금의 평균의 인류의식에 조응하기 때문이라고 생각하게 되었다. 즉 지배세력뿐만 아니라 자본주의 제도 아래서 피해를 보고 있다고 생각되는 사람들조차 아집과 소유욕이 지배적인 한, 인위적으로 아무리 자본주의를 무너뜨린들 거기서 새로운 사회가 생겨나는 것은 아니라고 생각하게 되었다. 그래서 자본주의를 넘어서는 것은 개인의 아집을 넘어서는 것과 함께 이루어지지 않으면 안 된다고 생각하게 되었다.

전에는 제도와 구조를 바꾸면 의식과 문화가 바뀔 것이라고 생각했다면, 후에는 그것이 함께 가야 하고 그 부조화가 심할 때는 의식과 문화가 오히려 선도해야 한다는 생각을 하게 되었다. 특히 새로운 사회는 그 문화가 낡은 사회의 문화보다 진화된 것일 때 온전하게 이루어진다는 것을 깨닫게 되었다.

낡은 사회의 모순에 저항하고 그것에 반대하여 싸우는 데는 분노와 증오가 그 에너지원으로 될지 모르지만, 새로운 사회는 그것만으로는 이루어질 수 없다는 것을 내 자신의 경험과 세계사의 경험을 통해 깨닫게 되었다. 결국 그것은 친애(親愛)의 에너지에 의해서 이루어진다고 생각하게 되었다.

지금의 사회제도와 인습 그리고 규범 아래에서 피해를 보고 있는 사회적 약자의 권익을 위해 실천하고 때로는 싸우는 일에 헌신하고 있는 사람이나 그 모임에 대한 나의 연대감은 여전한 바가 있다. 그러나 완고한 생각에 사로잡혀 그 일을 하고 있는 사람들을 볼 때 느끼는 안타까움 또한 크다.

진보는 특정한 사상이나 실천을 고집하는 것과는 거리가 멀다. 굳어져서 완고한 것은 진보가 아니다. 진리를 향해 고정하지 않고 앞으로 나아가는 것이 진보다. 불가피한 싸움이라면 분노와 증오에 휘둘리지 않고 싸울 수 있는 사람들, 가족과 동료에서부터 사랑과 협동을 실천하여 점점 더 범위를 넓혀가는 사람들, 자신이 하는 일을 즐기며 그 즐거움이 사회 안에 가득 차게 하는 사람들, 이런 사람들을 나는 존경한다.

이 책에 소개하는 내용은 주로 1980년대 후반부터의 글들인데, 불교사회연구소, 야마기시 실현지(實現地), 장수의 좋은마을, 익산의 희망연대 등에 발표한 글들이다. 20년 전에 쓴 것이라 지금 보면 다소 생소한 느낌이 드는 글도 있지만, 진보를 향하여 저어온 나의 삶과 생각의 자취라는 점에서 그대로 싣는다.

어지러운 원고를 깔끔하게 정리해준 희망연대의 이진홍 님께 깊은 감사의 말씀을 드린다. 같은 시대를 살면서 조금이라도 나은 세상을 위해 노력하는 분들께 다소나마 참고가 될 수 있기를 바라는 마음으로, 부끄러움을 무릅쓰고, 이 책을 바친다.

2009년 3월
장수 멍덕골에서
이 남 곡

제1부

합작과 연정의
새로운 정치

"
나는 근대 100년의 정치가 이제
'합작'과 '연정'으로 수렴해야 한다고 생각한다.
그 생각의 바탕에는 나라를 망하게 하는
진영 논리, 편가름의 뿌리를 극복해야 한다는
역사적 비원(悲願)과 절박한 인식이 놓여 있다.
함께 그러한 희망을 애기해보자.
"

🌾 연합정부로 가자!
– 진보의 새로운 상상력을 위하여*

　　나라가 참 어렵다. 보수도 어렵고 진보도 어렵다. 지금까지의 동력은 거의 힘을 잃어버렸다. 새로운 동력을 찾아야 한다. 그러지 못하면 나라는 급속한 후퇴와 침체에 빠질 것이다.

　　세월호의 참극은 온 국민을 충격과 절망에 빠뜨렸고, 그 충격과 절망은 다시 온 국민에게 이대로는 안 된다는 자각과 다시 시작해야 한다는 '거룩한 마음'을 불러일으켰다. 그러나 시간이 흐르면서 이 '거룩한 마음'은 다시 진영(편가름)의 덫에 걸려 안개 속으로 묻히고, 세월호 참사를 새로운 사회의 분수령으로 만들고 싶어 했던 국민적 여망은 다시 좌절하는 것 같아 보인다.

　　문제의 심각성은, 우리가 보고 실감한 모순이 상처와 편가름의 골을 더 깊게 하는 데 그치고 만다면 그야말로 우리 사회는 대단히 위험하게 된다는 점에 있다. 이것은 누구에게도 도움이 되지 않는다. 민란은 일

---

* 이 글은 2014년 9월 대구경북여성단체연합 모임에서 연설한 내용이다.

어날지 모르지만, 혁명은 일어나지 않는다. 그게 현실이다. 지금의 비세(非勢)에도 불구하고, 진보 진영은 나라의 한 축이다. 더욱이 본질적으로 진보는 미래 세력이기 때문에 미래의 동력을 만드는 데 보수 쪽보다 더 큰 책임을 스스로 짊어져야 한다. 그런 점에서, 최근의 정세와 동향을 보면서 몇 가지 이야기를 나눠보려 한다.

지금 한국의 진보진영은 너무 어둡다. 불의·불평등·차별·억압·비인간화에 대항하여 싸우는 것이 밝은 희망을 위한 것이라면, 비록 치열한 싸움이라 하더라도 그 바탕은 밝아야 한다고 생각한다. 마음 깊은 곳에 희망이 없다면, 그것을 진보라고 할 수 있을까?

악순환이다. 분노와 증오가 커지는 것만큼 확장성은 줄어들고, 그래서 희망이 안 보이는 것만큼 어두워진다. 악순환의 고리를 끊어야 한다.

▋ 어디에서 출발해야 하나?

요즘 진보의 '도덕성' 또는 '콘텐츠' 등에 관해 논의들이 있다. 이런 논란들이 생산적인 작용을 하기 바란다. 내가 말하는 '인문운동'은 보통 말하는 '도덕적 인간'이 되자는 운동과는 다르다. 도덕적 인간이 되자는 것이 좋다든지 그렇지 않다든지 그런 의미가 아니다. 오히려 '진보적 인간'이 되자는 것이 내가 생각하는 인문운동의 목표에 더 가깝다.

크게 두 가지인데, 하나는 자기 생각을 진리 또는 사실이라고 완고하게 단정하는 사고방식에서 벗어나자는 것이다. 그것이 사실에 맞지 않기 때문이다. 둘째는 '분리 독립된 실체'를 전제로 하는 분절적 사고에서 벗어나자는 것이다. 마찬가지로, 사실과 맞지 않기 때문이다.

사실에서 옳음을 구하고〔실사구시實事求是〕, 같음을 추구하되 다름을 존중하는〔구동존이求同尊異〕 태도와 박애(博愛)가 진보적 인간의 덕성이라고 생각한다.

진보의 콘텐츠는 이미 대부분 나와 있다. 문제시되는 것은 실제로 정권 문제를 해결할 의지, 즉 정부를 구성할 의지와 능력, 그리고 새로운 사회를 운영할 수 있는 구체적 준비, 일상적 삶과 사회적 실천 속에서 진보적 가치들을 얼마나 체현하고 있는가 하는 것이다.

진보는 자유를 확대하고, 행복을 증진시키는 것이다. 그 첫째는 물질적 생산력을 증진하는 것이다. 생태·자원·환경을 해치는 것은 생산력 증진이 아니다. 둘째는 서로 침범하지 않도록 제도와 규범을 발전시키는 것이다. 신체적·정신적 침범은 물론, 정치적·경제적·사회적 침범을 막는 장치를 더욱 정교하게 하는 것이다. 셋째는 의식의 진보인데, '서로 양보하고 싶어지는 사람'으로 되는 것이다. 첫째와 둘째가 아무리 발전해도 이 의식의 진보가 없으면 '따뜻한 사회, 인정 넘치는 사회'로는 되지 못한다.

이 세 가지 조건은 근대나 현대나 기본적으로 같다. 다만 그 상호관계나 상대적 중요도는 다를 수밖에 없다. 그 근대와 현대의 차이, 우리가 안고 있는 중층적·복합적 모순을 바탕으로, 우리 시대의 진보적 가치가 무엇인지에 대한 '정명(正名)'이 이루어져야 한다. 나는 그것이 '인간화'라고 생각하고 있다.

이것은 물질적 자유와 사회적 자유라는 근대 이래의 진보적 목표와 그 성과를 기반으로 그것이 가져온 모순과 부자유를 해결하려는 것이다. 근대적 진보로부터 업그레이드하는 것이다(뉴턴 물리학으로부터 아인슈타인 물리학으로 업그레이드되는 것과 같은 이치다). 인간화는 '물신의 지배로부터 인간을 해방'하는 것과 '동물 일반의 자기중심성을 넘어서는 것'을 의미한다.

그런데 중요한 것은 지금의 물적·사회적 기초를 인류 진화의 환경으로 보는 안목이다. 즉 '대긍정(大肯定)'이다. 이는 일반적으로 말하는, '부정'의 대립항으로서의 긍정과는 의미가 다르다. 현실의 모순과 그 모순을 해결하려는 치열한 투쟁까지를 포함하는 받아들임(수용, 또는 서(恕))이다.

나는 '대긍정을 바탕으로 새로운 문명을 건설하는 것'이 진보적 가치라고 생각하고 있다. 현실적인 약세에도 불구하고, 미래를 향한 책임 있는 주체로서 당당하게 나라의 장래를 위한 대담한 제안도 할 수 있는 것이 '진보'의 호연지기라고 생각한다. 연립정부의 구상도 그 하나다.

우리가 진영(편가름)의 늪에서 빠져나오지 못하면 대한민국호가 침몰하는 것을 막을 수 없을지 모른다. 현실적으로 존재하는 진영을 부정하는 게 아니다. 사실에 바탕을 두지 않는 낡은 논리와 정서에 지배당하는 현실을 벗어나자는 것이다. 실사구시의 정신, 구동존이의 태도, 그리고 상대가 배제되고 제거되어야 할 대상이 아니라 함께 살아야 할 동반자라는 사실을 받아들이는 것이 우리가 새로운 시대를 열어가는 열쇠가 될 것이다.

미국식 민주주의의 모델, 즉 다수결 민주주의로는 이 난국을 헤쳐 나가기 힘들다고 본다. 상대적인 진보 정권 10년과 그 후 보수정권의 현실을 통해 그것이 더 분명해지고 있다. 합의제 민주주의가 더 적합해 보인다.

그런데 현실은 제도는 물론 의식(意識)도 너무 먼 게 사실이다. 선거제도나 정부형태를 바꾸는 헌법 개정도 어렵지만, 정치문화는 더 어렵게 보인다. 이것이 근본적인 엇갈림이다. 합의제 민주주의로 나아가야 하는데, 현실은 그것이 어렵게 되어 있는 것이다. 이것을 푸는 결단을 '진보 진영'이 해보자는 것이다.

숫자가 중요한 게 아니다. 진보가 뿌리내리고 있는 영역의 대표성 있는 정당이 출현하고, 당당하게 보수 진영에 대해서 '연립정부'를 제안할 수 있다면 좋겠다. 정치공학만으로 접근해서는 불가능할 것이다. 이것은 이미 몇 차례 실패한 경험이 있다. 애국심과 애민에 바탕을 둔 절실함과 진정성이 새로운 정치 지형을 만들 수 있다.

민심의 흐름은 있다고 본다. 지난 대선 시기의 '안철수 현상'도 그 하나일 것이다. 연립정부를 가능케 하는 개헌과 그에 따른 정부 구성이 최선이지만, 지금의 헌법 아래서라도 시도할 수 있으면 해야 한다. 그만큼 시간이 절박하기 때문이다.

2016년 총선 과정이나 2017년 대선 과정에서 연립정부를 정강으로 하는 '새로운 정당', 흔히 말하는 보수와 진보의 상당한 스펙트럼을 포함하는 '무지개 정당'이 성립하여 선거에 임하는 방법이 있다.

어쩌면 이것 또한 '고양이 목에 방울달기'라는 비아냥을 받을 수 있고, 아마도 지금까지의 정치 과정을 보면 대부분 그렇게 생각할 것이다. 그러나 현실의 절박한 요구와 민심의 흐름을 잘 본다면, 한 번 시도해 보아야 한다. 정치에는 백면서생인, 인문운동가인 나 같은 사람이니까 이런 백일몽을 꿈꾸는지는 모르겠지만, 역으로 그러니까 이런 상상력을 이야기하고 싶다.

▍한번 시도해보시라!

연립정부 안에서 '화쟁'하고 '대화'하면서 나라의 역사를 새로 써가는 꿈을!

세월호의 참극이 나라의 진운을 바꾸는 분수령이 되도록!

고귀한 희생을 새로운 문명의 밑거름으로 살릴 수 있도록!

안 되면 우리의 국운이 그것인 걸 어쩌랴!

이익 다툼, 권력 다툼, 그 알량한 기득권들…… 나라가 망하면 그것이 무슨 소용이 있나? 인문운동과 시민사회운동이 '정권' 문제를 풀어갈 수 있는 환경이 되도록 발전하기를 바란다.

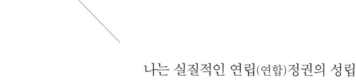 단순대담함과 입체로 뛰어오르자!

　　　　　　　　　나는 실질적인 연립(연합)정권의 성립이 나라의 정상적인 발전을 위한 관문이라는 생각을 가지고 있다. 물론 그 일이 우리 역사와 지금의 현실에 비추어 대단히 어렵다는 것을 누구보다 잘 알고 있다. 그러나 어렵다고 생각하면 한이 없으며, 어렵다는 생각에 머물러 있으면 아무것도 이루지 못하고 만다.

　나는 연합정권이 실질적인 좌우합작 정권이라고 생각하고 있는데, 이것은 3.1 운동과 그 이후 신간회운동 등으로 그 기미가 표현된 우리 근대 역사의 과제가 일단락되는 것으로 보고 있다.

　우리는 해방·분단·좌우대립·전쟁·산업화·독재·민주화·지역대립 등 중층적이고 복합적인 모순을 안고서 지금과 같은 수준의 나라를 만들어왔다. 이제 한 단계 도약할 때가 되었다. 지금 나타나는 현상들은 질적으로 새로운 동력을 절실하게 요구하고 있다. 이것이 안 되면, 우리는 정말 망할지도 모른다.

　좌우합작이 그 길이라고 나는 보고 있다. 턱도 없다고 보는 사람들이 많겠지만, 나는 우리가 상당히 준비가 되어 있다고 보고 있다. 이데올로기나 이념 면에서, 좌와 우가 준비가 안 되어 있어 각각의 진영에서 대표성과 이념 정립이 필요하다고 볼 수도 있다. 지금까지 어려웠던 게 쉽게 되지는 않을 것이다.

발상의 전환이 필요하다. 지금까지의 모든 사상·이론들이 비록 거친 모습으로나마 이 땅에서 급속하게 실험되고 보급되었다. 체계적으로 정비된 이론, 창조적이며 정합성 있는 이념의 정립을 바라는 것은 어쩌면 서구의 이념과 정책 모델에 대한 부지불식간의 사대성에 기인하는 것일 수 있다.

▌ 이렇게 생각하면 어떨까?

우파는 자유를 중시하고, 좌파는 평등을 중시한다. 굳이 무슨무슨 주의로 정체성을 뚜렷이 하려고 애쓸 필요가 없다. 이념이 현실을 창출하는 게 아니라 현실이 이념을 형성해갈 것이다. 충분히 많은 직·간접의 경험을 했고 수많은 이론 등을 알고 있다.

이 자유와 평등을 어떻게 조화시킬 것인가가 가장 절박한 현실의 요구다. 나는 자유와 평등이라는 가치가 평면상에서 가질 수밖에 없는 모순을 입체로 뛰어올라 해결하는 길이, 한국형 연립정권을 통해 모색되어야 한다고 생각하고 있다. 따라서, 좌파든 우파든 대표성이나 이념 정립을 선차적 과제로 둘 것이 아니라, 연립정부에 대한 태도를 선차적 과제로 생각하면 어떨까?

나는 연립정부를 구성할 수 있는 의지와 실행이 가능한 우파와 좌파가 진지한 좌와 우라고 생각한다. 진지한 좌파와 진지한 우파가 이념이든 이론이든 필요에 따라 정립해가면 된다. 그 필요는 국민의 자유와 행복 말고 무엇이겠는가? 상당히 단순하고 소박한 이야기로 들릴지 모르지만, 그 숱한 이데올로기의 혼선을 거치면서 우리가 발견하는 지혜는 이 단순대담함에서 나올지 모른다.

여기저기서 나라가 망할지 모른다는 불길한 예감들이 나온다. 이런 예감을 역전시켜야 한다. 시간이 많지 않다. 우리에게 있는 힘으로 해야 한다. 해방 후 반세기 만에 달성한 성과들을 대긍정하면서, 이제 그 에너지와 힘·욕구의 방향을 대전환해야 한다. '사람이 중심이 되는 따뜻한 문명국가'를 향해 '발산'의 에너지를 '수렴'의 에너지로 전환해야 한다. 그 구체적 목표가 2017년 연립정부의 수립이고, 그 튼튼한 토대가 인문운동의 확산이다.

크게 전환할 때다. 구한말과 다르다는 것을 우리 스스로가 입증하고, 우리에게 그런 지혜와 힘이 있다는 것을 스스로 증명해야 할 시기가 절박하게 다가오고 있다.

 '대한민국 미래 플랫폼' 연찬회를 반기며

지금 대한민국은 일대 전환기에 있다. 과거의 체제와 동력으로는 새로운 시대적 과제들을 풀 수 없다. 새로운 운동들이 태동하고 있긴 하지만, 아직은 낡은 체제와 사고방식을 넘어서는 데는 역부족이다.

정치를 말한다면 반드시 한번은 거쳐야 할 단계로 나는 '합작과 연정'을 이야기해왔다. 3.1운동부터 지금에 이르기까지 전체 역사가 그 방향으로 일단은 수렴하고 있다고 본다. 지금까지 진영대립은 외세의 개입으로부터 발생한 것이어서, 진정한 자주성의 회복은 주체적으로 합작과 연정에 성공함으로써 가능한 것이다.

산업화와 민주화 이후의 나라의 진로에 대한 '총강령'을 우리 시대의 경세가와 정책담론가들이 최상의 지혜를 모아 내놓을 수 있어야 한다. 나는 그렇게 할 수 있는 능력들이 있다고 본다.

이른바 합작과 연정은 이 '총강령'을 합의하는 것에서 그 기반을 다질 수 있을 것이다. 이것은 좌우의 경세가와 정책담론가들이 기쁘게 받아들여야 할, 나라와 역사에 대한 책무라고 생각한다.

'합작'이니 '연정'이니 하는 단어는 얼마든지 다른 용어로 표현되어도 좋다. 내가 오래된 용어를 사용하는 것은 '역사'의 이어짐과 도약을 생각하기 때문이다. 합의제 민주주의가 상당히 많이 언급되고 있다. 다당제도 이야기된다. 색깔이 분명한 몇 개의 정당이 합의하고 연합해서 정권을 담당하는 것도 그려볼 만하다.

그러기 위해서는 새로운 체제가 필요하다. 헌법도 개정되어야 한다. 그러나 그에 못지않게 중요한 것은 합의와 합작의 능력이다. 이 능력이 뒷받침되지 못하면 새로운 체제를 마련한다고 해도 그 단점이 더 부각되어 국가의 리더십이 심하게 흔들릴 수 있다.

하나의 정당 안에서도 합작을 실현할 수도 있다. 그런 거대정당이 이루어지는 것도 금기시할 필요가 없다. 일당독재와는 전혀 다른 차원의 질서를 상상할 수도 있다.

새로운 시도들이 도처에서 감지된다. '구슬이 서 말이라도 꿰어야 보배'라는 말이 있다. 그런데 그 구슬을 꿰는 일이, 현실 정치권력을 둘러싼 경쟁과 싸움 속에서는 참으로 어렵다. 우선 연부역강한 경세가와 담론가들이 먼저 구슬을 꿰어 보배를 만드는 작업을 하는 게 매우 중요하다. 연찬(研鑽)의 모임이 지금까지의 토론과는 그 태도나 방식에서 진일보한 것이 되기를 기대한다.

보통의 토론이 서로 마주 보고 '누가 옳은가?'를 다투는 쪽으로 되기 쉬운 데 비해, 연찬은 처음부터 같은 방향을 보고 '무엇이 옳은가?'를 함께 탐구하는 태도와 방식이다.

오랜 동안 하나의 착각이 지배해왔다. 그것은 자신의 생각이 틀림없다는 확신이 있을 때라야 자신의 지식·경륜·경험·가치관·신념 등을 살려서 활용할 수 있다는 착각이다. 이 단정(斷定)의 사고방식은 실제로는 자신의 지식 등을 활용하게 하는 게 아니라 오히려 자신의 관념에 지배되게 하는 것이다.

뇌과학을 비롯한 자연과학은 '인간은 사실을 그대로 인식할 수 있는 존재가 아니며, 오직 개인적·집단적 감각과 판단으로 사실에 접근할 뿐'이라는 것을 상식화하고 있다. 그럼에도 불구하고 이러한 것은 단지 '과학적 지식'에 머물러 있을 뿐, 사람들의 사고와 실천에는 적용되지 못하고 있다. 겸손함과 다름을 존중하는 것은 도덕적 요구이기에 앞서 과학적 태도인 것이다.

그렇다고 자신의 생각이나 신념을 주장하는 데 주저하거나 주눅들거나 상대의 비위를 맞추라는 이야기가 전혀 아니다. 당당하게 거침없이 자신의 주장을 말한다. 다만 그 주장이 자신의 감각과 판단일 뿐임을 자각하면 된다. 이 자각이 있으면 다른 사람의 주장도 들을 수 있게 된다. 이렇게 될 때 비로소 자신의 여러 자산들을 활용할 수 있게 되고, 다른 사람의 자산까지도 얼마든지 활용할 수 있게 된다.

　조금 더 나아가면 '누구누구의 생각'이라는 꼬리표가 떨어져나간다. 그 사람을 공격하거나 공격당하는 분위기가 사라질 때, 어떤 이야기도 할 수 있고 어떤 이야기를 들어도 화가 나지 않게 되며, 비로소 진정한 연찬이 이루어진다.

　진영을 넘어 '합작'이나 '연정'을 지향한다는 것은 대립을 대충 봉합하거나 서로 적당히 타협한다는 의미가 결코 아니다. 현존하는 경제적·정치적·사회적 과제들의 해법에 대한 치열한 탐구와 모색을 통해, 일단의 결론에 합의하는 것이다. 일단의 결론이라고 하는 것은 그것이 결코 고정되지 않는다는 의미이며, 합의를 가능하게 하는 치열하면서도 비적대적인 논의구조가 항상적인 문화로 자리 잡는다는 의미다. 이러한 문화가 우리 민주주의를 한 단계 더 업그레이드시키는 데 기여할 것이다.

　너무나 오랜 세월 단정의 사고방식에 익숙해져 있다보니, 이게 결코 쉽지 않다. 이제 우리의 지적 능력을 연찬 태도를 함양하는 데로 많이 돌려야 한다. 이러한 연찬을 통하여, 최상의 지혜를 모아, 새로운 국가 비전과 이정표를 합의하는 데 성공한다면, 그 자체만으로도 대단한 축적이며, 향후 여러 가지 정세를 만드는 데 중요한 기여를 할 수 있을 것이다.

3. 고정관념을 벗고 아리아욕을 넘자

억압·착취·불평등·차별이 있는 곳에 저항이 있는 건 당연하다. 저항은 불의에 대한 분노와 증오를 중요한 동력으로 한다. 그런데 새로운 사회, 새로운 나라를 만드는 일은 밝은 낙천적 희망을 중요한 동력으로 한다. 우리 사회에는 이 분노·증오와 낙천적 희망 두 가지가 혼재돼 있다. 나는 본질적인 동력이 점차 분노·증오가 아닌 낙천적 희망 쪽으로 이행해야 한다고 보고 있다. 고정관념에서 해방되고 아리아욕(我利我慾)을 넘어서면 희망이 보인다.

많은 고정관념들이 있다. 그 가운데 하나가 '모든 사상·이론·정책·실천은 당파성(계급성)을 띤다'는 것이다. 일리가 있다. 실제로 많은 경우 사람들은 이런 관념의 지배를 받는다.

그러나 여러 선거 결과가 말해주듯이, 현실은 그렇지 않은 면도 많다. 특히 사람의 특성의 하나는 당파성을 넘어서는 숭고(崇高) 지향성이 있다는 것이다. 사람의 이 특성과 가능성을 보고, 그것을 확대하려고 할 때 희망이 구체화될 것이다.

운동가 스스로 아리아욕에서 벗어나 공의에 바탕을 둔 호연지기를 가슴에 품게 되면, 무한한 가능성을 보게 될 것이다. 일은 결국 사람이 하는 것이다. 삼성을 비롯한 이른바 재벌가의 젊은 후계자들과 마음으로 통할 수 없단 말인가? 그들로부터 신뢰와 존경을 받는 경세가가 될 수 없단 말인가? 기존의 진보세력 가운데에서도, 보수세력 가운데서도 얼마든지 새로운 세계의 동반자들을 발견하게 될 것이다.

사람과 사람으로 이어가야 한다. 객관적인 계급구조가 갖는, 난공불락처럼 보이는 요새를 허물어뜨려야 한다. 그 요새를 먼저 자기 관념 안에서 허물어야 한다. 물적 기반과 인적 기반을 확대해야 가능하다.

미·일·중·러의 강대국이 각축을 벌이는 한반도라는 운명적인 지정학의 조건을 빛나게 역전시킬 수 없을까? 한반도에 '새로운 문명'의 신흥 고기압이 발생하면 그렇게 될 수 있다. 세계사의 변방이 아니라 주역의 하나로 우뚝 서는 길은 이 땅에 새로운 문명의 선진 복지국가를 세우는 것이다. 지금까지의 통념을 넘어, '중심 교역국가'와 '새로운 문명'의 융합을 이 땅에서 이루는 것이다. 이 위대한 사업의 선봉에 있다는 자각과 긍지를 갖자.

🌿 합작의 주체가 이루어지기를

나라 안팎의 도전이 거세다. 이 도전을 이기고 동방의 일각에 우뚝 서는 나라를 만들어야 한다. 그렇게 하려면, 합작과 연정의 길을 가야 한다. 그것을 통해 좌도우기(左道右器, 좌파의 이상을 우파의 방법으로 실현함)에 성공해야 한다.

합작은 파트너가 있어야 한다. 우파 쪽 파트너는 보인다. 새누리당과 새정치민주연합 가운데, 합리적이고 애국적이며 기득권을 실제로 내려놓을 수 있는 사람들이 결합하면 된다. 좌파 쪽 파트너가 잘 안 보인다. 따라서 이 길, 합작과 연정의 길은 좌파에 달려 있다고도 말할 수 있다. 역설적으로 좌파가 나라의 운명에 아주 중요한 변수다.

좌파의 결집을 통한 진보적 대중정당 건설은 방향이 맞다. 이것이 성공하려면 다음의 몇 가지가 갖춰져야 한다.

첫째, 어떤 나라, 어떤 사회를 지향하는지 그 목표가 선명해야 한다. 즉, 이 시대 이 사회의 좌파의 정명(正名)이 이루어져야 한다.

둘째, 이 목표를 즐겁게 수행하는 진성 당원들로 당의 중심을 꾸릴 수 있어야 한다.

셋째, 이른바 상대적 기득권을 내려놓을 수 있도록 대기업이나 공공 부문 노동조합을 설득할 수 있어야 한다.

넷째, 이를 바탕으로 재벌을 비롯한 우파 기득권에 양보를 강하게 압박한다.

이런 좌파당이 이루어지고, 여기에 새로운 문명(의식과 생활양식의 변혁을 지향하는)을 추구하는 녹색당도 그 대열을 정비하게 되면 좌우와 녹색이 합작을 시도하고 연정을 성립시킬 수 있다. 나라 안팎의 도전이 워낙 크고 심각하므로, 여러 위기들이 이런 진행을 가능하게 할 것이다.

늘 합작과 연정 같은 방식을 하자는 건 아니다. 근대 100년의 역사를 일단 그 방향으로 수렴시키는 게 필요하다는 얘기다. 그것만이, 오래되고 고질적인 외세의 개입에 의한 비자주적 역사를 근본에서 벗어나는 길이라는 얘기다. 우리 안에서 합작과 연정을 이루는 것이 선행되어야 통일도 바라볼 수 있다. 아니, 오히려 그것이 제대로 된 통일로 가는 길이다.

물론 이것은 하나의 생각이다. 얼마든지 다른 방식도 있을 수 있다. 합작이니 연정이니 하는 말을 쓰지 않을 수 있다. 나도 더 진전된 신선한 용어가 나오면 좋겠다. 다만 그 방향만은 옳다고 나는 믿고 있다.

❧ 좌도우기

　　　　　　　김윤상 교수의 《특권 없는 세상》을 보고 있다. 감동이다. 내가 학자의 글을 보고 이렇게 감동해 본 적이 없었던 것 같다.

　다 보고 나서 독후감을 벗들과 공유하려고 했는데, "제1부 : 율도국―재분배 없는 복지국가"를 보고, 독후감이 아니라 이 책을 꼭 보시라는 권유를 드리고 싶은 마음이 너무 올라온다. 홍길동이 건설한 이상국가 율도국, 좌도우기(左道右器)를 실현하는 가상의 나라를 기행문 형식으로 쓴 글이라 학자나 전문가가 아니라도 쉽게 읽을 수 있다는 점에서 권하는 마음이 가볍다.

　제1부 끝 부분을 소개하는 것으로 첫 소감을 쓴다.

　"특권이익을 환수하여 사회보장을 하는 등 좌도우기(좌파가 추구하는 가치를 우파도 동의하는 방식으로 구현한다) 정책을 도입하면 한국사회는 여러 면에서 큰 변화를 겪게 될 것입니다. 저는 좌파와 우파로 나뉘어 증오로 치닫고 있는 한국 현실에서 국민화합에 크게 기여할 수 있다는 점을 중시합니다.

　좌파의 입장에서 보는 현실의 우파는 이상사회를 향해 진지하게 고민하지 않는 속물이며 부당한 기득권을 누리면서 추호도 양보하지 않는 이기집단입니다. 반면 우파의 입장에서 보는 현실의 좌파는 물정도 모르면서 설치는 하룻강아지이며 '사회정의'라는 이상한 깃발을 들고 떼를 쓰는 집단입니다. 서로 이러다보면 인간에 대한 사랑은 사라지고 혐오만 남습니다. 이것이 한국의 현실입니다. 좌파와 우파는 정말로 합의점을 찾을 수 없는 것일까요?

　한 쪽은 반드시 옳고 따라서 상대방은 틀릴 수밖에 없을까요? 그렇지 않다고 생각합니다. 진정한 이념은 인간에 대한 사랑에서 나옵니다. 그러므로 이념을 주창한 사람이나 깊이 있는 동조자는 입장이 다르더라도 서로 통하기 마련입니다. 이성적으로는 누구나 동의할 수밖에 없는 공통의 원리인 '특권 없는 세상'에 동의하는 국민은 좌도우기 정책으로 하나가 될 수 있습니다.

　물론 그런 경우에도 제1일에 말씀하셨던 '너도주의'와 '나만주의'의 대립은 있겠지요. 그러나 좌파와 우파가 각각 자기 쪽의 나만주의와 연합하여 상대방을 증오하고 제압하려는 현재와는 다른 모습이 됩니다.

　합리적인 좌파와 양식 있는 우파가 어우러져 '너도주의' 세력을 형성하게 되므로 너도주의 대 나만주의라는 선과 악의 대결이 될 뿐입니다."

이렇게 이상적이면서도 현실적인 이념이 왜 한국 사회에서는 '비현실적'인 것으로 들릴까? 그것은 우리의 좌우 대립과 민족상잔의 아픈 역사, 그리고 정권의 온갖 경제적·사회적 특혜를 바탕으로 성장한 재벌 중심의 자본주의 시스템 때문일 것이다. 그런 것이 있다 보니, 이성적으로는 나무랄 데 없는 김 교수의 주장도 그 아픈 역사에서 배태한 '정서'와 '특권에 바탕한 기득권'의 벽을 넘을 수 없다는 상상력의 한계 앞에 주저앉아 버리는 게 아닐까?

어제까지는 그렇다 해도 이제는 달라져야 한다고 생각한다. 왜냐하면 달라지지 않으면 우리 미래 동력이 생기지 않기 때문이다. 세월호 참사 이후의 역사는 이렇게 씌어야 한다.

다만 불의한 기득권이 너무 강고하고, 그 위에 지금까지의 성장이 있는 것이 현실이기 때문에 그 좌도우기 정책의 실현은 고도의 지혜가 필요하다고 생각한다. 내가 생각하는 '정계 개편'과 '연립정부' 안에 김 교수가 말한 '나중도', '신자유', '고복지' 님들이 함께 들어와 그 안에서 '벽'을 넘는 실천이 이루어지길 바라는 마음이 간절해진다. 토지에 대한 특권적 소유를 너무 당연시해온 그 뿌리가 너무 강고해, 아마도 대단한 유연성이 필요할 것 같다.

북한이 떠올라오는 것이 어쩔 수 없었다. 토지 사유가 없는 곳에서 시장을 도입하고 사유를 도입할 때 훨씬 이상적인 제도가 가능하지 않을까 하는.

물론 한국의 특권·기득권 문제 못지않게 북한의 민주화 문제도 풀기 어려운 게 사실이지만, 북한의 경우가 이런 이상을 실현하는 데 출발점이 좋다는 생각은 든다. 북한 민주화가 좌도우기의 이념을 내용으로 담을 수 있을 때까지 완전한 통일은 기다리는 게 좋다는 생각이 든다.

'뒤늦은 자의 축복'을 경험했으면 좋겠다. 함석헌 선생께서 말씀하신 "뒤로 돌아 앞으로 갈 때, 뒤에 선자가 앞으로 나오는" 현상이 우리 땅에서 이루어지는 것을 볼 수는 없을까? 남과 북이 서로의 입장에서 좌도우기의 개혁을 할 수 있다면, 그 시너지를 상상하는 것만으로도 설레지 않는가!

새로운 정치와 인문운동*

1. 새로운 정치

▌ 권력쟁탈의 장(場)에서 사람을 사랑하는 기술, 조화의 기술, 사람을 자유롭게
하는 기술로

《논어》 '안연편' 22장을 보면 번지라는 제자가 공자께 인(仁)에 대해
묻는다. 이에 공자는 "인이란 곧 사람을 사랑하는 것〔愛人〕"이라 대답한
다. 이 대답은 동서고금을 막론하고 모든 성현의 공통된 말씀이고, 세계
인류가 궁극적으로 진화해야 할 목표라는 데는 이견이 있을 수 없다.

그런데 구체적으로 어떻게 하는 것이 사람을 사랑하는 것일까? 이에
대해 공자는 '바른 정치'가 그것이라고 대답한다. "곧은 사람을 등용하
여 굽은 사람 위에 놓으면 굽은 사람도 능히 곧게 할 수 있다"고 말한다.

---

* 이 글은 익산의 '좋은정치 시민넷'의 요청에 응하여 쓴 것으로, '정치와 인문운동의 만남'
에 대하여 그동안의 견해를 정리한 글이다.

즉 인이란 사람들 간의 관계 속에서 실현되는 것인데, 그 관계 속에서 사람들이 올바르게 배치되는 것이 가장 중요하다는 것이다. 즉 '정치란 사람을 사랑하는 구체적 기술'인 것이다. 2500년 전 선구자의 이상이, 이제 현실로 될 때 아닐까.

민주주의가 발전한다는 것은, 정치가 권력쟁탈을 위한 이전투구의 장에서 벗어나 사람들을 자유롭게 하는 조화의 기술(예술)로 되는 여건이 성숙해간다는 것을 의미한다. 밝고 성숙한 시민의식이야말로 선거를 '정상적인 정치 변혁의 강력한 도구'로 만들 수 있는 가장 중요한 토대로 된다.

2. 정명

| 시대정신을 실현할 수 있는 종합철학을 바로 세우는 것

자로가 여쭈었다.

"위나라 임금께서 선생님께 정치를 맡기신다면 무엇을 가장 먼저 하시겠습니까?"

공자께서 말씀하셨다.

"반드시 명(名)을 바로 세울 것이다."

자로가 말씀드렸다.

"현실과는 먼 말씀이 아니신지요. 어찌 명을 먼저 세운다 하십니까?"

공자께서 말씀하셨다.

"자로야, 너는 참 비속하구나. 군자는 자기가 알지 못하는 일에는 입을 다무는 법이다. 명이 바로 서지 않으면 말이 불순해지고, 말이 불순해지면 일이 이루어지지 않으며, 일이 이루어지지 않으면 예악이 일어나지 못하고, 예악이 일어나지 못하면 형벌이 적절하게 집행되지 못하고, 형벌이 잘 집행되지 않으면 백성들이 손발 둘 곳이 없게 된다. 따라서 군자가 명을 바로 세우면 반드시 말이 서고, 말이 서면 반드시 행해지게 될 것이니, 군자는 말을 세움에 있어 조금도 소홀함이 없어야 한다."

子路曰, 衛君 待子而爲政 子將奚先
子曰, 必也正名乎
子路曰, 有是哉 子之迂也 奚其正
子曰, 野哉 由也. 君子於其所不知 蓋闕如也 名不正 則言不順 言不順
則事不成 事不成 則禮樂不興 禮樂不興 則刑罰不中 刑罰不中 則民
無所措手足 故 君子名之 必可言也 言之 必可行也 君子於其言 無所
苟而已矣

《논어》 '자로편'

'정명'을 현대적 용어로 표현한다면 '시대정신의 구현을 위한 종합철학을 바로 세우는 일'이라고 할 수 있다. 풀어야 할 난제가 많을수록, 또 그런 문제들에 대한 해결방법이 서로 모순되어 보일수록, 먼저 명(名)을 바로 세워야 한다. 과거의 진보니 보수니, 좌니 우니 하는 고정되고 편향된 시각으로는 지금의 시대적 요구를 종합적으로 파악하기가 힘들다.

이전에는 모순되고 대립되는 것으로만 여겼던 요소들을 이제 상호보완하는 요소로 보는 것, 인간 진화를 위한 길에서 함께 나아가야 할 동반자라고 보는 것이 우리가 세우고자 하는 종합철학이다. 민주화와 물질적 생산력의 향상 등은 과거에 비해 종합철학이 많은 사람들에게 받아들여질 수 있는 객관적 조건을 만들어왔다. 다만 사람들의 의식이 이를 따라가지 못하고 있는 것이다. 과거의 좌우, 보수와 진보, 자본계와 노동계 등의 고정관념과 그에 기반을 둔 낡은 정치가 가장 큰 장애가 되고 있다.

역사발전 단계로 볼 때 지금 우리 사회는 과거의 패러다임에서 새로운 패러다임으로 전환하고 있는 과도기에 있다. 이 시기를 살아가는 당사자들에게는 극심한 혼돈 속에 있는 것처럼 느껴지겠지만, 역사의 흐름 속에서 보면 새로운 시대정신이 출현하기 위한 필연적인 모습이라고 하겠다.

3. 정명(正名)에 담겨야 할 내용

1) 〔제도〕침범을 막는 제도적 규범적 장치 : 민주화 ↔ 국가
2) 〔물질〕침범할 필요가 없는 물질적 수준 : 산업화 ↔ 시장
3) 〔의식〕침범을 부끄러워하는 의식의 진화 : 인간화 ↔ 시민

　　　　　　　　　　　　* 위 셋의 상호침투가 선진화

이 세 가지 분야와 그 상호침투라는 관점에서 우리 시대의 진보에 대해 좀 더 말해보려고 한다.

진보의 첫 번째 성격은 자유롭고 평등한 사회제도를 발전시키는 것이다. 이것은 개인이나 집단이 다른 개인이나 집단을 침범하지 않도록 한계를 정해서 그 선을 넘지 않도록 하는 것을 주된 내용으로 한다. 개인이나 집단이 다른 사람이나 집단의 생명을 살상하거나 재물을 탈취하는 것은 범죄로서 너무나 명백한 침범이다. 요즘은 햇볕을 가리거나 소음을 일으키는 것도 중요한 침범으로 되어 그것을 하지 못하도록 시스템과 법률로 선을 정해놓고 있다. 독재를 비롯한 정치적 억압, 즉 국가권력에 의한 폭력은 너무나도 명백한 침범이다. 또 자기 몫을 초과해서, 즉 다른 사람에게 가야할 것까지 차지하는 것도 침범이다. 노골적으로 알기 쉬운 수탈은 말할 것도 없고, 요즘은 복잡화된 시스템 속에서 일어나는 교묘한 수탈과 침범까지도 알아차리고 그 선을 넘지 못하도록 제도와 법률들을 정비해가고 있다.

침범이 일어나는 조건이 있고 침범하려는 마음이 있는 한 완전할 수는 없지만, 그래도 이 분야에서는 큰 진전이 있었다. 이것은 사회적·국가적 관계 속에서 부자유와 불평등을 해소하기 위해 부단히 노력하는 걸 의미한다. 세계적 범위에서 민주주의와 경제적 정의를 넓혀가는 것은 여전히 진보의 기초적 표지(標識)로 된다. 자기에게 허용되는 만큼의 폭을 넘지 않도록 선을 정하는 것이야말로 진보의 핵심이었다(물론 이것은 지금도 여전히 중요하다). 이런 면에서의 진보는 투쟁에 의해 이루어져 온 것이 대부분이다. 침범하는 자가 스스로 알아서 침범을 멈추는 경우는 극히 드문 예외적 현상에 불과했기 때문이다. 그리고 이 투쟁은 분노와 증오를 추동력으로 해서 이루어진 것도 사실이다. 이 투쟁을 통해 달성하려 한 목표는 진정한 인간화이지만, 이 분노와 증오는 수성(獸性)에 속하는 것이다.

궁극적인 자유와 행복을 위해서는 목표와 방법이 일관되어야 한다. 그것을 우리가 깨닫기 위해 그 동안 인류가 바친 희생은 너무나 컸다.

지금도 투쟁해야 이루어질 것들이 많다. 만일 싸우지 않고는 나아갈 수 없을 때 어떻게 하는 것이 진정한 진보일까? 나는 그 길이 '미움이나 분노에 휘둘리지 않고 싸우는 것'이라고 말하고 싶다. 특히 이것은 종래에 선구적인 역할을 해온 진보적인 사람들이나 집단에 대해서 더욱 간곡하게 말하고 싶다. 과거의 이른바 의식화가 사회의 모순을 자각하고 그것을 해결하기 위해 투쟁하려는 의지를 신장시키는 것(공포를 넘어서는 과정에서 적개심과 분노는 일정한 역할을 했다)이었다면, 앞으로의 의식화는 증오와 분노를 넘어서는 것이어야 한다. 분노와 증오는 불의한 세상을 무너뜨리는 동력으로는 역할을 하지만, 진정으로 자유롭고 평등한 세상을 만드는 동력으로는 되지 못한다.

진보의 두 번째 성격은 인간의 물질적 욕구를 충족시킬 수 있게끔 생산력을 충분히 발전시키는 것이다. 즉 사람들이 서로 침범할 필요가 없도록 물자를 풍부하게 하는 것이다. 물질적 수요를 충족시키는 것은 행복의 가장 기본적 조건이다. 보통의 인간을 생각할 때 물질적 욕구는 정신이나 관념으로 해결될 수 있는 것이 아니다. '단순 소박한 삶'이나 '생태적 삶'에 대한 욕구도 어느 정도 물질적 수요를 충족시킨 여유 위에서 자라는 것이다. 아직도 절대빈곤에서 벗어나는 것이 과제인 사회나 나라에서는 이런 주장들이 현실성을 얻기 어렵다.

지금 지구적 범위의 총량 면에서 보면 이미 1970년대에 총수요를 넘어서는 총공급이 가능해졌는데, 이것이 극심한 양극화와 생태계 파괴라는 암초에 가려 잘 보이지 않지만, 그것은 인류의 진보에 대단히 중요한 물적 기초로 되는 것이다. 생산력이 자연과의 조화를 깨트리는 것은 반(反)생산력으로 되고 만다. 현대의 테마는 생산력을 높이는 데 반대하는 게 아니라 자연과 조화되는 생산력을 발전시키는 것이다. 우리는 인간의 보편적 의식과 욕구를 실사구시하는 데서 출발해야 한다. 물질로부터 자유롭기 위해서, 자본주의의 소외로부터 자유롭기 위해서 '가난'이나 '내핍'을 선택하는 것은 현대인의 자유욕구와 맞지 않다. 물론 정신적·예술적 욕구가 커지면 물질에 대한 욕구는 자연스럽게 줄어든다. 사람의 욕구의 질이 바뀌어 '단순소박한 삶'을 선택하는 것은 자유롭게 선택하는 '풍요'의 길이다.

또 경제문제가 발생하는 근원인 '희소성'을 해결하는 길을 '다투지 않아도 충분할 정도의 생산력'에서 찾으려는 노력을 도외시해서는 안 된다. 물론 한정된 지구자원이나 생태계 파괴라는 문제가 있지만, 그것을 넘어설 수 있는 인간의 지적 능력을 최대한 신장시켜야 한다. 심각한 문제는 인간의 과학기술 능력이 못 미칠까 하는 것보다는 인간 상호간의 문제다. 물자가 풍부해서 다툴 필요가 없는 사회가 되려면 지금의 소유제도로는 안 된다. 거기서 더 나아가기 위해서는 자본주의를 넘어서야 한다. 그러나 그렇게 되기 위해서는 자신의 몫을 키우기 위해서가 아니라 모두를 위한 생산력이 떨어지지 않는 상태가 되어야 자본주의보다 우월한 시스템이 현실화될 수 있다.

지금 단계에서 자본주의 시장경제가 더 높은 생산성을 보여주는 한, 진보에 기여하는 측면이 있다는 것을 인정해야 할 것이다. 그러나 세계 자본주의가 그 생산성의 지속 가능성이 위협받는 근본적인 모순에 직면하고 있는 오늘, 물질 면에서의 진보도 두 가지 의식의 변혁이 함께 이루어지고 조화되는 것이 절실하게 요청된다. 즉 정신적·예술적 욕구가 커지는 '욕구의 질의 진화'가 그 하나요, 자기 소유를 위해서가 아니라 '자기실현의 노동'이 생산성을 보장할 수 있는 심성으로의 진화가 또 다른 하나다. 이렇게 될 때 다툴 필요가 없는 풍요로운 물자의 흐름이 이루어질 것이다. 진정으로 인간의 진보를 원하는 사람·집단이라면 우선 자신의 의식을 혁명하여 새로운 사회를 책임감 있게 준비해가지 않으면 안 된다.

진보가 갖는 세 번째 성격은 인간 자체를 변혁하는 것이다. 즉, 의식을 혁명하는 것이다. 이것은 남(인간 이외의 자연도 포함한 타자)을 침범하는 것에 대한 부끄러움을 깨닫고, 남에게 먼저 양보하고 싶게 되는 인간으로 서로 되는 것을 의미한다. 나는 이 세 번째야말로 지금 시대에 진보를 위한 조건(제도·물질·의식) 가운데 가장 핵심이라고 생각한다.

잘 알다시피 그동안 인류는 물질적 생산력과 사회제도를 발전시키는 데서는 놀라운 성과들을 거둬왔다. 그러나 아직도 인류는 진정한 자유와 행복과는 너무나 먼 거리에 있다. 생산력은 자연과의 모순이라는 벽 앞에 부딪혀 있고, 물질은 풍요로워졌지만 '물신에 의한 지배'라는 족쇄에 묶여 근본적인 자유·평등에 도달하는 게 지금의 시스템으로는 어려워 보인다. 이제 이런 벽을 넘어서기 위해서 진정한 의미의 혁명이 필요한 시점에 왔다고 생각한다. 그것은 인간 자신을 변혁하는 것, 즉 인간의 의식을 혁명하는 것이다.

인간이 자연계에서 그 독특한 지위를 발전시켜온 것은 그가 지닌 지능 덕분이다. 그런데 지금까지 그 지능을 사용하는 면에서 불균형이 있어왔고, 현대에 와서 그 불균형이 매우 심각한 상태가 되어 자신의 생존까지 위협하는 사태까지 되고 말았다. 그 불균형이란 인간이 자신의 밖에 있는 것을 변화시키는 데 그 지능의 대부분을 사용하고, 자신의 의식을 변화시키는 데에는 극히 미미한 정도밖에 사용하지 않았다는 점이다. 다른 말로 하면 인간의 행위능력은 고도로 발달하였는데, 인간의 자기중심적 가치체계는 그다지 변함이 없다는 것이다. 이제 이 둘 사이의 모순이 인간의 존속 자체를 위협하고 있다. 예컨대 인간은 엄청난 위력의 핵에너지를 발전시켰지만, 변함없는 자기중심적 가치체계 때문에 인류가 절멸할 수 있는 핵전쟁의 위협 앞에 고스란히 노출되어 있는 것이다.

이제 앞으로 나아간다고 하는 것은 그 행위능력을 억제하는 것이 아니라 가치체계를 변혁하는 것이다. 단적으로 말해 이기적인 인간을 변혁하는 것이다. 에고(Ego)와 소유로부터 좀더 자유로운 인간으로 되는 것이다. 따라서 이 시대 진보의 핵심은 인간 자체를 진보시키는 것이다.

전쟁이나 환경 문제를 근본적으로 해결하기 위해서도, 물신의 지배로부터 인간을 해방하기 위해서도, 이렇게 나아가지 않으면 안 된다고 생각한다. 나는 궁극적으로 인간의 행복을 위해서는 자본주의를 넘어서야 한다고 생각하는데, 그 길은 이 세 번째가 어느 정도나 진척되느냐에 달려 있다고 믿고 있다. 사회제도를 개선하고 불평등이나 부정의를 시정하려고 노력하는 선구적 개인이나 집단일수록 자신을 변혁하는 일의 중요성을 깨닫고 이를 실천하기 위한 방도를 가져야 한다. 흔히 '나는 다른 사람을 침범하려고 하지 않는데, 다른 사람이 침범해 와서 양보할 수 없다. 한 번 밀리면 끝장 아닌가'라고 생각하기 쉽다. 이 악순환을 끝내는 길은 '내가 먼저 양보하고 싶은 인간으로 되는 것'이라고 생각한다. 서로 다투고 따지는 사회는 아무리 해도(앞에서 말한 첫째와 둘째 조건이 아무리 잘 갖춰진다 해도) 따뜻한 사회로는 될 수 없으며, 그 속에서는 결코 안정된 평화나 행복은 존재할 수 없는 것이다.

지금의 의식혁명은 과거의 도덕이나 윤리운동과는 다르다고 생각한다. 무엇을 해야 한다거나 무엇을 해서는 안 된다는 것은 지금 시대 사람들의 의식과 잘 맞지 않는다. 실제로 아직은 개인의 생명력을 해방시키는 과정에 있다 보니, 자기중심성이 더 강해진 것처럼 보이지만, 다른 면에서는 상당한 진전도 있어왔다. 그것은 신세대의 높은 자유도(自由度)를 보면 잘 알 수 있다. 인간은 이런 자유도를 바탕으로 의식의 보다 높은 자유로 나아가게 될 것이다.

그것은 자각운동이라고 생각한다. 이 자각은 여러 가지 방면에서 올 수 있다. 과학적인 지식을 통해 이 세상이 하나로 이어진 것임을 알게 되는 데서 올 수도 있고, 깊은 신앙심에 기반한 종교적인 세계관에서 올 수도 있다. 그러나 이는 과거의 도덕이나 윤리처럼 옳은 것이니까 해야 한다는 데서 출발하는 것과는 상당히 차이가 있을 수 있다. 어쩌면 자기의 궁극적인 자유를 위해서는 결국 자기 관념의 정상화, 즉 자신의 에고를 넘어서지 않으면 안 된다는 자각이 의식혁명의 바탕이 될 것이다. 그러나 이것이 자기 관념 안에서만 추구된다면 진실한 것으로 되기 어렵다. 다른 사람과의 소통이나 사회적 실천과 하나로 될 때만 진정한 마음의 자유로 될 것이다.

이상에서 내가 말한 세 가지는 일견 서로 상충되는 것처럼 보일지 모른다. 첫 번째를 위해서 그동안 인류는 험한 가시밭길을 걸어왔고, 현상을 변화시켜온 주무기는 투쟁이었기 때문에, 분노나 증오를 넘어서자는 말이 공허하게 들릴 수 있다. 두 번째도 물질적 풍요가 비인간적 경쟁과 수탈·부조리가 결합된 경우가 허다하였기 때문에, 물질적 풍요를 말하는 것과 진보를 연결시키는 것에 거부감을 느끼는 순박한 사람들도 많을 것이다. 세 번째로 양보를 이야기하면 세상의 불의와 타협하라는 말인가 하고 반발하는 마음이 생길 수도 있다.

그러나 나는 지금까지의 역사를 통해서 진척되어온 일들과 현재 사람들의 일반적 실태를 바탕으로, 그러면서도 인간 존재가 궁극적으로 자유를 향해 나아가는 우주 진화의 최첨단이라는 것을 믿고 있는 사람으로서, 위에 말한 세 가지가 이제부터의 진보를 위한 길에서 서로 보완하는 관계라는 것을 말씀드리고 싶다.

특히 극심한 편가름이 증오와 불신을 확대하고 있는 오늘의 실태 속에서, 진정으로 사람을 사랑하고 세상의 진보를 원하는 사람이라면 '솔로몬의 재판에 나오는 친어머니의 심정'이 될 수밖에 없지 않을까?

4. 정명의 과정

▌ 정치문화의 변혁 : 증오와 편가름을 넘어

과학적 사고야말로 새로운 정치문화를 만드는 핵심적 요소다.

2500년 전 선구자들의 이상이 이제 현실 속에서 실현되어야 한다. 구체적 삶과 사회적 실천(정치)의 운영원리로! 연찬 민주주의로!

1) 공자께서 말씀하셨다. "군자는 세상 모든 일에 옳다고 하는 것이 따로 없고 옳지 않다고 하는 것도 따로 없이, 오직 의를 좇을 뿐이다."

子曰, 君子之於天下也 無適也 無莫也 義之與比

《논어》, '이인편'

2) 공자께서 말씀하셨다. "내가 아는 것이 있겠는가? 아는 것이 없도
다. 그러나 어떤 사람이 나에게 물어오더라도, 텅 비어 있는 데서 출발
하여 그 양 끝을 들추어내어 마침내 밝혀 보리라."

子曰, 吾有知乎哉? 無知也 有鄙夫問於我 空空如也 我叩其兩端而竭
焉

《논어》, '자한편'

논어의 이 구절들은 놀라울 정도로 연찬의 원리를 잘 말하고 있다. 정
치문화를 업그레이드하는 데, 가장 중요한 요소라고 생각한다.

공자는 '모른다'라는 인식에서부터 출발한다. 이것은 입에 발린 말로
겸허함을 보이는 것이 아니다. 현대과학으로 인식의 메커니즘을 이해하
면 이 말은 훨씬 잘 다가온다.

"우리가 아는 것은 각자의 서로 다른 감각기관과 서로 다른 저장된
정보가 만나서 판단하는 것일 뿐, 사실이나 실제와는 다른(별개의) 것"이
라는 사실을 자각하는 것이다. 그렇다고 '나는 모른다' 하고 멈춰버리는
것과도 다르다. '모른다'는 데서 출발하여 '무엇이 진리일까'를 끝까지
찾아가는 것이다. '그 양 끝을 들추어내어 마침내 밝혀보리라'는 말은
포기하지 않는 진리 탐구의 태도를 함축적으로 잘 표현한다.

우리 같은 보통사람들은 무척이나 쉽게 단정하는 경향이 있다. '이것이 틀림없다'라고 생각하다가 그것이 아니다 싶으면 다음엔 '저것이 틀림없다'라고 생각한다. 어떤 것을 틀림없다고 믿고 있다가 그것에 실망하거나 좌절했을 때 정반대의 선택을 한다. 또다시 그 선택에 대해 확신을 가지고 말이다. 이런 태도는 진리를 추구하는 올바른 자세가 아니라고 공자는 말하고 있는 것이다. '그 양끝을 들추어낸다'는 것은 끝까지 단정이나 극단에 사로잡히지 않고 '진리란 무엇일까'를 찾아가는 태도를 말한다.

대체로 극단과 단정 속에는 진리가 숨쉴 수 없다. 물질과 마음, 좌와 우, 인위적 문명과 생태주의, 자유와 평등, 남성 우월주의와 여성해방 등 우리 시대의 수많은 당면 과제에 대해 극단에 사로잡히지 말고 '그 양단을 두들겨 무엇이 옳은 것인가를 끝까지 찾아가는' 태도가 중요하다고 말하는 것이다.

혹자는 이렇게 반문할지도 모른다.

"요즘 같이 급변하는 세상에 언제까지 찾기만 할 것인가? 신속하게 결정해서 실행에 옮겨야 할 일들이 많은데 공자의 말을 따르는 것은 현실성이 없는 것 아닌가?"

실제로 우리는 그때그때 시기를 놓치지 않고 수많은 선택을 하고 그것을 실행에 옮겨야 한다. 그러나 '이것이 틀림없어' 하고 단정지으며 선택하는 것과 '지금으로서는 이것이 최선이다. 하지만 틀릴 수도 있어' 하고 선택하는 것은 전혀 다른 것이다. 후자가 추진력이 떨어져 보이는 건,

지금까지 아집에 바탕을 둔 일방적인 실행이 많았기 때문이기도 하다.

다양성이 존중되는 다원화된 민주주의 시대에 어떤 선택과 실행이 더 적합할까? '지금으로서는 민주적 절차에 따라 이것을 선택하고 그 실행에 최선을 다한다. 그러나 그것이 틀렸다는 것이 밝혀지면 언제든 더 나은 선택을 하겠다.' 이런 열린 자세야말로 진정한 민주주의에 부합하는 태도라 할 수 있다. 말로는 상생과 협력을 이야기해도 마음속 깊이 극단과 단정이 지배하고 있다면 그것은 공허한 것이다.

3) '산은 산이고, 물은 물이다.'

걸출한 선사들이 지금까지 전하는 수많은 이야기 가운데 '분절 1→무분절→분절 2'의 전체 구조를 정확하고 명쾌하게 제시한 것으로는 길주(吉州) 청원유신(靑原惟信)의 '산은 산임을 본다→산은 산이 아님을 본다→산은 다만 산임을 본다'를 들 수 있다.

"노승이 30년 전 아직 참선을 하지 않을 때, 산을 보니 산이고, 물을 보니 물이었다(분절 1). 나중에 친히 선지식을 만나서 하나의 깨침이 있음에 이르러서는 산을 보니 산이 아니고, 물을 보니 물이 아니었다(무분절). 지금에 이르러 하나의 휴식처를 얻고 보니 여전히 산을 보니 다만 산이고 물을 보니 다만 물이다(분절 2)."

분절 1의 의식으로부터 분절 2의 의식으로 나아가기 위해서는 이른바 '무분절에 대한 깨달음'을 통과하지 않으면 안 된다. 나는 이 깨달음이 예전에는 탁월한 사람들이 각고의 노력을 통해 오직 소수만이 도달할 수 있었던 것이라면, 오늘날의 인류사에서 보면 보통 사람들이 이런 깨달음에 도달할 수 있는 지점에 왔다고 생각한다. 무분절의 깨침은 이제 현대 물리학을 비롯한 과학계의 상식처럼 되고 있다. '일체', '온생명', '한생명', '한살림', '유일한 생명단위로서의 우주' 등 표현은 다양할지 몰라도 분리·독립된 실체는 존재할 수 없다는 것은 이미 상식으로 되었다고 생각한다.

'한 장의 종이, 한 벌의 옷 속에서 우주를 본다'는 표현은 이제 더 이상 신비의 시구(詩句)가 아니게 되었다. 분절 1의 세계에서는 '노동자는 노동자, 자본가는 자본가'다. 분절 2의 세계에서도 '노동자는 노동자, 자본가는 자본가'다. 그러나 그 둘은 차원이 다른 세계다. 더이상 증오나 대립의 세계가 아닌 것이다. 진보와 보수도 이와 마찬가지가 아닐까.

5. 개혁의 중심인 허리

중산층의 지지

어떤 사람이 자산(子産)에 대하여 여쭈니 공자께서 말씀하셨다.

"자애로운 사람이다."

자서(子西)에 대하여 여쭈니 공자가 말씀하셨다.

"그저 그런 사람이다."

관중에 대하여 여쭙자 공자가 말씀하셨다.

"훌륭한 사람이다. 백씨의 병읍 300호를 빼앗았으되, 백씨는 거친 밥을 먹으며 살다 죽었지만 결코 관중을 원망하지 않았다."

或 問子産. 子曰, 惠人也 問子西 曰, 彼哉彼哉
問管仲. 曰, 人也 奪伯氏騈邑三百 飯疏食沒齒 無怨言

《논어》, '헌문편'

오늘날 우리 사회의 가장 큰 과제는 양극화 해소가 아닐까 싶다. 근래 복지 문제가 정치적 화두가 된 것은 이런 시대적 요구가 반영된 것이다. 시기적으로는 2012년 양대 선거와도 맞물려 있어 이 기회에 우리 사회의 공론이 제대로 형성되는 계기가 되기를 기대해 본다.

진보 진영의 이른바 '보편적 복지론'은 보수 진영이 우려하는 '재정의 위기'에 대한 대책이 함께 할 때 비로소 현실성 있는 주장이 될 것이다. 복지 확대는 재정 확대를 의미하고 재정 확대는 세수 확대를 말하는데, 이때 세금을 더 내야 하는 생산 주체의 의욕이 떨어지지 않아야 한다. 결국 가진 사람들의 실질적 동의가 필요하다는 뜻이다. 진보 진영의 일각에서 잘 뿌리내리기를 바라는 사회민주주의 제도도 이런 중산층 이상의 의식이 얼마나 진화하느냐에 성패가 달려 있다고 본다.

이 대목에서 공자가 말한 '관중의 인(仁)'을 생각해보자. 자신에게 또는 자기가 속해 있는 집단에게는 불리하지만, 전체를 위해서는 반드시 필요한 개혁이 있다고 가정해보자. 이때 어떻게 하면 원망 없이 개혁안을 수용하도록 할 수 있을까? 이때 개혁 주체는 기득권을 가진 사람이나 집단이 큰 저항과 거부감 없이 기득권의 일부를 포기하거나 양보할 수 있게 해야 한다. 그러한 개혁 주체를 어떻게 하면 형성해낼 수 있을까?

이 두 가지가 현 시점에서 우리에게 주어진 사회 진보와 인간 진화의 가장 핵심과제라고 할 수 있다. 개혁을 하자면 못마땅해 하는 사람들이 있겠지만, 불만을 줄이고 소기의 목적대로 개혁을 이루기 위해서는 가장 먼저 필요한 게 무얼까?

우선 개혁 주체가 공평무사하고 개혁을 합리적으로 설득할 수 있는 능력과 의지를 갖추어야 한다. 개혁에는 필연적으로 저항이 따르게 된다. 과거에는 정권 차원에서 힘으로 저항을 잠재우려 했다. 그런데 더이상 그런 방식은 통하지 않을 뿐 아니라 마땅히 버려야 할 구시대의 폐습이 되었다. 이제 개혁의 성패는 기득권을 가진 사람이나 집단이 개혁에 동참하도록 얼마나 합리적으로 설득할 수 있는가에 달려 있다.

그런 의미에서 개혁 주체의 권위는 대단히 중요하다. 싫든 좋든 누구나 인정할 수밖에 없는 권위가 있어야 한다. 이것을 바탕으로 비전을 제시하고 리더십을 보여줄 수 있을 때 비로소 원활하게 개혁을 수행해 갈 수 있다. 이 시대의 개혁은 그것이 아무리 진보적인 성격을 띨지라도, 그 성패는 중산층의 지지 여부에 달려 있다.

6. 남북관계, 국가의 꿈

❙ 지정학적 조건의 역발상

1960년대에는 민족주의가 많은 청년들에게 진보와 정의와 꿈의 출발점이었다. 강대국에 둘러싸인 지정학적 위치와 그 속에서 살아남기 위한 약소민족의 비애, 마침내 식민지로 전락하고, 해방마저 2차대전의 결과 외세에 의한 분단으로 이어지고, 동서냉전이 마침내 동족상잔으로까지 연결된 비참한 현실 앞에서, 그리고 식민지배의 잔재를 청산하지 못한 국가 건설 과정 등이 많은 피 끓는 청년들을 민족주의자로 만들었다. 당시만 해도 집단적 자주는 집단구성원의 자유의 전제 조건이라는 생각에 의문의 여지가 없었다.

자주적인 강성한 통일 민족국가의 꿈, 비통한 약소국의 지정학적 서러움으로부터 새로운 문명이 이 땅에서 출현해 대륙과 해양으로 뻗어나가는 지정학적 위치의 혁명적 역발상 등이 젊은 청년의 심장을 뛰게 했었다.

그리고 반세기가 흘렀다. 어떤 꿈(새로운 문명의 창조)은 지금도 여전하지만, 어떤 꿈들은 현실성을 상실하였거나 시대정신에 맞지 않는 것으로 되었다. 이제 '단일 혈통의 민족국가'를 이야기하는 사람은 많지 않다. 그것은 허구이기 때문이다.

그리고 '세계화'와 '지방화' 그리고 그에 따른 '국민국가의 쇠퇴'가 세계 인류가 나아갈 방향이라는 전망이 우세한 현실에서 우리가 지향해야 할 이상국가의 위상이 달라졌다.

물론 주변 강대국의 국가주의가 여전한 것도, 힘이 지배하는 국제질서도 여전히 맹위를 떨치고 있는 것도 사실이다. 최근의 일본 아베 정권의 시대착오적인 행태, 한·중·일 간의 영토 분쟁, 중국의 동북공정 등 열거하려면 수없이 많다. 그럼에도 불구하고 '글로컬라이제이션' (Glocalization, 세방화. 세계화+지방화)은 거스를 수 없는 세계 진화의 추세라고 생각한다. 그것은 인류의 이상에도 부합하는 것이다. 물론 신자유주의가 지배하는 세계화를 의미하는 게 아니라는 점은 두말할 것이 없다.

분단 후 70여 년, 정전(停戰) 후 60년이 지난 지금 남북관계, 민족, 국가의 현실과 이상을 어떻게 생각해야 할까?

한 번도 가본 적 없는 곳을 주소만 입력하면 그 바로 앞까지 안내해주는 네비게이션이 생활필수품으로 된 지금, 지난 전쟁 때 미국의 엄청난 폭격을 경험한 북한이 최첨단의 유도무기와 가공할 화력에 대해 공포를 느끼는 것에 대해, 그래서 사활을 건 반응을 보이는 것에 대해 이해 못할 바도 아니다. 다만 이른바 미제(美帝)의 침략에 대한 공포나 자주에 대한 열망이 지금과 같은 사회주의와는 전혀 인연이 없어 보이는 군국주의 왕조국가를 건설하게 했을까에 대해 이른바 내재적 접근법으로 실사구시해보고 싶다. 중국이나 러시아 같은 강력한 우방을 가진 북한이 왜 '자주'라는 방패를 들고 고립된 군국왕조를 선택해야 했을까? 과연 그런 선택이 외부 조건이 주원인으로 되어 자주를 위한 불가피한 것이었을까?

이제 시대는 많이 변했다. 민주화되고 인민의 복지가 잘 실현된 나라를 침략할 제국은 없다. 핵무기가 없고 재래식 무기마저 감축하더라도 그런 평화애호 국가를 침략할 수는 없는 것이다. 물론 지금도 집단(민족이나 국가)의 자주는 중요하다. 그러나 그것은 집단구성원의 자유를 전제로 할 때 정당성을 갖는다.

청년 시절 남북을 바라보던 때로부터, 지금 북한의 모습은 너무나 안타깝다. 북한이 진정으로 사회주의 이상을 추구한다면 '강성대국'을 국가 정체성으로 하는 것은 전혀 어울리지 않는다. 나는 북한 지도부가 '강성대국', '선군주의' 같은 것으로부터 '밝고 따뜻한 아름다운 사회주의'(현실적인 가능성은 차치하고)를 국가정체성으로 바꿀 수 있기를 진정으로 바란다.

이제 어설프게 남북문제를 '민족 내부 문제'로 보려고 하는 것이나, 상대를 통일의 대상으로 보려고 하거나, '통일지상주의' 같은 사고방식에서 벗어나야 한다고 생각한다.

'조선민주주의인민공화국'의 안전을 국제사회가 보장해야 한다. 정전협정이 당연히 평화협정으로 되어야 한다. 남북관계는 민족 내부 문제로서가 아니라 국가 간 선린관계로 되어야 한다.

그리하여 인간화된 대한민국과 민주화된 조선이 선린으로서 지구상에 새로운 문명을 창조하는 동반자가 될 수는 없는 것일까? 그 과정에서 같은 말을 하고 또 오랜 역사를 공유한 남북은 통일의 길을 자연스럽게 가게 될 것이다. 그것도 글로컬라이제이션, 즉 세방화의 세계 조류에 맞게, 어떤 점에서는 세계 연방의 새로운 모델로 우뚝 설 수도 있을 것이다.

요즈음 한반도를 둘러 싼 세계열강의 각축과 한반도의 분단, 북한의 시대착오적 비정상성, 그리고 한국의 내부모순과 분열상 등에서 과거 구한말 망국의 운명을 되풀이하는 것 같은 비관적 전망을 하는 사람들이 꽤 있다. 그 때와 비슷한 점도 있고, 달라진 점도 있다.

근본적으로 변할 수 없는 것은 지정학적 위치이다. 가장 달라질 수 있고, 달라져야 하는 것은 한반도에 고기압(高氣壓)을 발생시키는 것이다. 이 고기압은 성격이 다른 것이다. 21세기 인류적 테마에 대해 응답하는 '새로운 문명'을 탄생시키는 것이다.

사실 이러한 꿈은 우리에겐 아주 오래된 것이다. "만국활계남조선(萬國活計南朝鮮)", 만국(萬國)을 살리는 문명의 방향이 남조선에서 비롯된다! 꿈결 같은 예언이라고 치부해버리기엔 너무 절실한 우리 선조들의 비원(悲願)이 서려 있다. 이 꿈을 공유하고, 그 실현을 위해 연대하는 정치는 불가능한 것인가?

7. 새로운 정당

잘 준비된 것은 반드시 실현된다

새로운 정치에 대한 요구는 광범하고 절실하다.

권력의 쟁취가 목적이 아니라, 사람의 자유와 행복을 증진시키는 것을 목적으로 하는 정치를 원하고 있다. 새로운 정치는 어디에 있는가?

1) 새로운 정치는 정명(正名)에 있다!

시대정신을 구현할 수 있는 종합철학을 토대로, 구체적인 정강 정책이 합목적적으로 정합성 있게 이루어진다.

2) 새로운 정치는 새로운 사람에 있다!

"단정하거나 고정하지 않고, 오직 의를 좇을 뿐이다." (無適也 無莫也 義之與比)

"사람들과 두루 잘 어울리되, 편가르기를 하지 않는다." (群而不黨)

"이익을 만나면, 옳음을 생각한다." (見利思義)

3) 새로운 정치는 실제로는 위의 둘이 결합된 '정당'에 있다!

당내 민주주의의 새로운 지평 : 직접민주주의의 대폭 도입

연찬 민주주의 ← 토론 문화의 업그레이드

4) 잘 준비된 것은 반드시 실현된다!

한 인문운동가가 녹색당원들께 드리는 덕담[*]

1. 녹색은 미래

지금의 반생명적 문명을 지양하여, 지구가 존속하고 그 속에서 인류가 자연과 더불어 행복할 수 있는 새로운 문명을 만들어가는 것이 녹색당원들의 꿈이라고 생각합니다. 녹색은 광활하게 열려 있는 미래를 그려보게 합니다. 녹색은 생명과 평화를 상징합니다. 녹색당원 여러분은 역사의 순(順)방향에 서 있습니다. 순천자(順天者)입니다.

2. 정치는 '사람들을 자유롭고 행복하게 하는 조화의 기술'

　오랜 세월 동안 정치는 지배와 통치의 기술, 권력쟁탈의 과정으로 되

---

* 길담서원, 2015년 2월.

어왔습니다.

민주주의가 보편화되고 있는 오늘날 정치는 사람을 자유롭게 하는 기술로 되어야 합니다. 그러나 자본주의의 여러 모순들은 이해관계의 첨예한 대립을 나타내기 때문에, 그것을 둘러싼 권력쟁탈을 피할 수 없게 합니다. 정치를 '사람을 자유롭게 하는 기술'로 쓸 수 있는 사람들이 현실적인 정치권력을 획득해야 하는 것이 지금의 상황이라고 생각됩니다.

3. 정당은 정치의 목적을 실현하려는 직접적인 결사

다원화된 현대 사회에서 다층의 이해관계를 조정하기 위해서는 각각의 이익을 대변하는 정치적 결사, 즉 정당이 필요합니다.

물론 정당은 단순한 이익단체와 달리 자신이 서 있는 지지기반에 서서 '전체의 이익'을 추구합니다. 그러나 현실은 그것이 대단히 어렵다는 것을 보여줍니다. 특히 한국처럼 급속한 변화를 경험한 나라는 매우 복합적이고 중층적인 모순을 가지고 있기 때문에 더욱 그렇습니다.

녹색당은 '인류의 존속과 행복, 새로운 문명의 추구'라는 이상을 갖는 정당으로서의 장단점이 있습니다. 물질적 이익을 둘러싼 구체적인 이해관계를 넘어설 수 있다는 장점이 있지만, 자칫 그것이 현실문제에서 초연한 것으로 비춰지는 양면성을 가지게 됩니다. 그 장점을 살리면서 현실문제에 대한 분명한 견해와 태도를 갖는 것이 필요합니다. 아마도 향후 녹색당의 과제 중 하나는 그 정체성을 어떻게 확립하느냐 하는 것이 겠지요.

4. 정당은 학교

정치의 목적이 권력쟁탈에서부터 사람을 자유롭게 하는 것으로 바뀐다면, 그 목적을 실현하려는 정당은 먼저 정당 구성원의 품격을 변화시킬 수 있는 학교의 역할을 할 수 있어야 합니다. 특히 녹색당은 새로운 문명을 목표로 하는 정당이기 때문에 당원 한사람 한 사람이 새로운 문명을 실천하는 사람으로 되는 것이 무엇보다 중요하다고 생각합니다. 이 한사람 한 사람 녹색당 진성 당원의 영향력은 대단합니다.

'한 점의 불꽃이 광야를 태운다'는 구호는 과거 혁명의 열정을 나타내는 말입니다. 그러나 그 혁명은 광야를 태웠을 뿐 새로운 싹을 틔우지 못했습니다. 이제 '점점의 진실한 씨앗이 싹터 거친 벌판을 생명과 평화의 정원으로 만들어가는' 꿈을 꾸어야 합니다.

5. 어떤 사람이 되어야 할까

인문운동가로서 나는 두 가지를 말씀드리면서, 이러한 인문운동이 정치운동과 융합하는 것이 진정한 정치발전의 중요한 요소라고 믿고 있습니다.

반생명적인 문명으로 되고 있는 근본 원인을 보면 인간의 가장 큰 특징인 '물질생산력'과 '관념'을 제대로 활용하지 못하고 그것에 지배되는 현상이 있다고 생각됩니다. 이것을 제대로 돌리는 의식 및 문화운동을 나는 '인문운동'이라고 부르고 있습니다.

1) 물질적 가치와 정신적 가치가 올바르게 배합되어야

물질은 과거에 비해 비할 수 없이 풍부해졌는데, 사람들은 그만큼 행복을 느끼지 못합니다. 아니, 오히려 불행하기까지 합니다.

그 원인은 양극화, 불평등, 차별 등과 생태계파괴, 환경오염 등 여러 가지가 있겠지요. 요즘 와서 더 분명해 보이는 것은 사람들이 물질을 활용하지 못하고 물질에 지배되고 있다는 것입니다.

물질은 생존의 제1요건이며, 행복의 필요조건입니다. 그러나 그것은 물질을 사람이 활용할 때 이야기이고, 물질에 지배되어 버리면 오히려 불행의 원인으로 될 수 있습니다. 물질이 풍부해진 것은 행복을 위해 좋은 조건입니다. 이제 물질과 정신의 올바른 조화를 발견하고 새로운 삶의 방식이 빛살이 퍼져가듯 넓혀져 가면 되는 것입니다. 이것이 바탕이 될 때라야 여러 가지 제도나 시스템 등을 변혁하는 것이 비로소 의미 있게 됩니다. 더구나 이런 물질 중심의 문명은 생태계를 교란하고, 오염된 환경으로 쾌적한 삶을 해치고 더 나아가서는 인류의 존속 자체를 치명적으로 위협합니다.

그런데 이런 것을 이야기해도 물질 중심의 사고방식과 문화를 바꾸기가 지극히 어렵게 되어 있는 것이 현실입니다. 편의가 너무 몸에 배어 버렸습니다. 물욕을 억제하거나 가난을 권하는 방식으로는 현대인들의 삶의 방식을 바꾸기가 어렵습니다. 가난을 피하고 편익을 추구하는 것은 인간의 당연한 욕망입니다. 그래서 욕망을 억제하기보다는 더 큰 욕망으로 확대하는 것이 순리라고 생각합니다.

안빈낙도(安貧樂道)라는 말이 있습니다. 가난을 즐기라는 말이 아닙니다. 불가피한 가난은 원망하거나 비굴해지거나 하지 않고 그저 받아들일 뿐입니다.

즐기는 것은 도(道)입니다. 이 도(道)를 오늘에 말한다면 정신적 · 예술적 가치를 신장하는 것입니다. 즉 욕망의 질이 달라지고 물질적 가치보다 더 큰 욕망을 갖게 되는 것입니다. 이렇게 되면 자연스럽게 물욕은 감소합니다. 즉 락도(樂道)라야 안빈(安貧)할 수 있는 것입니다.

흔히 자발적 가난이라는 말을 하지만 오히려 그것은 자발적 풍요가 됩니다. 무언가를 탐내고 챙기고 모으는 것에서 느끼는 기쁨보다 나누고 베풀며 양보하는 것에서 즐거움을 느끼게 되는 것입니다.

아름다운 자연을 가꾸고 보존하는 기쁨, 직접 재배하는 텃밭 농사의 기쁨, 자연과 잘 조화된 도시에서 꽃피는 예술적 감성 등은 삶의 패턴을 바꿀 것입니다. 아름다운 생태도시는 조금만 가려고 해도 자동차를 이용하려는 육체의 욕구를 억제하는 것이 아니라, 걷거나 자전거로 상쾌하고 따뜻한 도시의 공기를 호흡하고 싶은, 즉 사람들과 따뜻한 시선의 교환, 주고받는 정다운 인사를 즐기고 싶은 욕구를 불러일으킬 것입니다.

이렇게 되려면 사람들 간의 사이가 좋아야 되겠지요. 이렇게 욕망의 질을 바꾸는 것이 인문운동의 중요한 분야라고 나는 생각하고 있습니다.

2) 관념에 지배되지 않고 관념을 활용해야

인간의 특징으로 높은 물질적 생산력과 함께 '관념'을 들 수 있습니다. 생산력 못지않게 인간은 관념을 발전시켜왔습니다. 수많은 새로운 지식, 경험, 신념, 가치관 등이 관념계의 내용을 풍부하게 하고 있습니다. 그런데 중요한 것은 이 관념들을 활용하는 것이 아니라 관념에 지배될 때 그것이 불행의 원인으로 된다는 것입니다.

관념에 지배된다는 것이 무엇일까요? '나 생각이 틀림없다', '내가 알고 있는 것이 사실이다', '나는 진리를 안다'는 등의 단정이 그 대표적인 예입니다. 사람들은 단정을 해야 신념도 확신도 생기고 자신의 지식이나 경험 등을 살리는 것처럼 오해하고 있고, 그것이 오랜 문화로까지 되고 있습니다. 그러나 사실은 그 반대입니다.

단정을 하면 관념을 활용하는 상태로부터 관념에 지배되는 상태로 됩니다. 자기와 다른 생각을 하는 사람의 말이 잘 들리지 않고, 나아가 화가 납니다. 이 화에 휘둘리는 것이야말로 관념에 지배되는 현상을 가장 잘 나타냅니다. 미움도 마찬가지입니다. 화나 미움이 있는 곳에 행복이 있을 수 없습니다.

우리가 원하는 세상은 이웃과 사이좋게 지내는 따뜻한 세상입니다. 말로는 '이웃과 사이 좋아야지' 하면서도 자기 생각이 단정에 바탕을 두고 있으면, 의식하지 못할지 몰라도 마음 한 편에 비수를 숨기고 있는 것과 같습니다. 그런데 자기가 틀림없다는, 즉 자기가 사실을 알고 있다는 단정은 아무런 근거가 없습니다. 현대 과학은 인식의 메커니즘을 밝힘으로써 이것을 잘 설명하고 있습니다.

중학교 교육만 받아도 우리가 알고 있는 것은 사실 그 자체가 아니라 자신의 감각과 자신의 판단에 따른 하나의 상(像)일 뿐이라는 것을 이해할 수 있습니다. 그럼에도 이런 과학적 상식이 사람들의 의식과 문화, 사회적 실천과 사회운동에는 별로 응용이 안 되는 것 같습니다. 우리나라의 경우 이런 지식들은 단지 '주입'되고 있을 뿐 실제 생활에 뿌리를 내리지 못합니다.

이와 같은 무지의 자각을 바탕으로 탐구 소통하는 방법은 과학의 발전에 힘입어 보편화할 수 있게 되었습니다. 이러한 자각을 일반화하고 사회화하는 것이 인문운동의 가장 중요한 목표의 하나입니다.

6. 정당인이 되기 전에 먼저 '시민'이 되어야

어쩌면 녹색당이 진정한 민주 사회의 주체로서의 '시민'이 자라는 정당이 된다면, 그것 자체가 대단히 큰 기여로 될 것입니다. 이와 관련하여 제가 한 시민단체에 제안한 글을 소개하겠습니다.

시민헌장 제정 운동

여전히 '저항의 주체'라는 측면도 있지만, 진정한 주체로 되기 위해서 '자율성'과 '책임'이 요구된다. 민주화를 겪으면서 국가와 국민이라는 수직적 관계에서 저항의 주체로 시민운동이 출발했다면, 이제 그것을 포함하면서 그것을 넘어서야 한다. 수평적 관계에서 민주적으로 의사를 결정하는 능력, 책임과 배려(관용) 등이 발전해야 한다. 그런 의미에서 시민이 헌장을 스스로 써가는 운동을 제안한다.

나는 희망연대가 지금까지 구체적인 활동을 통해 획득한 신뢰와 평판을 바탕으로 하나씩 하나씩 시민헌장을 써갔으면 한다. 추상적인 구호나 의무적 규범이 아니라 일상의 삶과 사회적 실천의 자발적 전범을 만들어가는 것이다. 아마 내용으로는 민주·인권·공공도덕·박애(博愛) 등이 포함될 것이다.

민주·인권의 경우 저항의 주체로서 국가기관이나 자치단체의 반민주적, 반인권적 행위나 제도에 대해서 반대·감시·비판하는 내용과 함께 시민의 책임·자율성·상호관용 등이 담길 것이다. 공공도덕과 박애도 의무적 규범으로서가 아니라 자각(自覺) 운동이 될 것이다. 이 헌장은 정언(定言)의 형태가 아니라 진행형으로 씌어질 것이다.

7. '대긍정에 바탕을 둔 새로운 문명국가의 건설'이 시대정신

대긍정(大肯定)이란 역사를 통째로 긍정하는 것입니다. '통째로'라는 것은 그 모순과 그 모순에 대한 투쟁의 역사까지를 포함하는 것입니다. 우리에게는 이것이 참 힘이 듭니다. 그러나 이 바탕 위에 서지 않으면, 새로운 문명국가로 나아갈 사다리가 없습니다. 이를 위해서 일체관(一體觀)이라는 철학적 바탕을 이해하는 것이 중요하다고 생각합니다.

끝으로, 녹색당원인 아들을 생각하면 페이스북에 올렸던 글을 소개하며 마치겠습니다. 귀한 자리에 초대해주셔서 감사합니다.

8. 녹색당을 선택한 아들을 생각하며

풀뿌리 정치를 해보고 싶어 하는 아들이 내년의 기초의원 선거에 나가보려고 한다. 정당은 녹색당을 선택하고 있다. 아버지로서는 본인이 하고 싶어 하는 것을 지켜볼 뿐이지만, 이 두 가지 실험이 성인으로서의 그의 인생에 좋은 출발이 되기를 바라는 마음 간절하다.

그것은 꼭 지금의 선택이 가장 옳은 것으로 되리라는 것을 의미하는 것은 아니다. 아직도 20대인 그의 앞에는 무수히 많은 선택이 놓여 있다. 다만 지금 들어서는 정치의 길에서 항상 무엇인가를 결정할 때에 '이 길이 자신의 내면 가장 깊은 곳의 진정한 기쁨과 세상의 허기가 만나는 곳인가?' 하는 질문 앞에 일관되게 서기를 바란다.

그런 면에서 이 두 가지 선택이 좋은 출발점이 되었으면 한다. 아마도 쉽지는 않을 것이다. 너무 빨리 판단하지도 말고, 때로는 너무 머뭇거리지도 말기를 바란다. 마음의 '헛힘'을 빼고, 진정한 힘과 만나는 숙성의 장으로 정치와 만나기를 바란다.

아직은 잘 이해가 안 되겠지만, 인문운동가인 아버지로서는 공자의 절사(絕四)를 판단의 기준으로 권하고 싶다. 무의(毋意)·무필(毋必)·무고(毋固)·무아(毋我)가 그것이다. 대단히 편안한 길이며, 광대무변한 에너지와 만나는 길이라고 생각하기 때문이다.

기왕에 말이 나왔으니까, 깊이 생각해본 적이 없어서 일단의 느낌 수준이겠지만 녹색당에 대한 평소의 생각을 이야기해주는 것도 아버지의 도리가 아닌가 한다. 물론 받아들이는 것은 본인의 몫이다.

나는 어쩌면 내가 생각하는 인문운동(물신의 지배로부터 인간의 해방과 자기중심성을 넘어서는 의식의 진화)과 정치의 융합이 녹색당이라는 실험을 통해 해볼 만하지 않을까 하는 생각을 얼핏 해본 적도 있었다. 그러나 깊이 생각해보지 않았던 것은 지금은 1%의 지지도 못 얻는 정당이라는 현실 때문이 아니라, 몇 가지의 걸림이 있었기 때문이다. 물론 깊이 본 것이 아니라서 오해가 있을 수도 있을 것이다. 그냥 국외자의 느낌 정도로 들어주기 바란다.

▌ 첫째는 '자기중심성'에 대한 것이다.

내가 만나거나 알고 있는 대부분의 녹색주의자(?)들은 지금까지의 문명이 일으킨 폐단과 그로 인한 인류의 위기가 '자연생태계 안에서 엄청난 행위능력을 가진 인간의 자기중심성'에 기인한다고 생각한다. 그 점에 대해서는 나도 전적으로 동의한다. 그런데 이야기를 해보면 아집이 강한 사람들이 많았다. 종(種)으로서의 인류가 자연생태계 안에서 갖는 자기중심성에 대해서는 자각하면서도, 인간 상호간, 즉 인간생태계 안에서의 자기중심성에 대해서는 자각을 하지 못하는 경우가 있는 것 같았다.

사실 이 두 가지(종으로서의 자기중심성과 개체로서의 자기중심성)는 일관되어야 진실한 것이다. 그러다보니 일부 녹색을 이야기하는 사람들이 대단히 강퍅하고 완고한 사람들로 비치기도 하고, 같은 세계관을 가진 것처럼 보이는 사람들끼리도 의사소통이 원활하지 못한 경우를 종종 보았다. 그러다보니 녹색이 차가운 색깔로 다가오는 경우가 있었다.

나는 개체로서의 자기중심성을 넘어서려는 노력이 하나의 집단문화로 자리 잡을 때 지금의 다수결보다 뛰어난 민주주의를 발전시킬 수 있다고 생각한다. 만일 녹색당이 이런 문화를 만들 수 있다면, 그 인류사적 정당성을 바탕으로 반드시 큰 나무로 자랄 것이라 믿는다. 그렇게 될 때 녹색은 사람들의 마음을 푸근하게 하고 생기를 주는 따뜻함으로 다가오는 것이다. 사람들로부터 사랑을 받고, 사람들이 위안을 받는 정당으로 된다면, 지금의 1%는 엄청난 1%로 될 것이다.

┃ 둘째는 물질문명에 대한 태도다.

지금과 같은 소유 소비문명이 계속된다면 인류의 지속적 존속 자체가 어렵게 되고, 따라서 새로운 문명을 지향하는 목표와 정강을 가진 정당은 역사의 진행방향과 일치하는 정체성을 갖는다. 다만 그 명칭이 꼭 색깔로 표현되어야 하느냐에 대해서는 좀 이견이 있을 수 있겠지만……

그런데 내가 이야기하고 싶은 것은 지금까지의 문명에 대한 태도가 지나치게 부정적이거나, 그것이 관념적 과격성으로 비추어질 때 보편성을 획득하기 힘들다는 것이다. 지금의 사람들의 실태를 공격하거나 과도하게 비판하는 것은 현명하거나 과학적인 태도와는 거리가 있다고 생각한다. 실제로 사람들은 자유와 행복의 확대를 위해 긴 역사를 걸어왔다. 물질로부터의 자유를 위해 생산력을 발전시켜왔고, 사회적 자유를 위해 민주주의 제도를 발전시켜왔다.

지금에 와서 여러 가지 모순들이 심각하게 나타나고 있지만, 그렇다고 과거를 전면적으로 부정해서는 안 된다. 오히려 과거의 그 성과들을 대긍정하면서, 현재의 모순과 맞서고, 그 모순과 맞서는 힘을 현재의 실태 속에서 찾아야 한다고 생각한다.

실제로 물신의 지배에서 벗어나 새로운 문명을 지향할 수 있는 사람들이나 사회는 물질적 풍요를 경험한 이후에 보편화할 수 있는 것이 현실이 아닐까? 이런 점을 잘 보아야 한다고 생각한다. 아직 가난에서 벗어나지 못해 물질적 자유가 최대의 목표로 되고 있는 사람들에게 '새로운 문명'을 이야기해도 전혀 마음에 와닿지 않는다. 만일 이런 상태에서 '공생공빈'이나 '자발적 가난'을 이야기하는 것은 상당한 강제나 부자유 또는 비현실적 관념으로 받아들여질 소지가 많다.

오히려 물질적 풍요가 물신의 지배로 전락할 때 그것이 행복과는 거리가 멀어진다는 것을 자각한 사람들에게 이런 목표들이 마음으로부터 다가올 것이다. 이것이 지금의 문명으로부터 새로운 문명으로 이행하는 '조용하지만 튼튼한 혁명'의 길을 닦는 것이 아닐까? 물질적 욕구를 억제하는 것이 아니라 정신적 예술적 욕구가 커짐으로써, 즉 욕구의 질이 변화함으로써 물질에 대한 욕구가 자연스럽게 감소하는 것이 새로운 사회, 새로운 문명으로 이행하는 길이 아닐까 생각한다.

녹색당원들이 이런 점에서 선구적이 된다면, 그 당의 미래는 대단히 밝다고 생각한다. 당원들에게서 그 밝음이 빛날 것이다. 현실적으로 반생태적이고 반인간적인 제도나 정책과 치열하게 투쟁을 하는 경우라도, 그 밝음과 진정성은 결코 훼손되지 않을 것이다.

나는 아들이 그런 녹색당원이 되기를 바란다. 국외자가 잘 알지도 못하면서 이런 이야기를 하는 것이 주저되기도 하지만, 아들이 선택한 정당에 대해 그 성공을 바라는 마음에서라는 것을 이해해주기 바란다.

❧ 《모순론》

청년 시절에 마오쩌둥의 《모순론》을 읽었었다. 그 시절 상당히 매료되었던 기억이 있다. 자세한 내용은 잊어버렸지만, 《모순론》은 주요모순과 부차모순, 근본모순과 주요모순 등 마르크스주의를 중국의 당시 현실에서 적용하기 위한 전략적 필요에 부응하는 것이었다.

지금 생각하면, 절실한 필요에서 나온 것이고, 구체적인 전략적 목표 그 방법론에 관한 것이라는 것과 철학 자체로 보면 대단한 것은 아니라는 생각도 든다. 어떻든 거대한 중국이 깨어나 굴기(屈起)하는 데 중요한 역할을 한 것은 사실이다.

내가 《논어》나 《중용》을 접하고 느껴지는 것은 마오의 이런 저술이 '정명(正名)'이나 '시중(時中)'의 한 과정으로 보인다는 점이다.

확실히 어떤 시대, 어떤 사회에는 주요한 모순이 있고 부차적인 모순이 있다. 이것을 잘 헤아리는 것은 세상을 바꾸려는 운동가·실천가·이론가들에게 대단히 중요한 능력이다.

우리는 마오가《모순론》을 쓰던 당시와는 비교할 수 없는 다원화되고 민주화된 사회를 살고 있다. 그럼에도 운동가들에게는 운동의 '정명'이나 그 발전 단계에 맞는 '시중'은 필요하다. 특히 다원적 사회에서 백가쟁명 할 때는 이런 종합적 사고능력이 요청된다. 아무리 이상적이지만, 그 기반이나 능력이 따라주지 않는 것을 '중심'에 놓는 것은 맞지 않는 것이다. 그러한 운동을 하지 말라는 이야기가 아니라, 전체의 위상에서 맞는 역할에 대한 자각이 필요하다는 것이다.

　자신이 관심 있고 잘 할 수 있는 것과 그것을 중심으로 인식하거나 보편적문제로 파악하는 것과는 별개라는 것을 자각하는 것이 필요한 것 같다. 마오 시대보다 훨씬 종합적인 '모순론'이 요청되는 시대인 것 같다. 문명전환기의 거대한 변혁의 시기에 지정학적 요충지이며, 세계의 모순이 중층적이고 복합적으로 응축된 한국에서 깊이 있는 세계사적 '정명'이 이루어질 수는 없는 것일까?

중국이 '공자'를 들어올리는 것을 나는 좋은 일이라고 생각하고 있다. 다만 공자 사상의 어떤 점을 들어올리고 있는가가 핵심이다.

공자는 2500여 년 전 봉건군주제의 농경사회를 배경으로 '수신제가 치국평천하'의 이상을 실현하려 했던 인물이다. 그러다보니 두 가지가 섞여 있다. '반동성'과 '진보성'이다. 내가 청년시절에 공자를 깊게 연구하지도 않고 반대했던 것은 그 '반동성'이 주로 보였기 때문이며, 요즘 내가 공자를 자주 거론하는 것은 그 '진보성'에 주목하기 때문이다. 현대 중국의 역사에서도 공자에 대한 극심한 태도의 변화를 볼 수 있다.

나는 21세기 인간의 역사에서 공자의 '진보성'과 '보편성'은 크게 살려질 수 있다고 생각한다.

중국이 공자를 국가통합의 '권력이데올로기'로 사용하는 데 그친다면 또다시 공자는 왜곡될 것이다. 중국이 그 '진보성'과 '보편성'을 현대에 살릴 수 있다면, 중국의 굴기는 대국주의나 제국주의에 빠지지 않고 이른바 '중국의 꿈[中國夢]'은 이웃나라들을 불안하게 하지 않을 것이다.

시진핑 방한에서도 '중국의 꿈'을 이야기하는 것을 들었는데, 그것의 내용이 무엇인가? 미국의 꿈, 일본의 꿈, 러시아의 꿈은 무엇인가? 그 대국들의 지정학적 중심에 있는 '한국의 꿈'은 무엇인가? 이 개별 나라의 꿈들이 '인류의 꿈'과 같아지는 세상을 위하여 과거 인류의 선각자들의 사상이 제대로 잘 쓰이기를 바란다.

공자도 그 선각자의 한 사람이다. 나는 '홍익인간 재세이화'라는 우리의 오래된 꿈이야말로 그런 세상을 위해 가장 귀중한 자산이라고 생각한다.

'한국의 꿈[韓國夢]'을 굴기시키자!!!

🌱 통일에 대하여

나는 통일에 대해 별로 언급하지 않는다. 내가 통일을 원하지 않아서가 아니다. 남과 북은 사회의 발전 단계가 서로 엄청나게 다르기 때문이다.

북한의 과제는 민주화다. 한국의 과제는 인간화·선진화다. 북의 민주화에 남쪽이 개입하고 지원할 여지가 극히 제한적이다.

지금은 비현실적인 통일을 이야기하기보다, 남북대립이 남과 북의 각각의 과제를 이루는 데 장애로 작용해온 관계를 벗어나는 것이 급하다. 이웃 국가로 관계정상화를 하는 것이다. 북의 집권세력으로 하여금 더 이상 안보를 빌미로 비정상적 국가운영의 빌미를 주지 않으면 된다. 한국도 마찬가지로, 더 이상 남북대립에 선진화, 인간화가 발목을 잡혀서는 안 된다.

한국은 자신의 과제를 잘 수행하면 된다. 북한이탈 주민에게나 동남아 결혼 이민자에게나 국민에게나 한국이 정말 살 만한 나라임을 증명하면 된다. 북한 주민이 한국을 그렇게 볼 수 있으면 된다. 아마도 그것이 북한 민주화에 대한 가장 큰 기여로 될 것이다.

이른바 북의 '급변사태'는 남쪽이 유도해서 오기보다는 북의 민주화 과정에서 올 수도 있다. 그에 대비하는 것도 한국의 선진화가 답이다. 지금은 통일보다는 남북의 국가 간 관계의 정상화가 테마다. 각각의 과제를 잘 이행하다보면, 문화역사공동체인 남북이 통일로 가는 것은 순리가 될 것이다.

유토피아는 그 내용이 현실화하긴 힘들어도, 뭇 사람들이 살고 싶어 하는 이상사회를 말하는 것이 아닌가? 박근혜 대통령의 통일 예찬이나 전망도 유토피아적 사고라고 할 수 있는가? (2015.9.11 중앙일보 김영희 기자 칼럼 참조) 통일을 진정으로 원한다면, '통일'이라는 말을 가급적 안 쓰는 게 좋다. 말만 안 쓰는 게 아니라, 진짜로 통일이 담아야 할 사회를 만들 수 있는 실력을 기르는 데 집중하여야 한다. 이것은 비단 대통령에 한한 것이 아니다. 좌우, 관민 할 것 없이 바탕에서부터 생각하길 바란다.

예전엔 남조선 해방이라는 환상(유토피아와는 다르다)이 있었다면, 요즘은 북한 해방이라는 환상이 있는 것 같다. 해방하여 어떤 사회, 어떤 세상을 만들려 하는가? 또 그런 실력(정치적, 경제적, 문화적, 도덕적)을 갖추고 있는가? 우선 이 두 질문에 답할 수 있어야 환상이 아닐 수 있다.

✿ 20대 총선을 보며

이번 총선의 결과는 우리 국민의 집단 지성적 선택이 얼마나 놀라운지를 잘 보여준다. 여당의 실정(失政) 및 오만에 대한 준엄한 심판과 야당의 분발에 대한 혹독한 촉구가 동시에 이루어진 선거이기 때문이다. 결과만 놓고 보면 야당의 승리인 것처럼 보이지만, 내용으로 보면 결코 그렇지 않다. 여당은 물론이겠지만 야당도 그 점을 잘 보아야 한다.

국민의 뜻이 이렇게 표출됐으니, 이제 정치권이 그에 답할 차례다. 나라와 사회에 시급한 과제들이 비유적으로가 아니라 실제로 산더미처럼 쌓여 있다. 이제 정치의 질이 달라지지 않으면, 국가적 업그레이드의 기회를 살릴 수 없다. 아마 내년 대통령 선거 때까지 '정치의 계절'이 될 터인데, 정치'공학'이 난무했던 과거의 구태를 답습해서는 거의 마지막이 될지도 모를 이 기회를 허망하게 놓치게 될 것이다. 진정한 새 정치로 구태를 깨는 진짜 정치의 계절이 되기를 바란다.

사람은 잘 안 바뀐다. 정치인도 마찬가지다. 그들이 바뀔 수밖에 없도록 하는 '상황'을 창출하는 게 중요하다. 그런 상황을 조성하는 광범한 흐름들이 만들어지기를 기대한다.

나는 이번 선거에서 지역주의와 진영주의에 적잖은 '균열'과 '파열'이 생긴 것을 중요한 신호로 보고 싶다. 나는 한반도에 지정학적 고기압이 발생하기를 진심으로 바라는 사람이다. 그 고기압이란 바로 '새로운 문명의 중심교역국가'를 건설하는 것이다. 우선은 한반도의 남쪽에서라도 그런 기반을 이룩하고, 마침내 통일된 국가를 통해 인류적 보편성을 획득해야 한다.

새로운 문명은 인류의 지속적 진보를 가능케 하는 이상(理想)이고, 중심교역국가는 지금의 국가 단위의 세계질서에서의 현실적 목표다. 이 둘의 융합이야말로 인류사에 대한 우리의 위대한 기여가 될 것이다.

지금 우리는 상당한 물적·제도적 토대를 갖추었지만, 업그레이드해야 할 때 제대로 업그레이드하지 못한 데서 오는 위기를 겪고 있다. 이 위기를 넘어서지 못하면 우리는 추락할 것이다. '사회적 대타협'이 국가적 업그레이드의 관건인데, 우리의 역사적 특수성(식민지 경험, 분단과 전쟁, 중앙집권의 오랜 역사 등)으로 보아 '합작과 대연정'의 성공이 그 핵심에 놓일 것이라고 본다. 민주주의도, 자주성도, 경제도 이 대타협의 관문을 통과해야 한 단계 발전할 수 있다.

사실 문민정부, 국민의정부, 참여정부도 '합작'을 통해 탄생하긴 했다. 그러나 그것은 정치공학적인 합작에 불과했다. 그래서 더 나아가지 못했던 것이다. 지금은 실질적이고 사상적·이념적 정합성을 갖춘 합작과 연정이 하나의 시대정신으로서 요청된다. 오직 낡은 관념만이 진영의 블랙홀을 만들어 장애로 작용하고 있을 뿐이다.

그런 점에서 이번 총선은 중요한 시사점을 준다. 이제 관념상의 장애도 사라지고 있는 것이다. 더불어민주당이 의회 제1당이 되는 데 큰 공을 세운 인물이 그 사실에 대한 강력한 증거다.

그는 역대 정권의 브레인을 거친 바 있고 지난 대선 때는 새누리당의 집권을 도왔던 사람이다. 그런 사람이 이번엔 야당인 더불어민주당의 '구원투수'로 나섰다. 국민의당에도 지난 대선 때 박근혜 정권 창출에 기여했던 브레인이 참여하고 있다. 이는 무엇을 말하는가? 이 주요 3당이 지역기반 이외에는 그 이념적 정체성에서 거의 차별점이 없음을 의미한다. 그 역사적 출현 배경과 자유민주주의에 대한 이해 정도, 경제정책 등에서 약간 차이가 있지만, 그것이 보수라는 정체성에서 보면 본질적 차이는 아닌 것이다.

나는 비판 혹은 비난하기 위해 이렇게 말하는 게 아니다. 실질적으로 3당 사이에 '합작과 연정'을 어렵게 하는 관념적인 벽도 사라지고 있다는 말을 하는 것일 뿐이다.

그런데 이 주요 3당만의 합작과 연정은 무언가 중요한 무엇이 빠져 있다는 느낌을 준다. 바로 '진보'와 '새문명'을 지향하는 정당이 빠져 있는 것이다. 물론 3당 안에 그런 요소들이 일부 포함되어 있다고 말할 수도 있다. 그러나 사실은 보수와 진보, 그리고 새문명 등 정체성을 뚜렷이 하는 정당들로 연정이 이루어질 때에만 진정한 사회적 대타협이 가능할 것이다. 재벌을 설득하는 보수, 노동계를 설득하는 진보, 기존의 보수/진보를 넘어 녹색과 협동의 공동체를 지향하는 새문명 지향의 정당이 합작하는 것이 가장 바람직하다.

그런데 이번 선거에서 보여지듯 우리나라 정치 지형은 보수 이외의 정치세력이 너무 미미하다. 누구도 이런 미미한 세력과 합작하려 하지 않을 것이다. 그러면 이른바 사회적 대타협의 한 축을 대변할 정치세력의 부재가 결국 우리의 발목을 잡을 것이다. 이것이 한국의 진보가 크게 진화해야 하는 이유의 하나다.

보수정당의 틀 속에서 상대적으로 진보적인 사람들이 지금까지의 지역구도나 낡은 진영논리에서 벗어나 정의당을 비롯한 진보적인 세력과 하나의 정당을 만들 수 있다고 생각한다. 아마도 한국적 '사회민주당'이 탄생한다면 좋은 일이다.

그리고 녹색당은 새로운 문명을 지향하는 보다 넓은 보편정당으로 발전했으면 좋겠다는 생각을 하게 된다. '개벽'을 제시한 민족종교의 전통이나 협동사회 및 공동체 사회에 대한 욕구의 증대 등이 그 충분한 자원이 되리라 본다.

앞으로 우리 사회에 이런 정치적 기운이 세 솥발처럼 서고, 그 위에서 각 정치세력 간의 합작과 연정을 위한 대승적 합의가 이루어지기를 온 마음으로 바란다. 시간이 많지 않다.

🌿 진보운동이 나아갈 방향

* 이 글은 《시대정신》 2015년 9-10월호에 실린 인터뷰의 일부를 발췌한 것이다.
독자분들과 공유하고 싶은 생각에 이곳에 옮긴다.

**민주화 달성 이후 진보운동의 동력이 사실상 사라진 것 아니냐는 지적까지 나오고
있다. 앞으로 진보운동이 나아갈 방향은 무엇이라고 보는가?**

과거 진보가 추구했던 목표들이 어느 정도 달성돼서 사라진 것도 있고,
예전에는 싸우는 목표나 대상이 분명했지만 지금은 그렇지 않은 경우가 많
다. 때문에 지금 진보 진영에서는 인간 자체의 진보라는 핵심적 테마에 관
심을 기울여야 한다. 사회적 진보를 경시하거나 무시해서가 아니라 지금은
그러한 바탕에서 진보적인 아젠다를 제시할 때다. 단정을 바탕으로 한 인간
은 고정되어 있을 뿐이다. 불변한 것은 진보가 아니다. 유연하고 변화하는
것이 진보다. 신념이 투철한 사람일수록 어떻게 보면 진보가 아니라고 할
수 있다. 요즘 사람들은 함께 일하는 것에 서투른 것 같다. 진영을 벗어나겠
다고 하는 사람들을 만나 얘기하면 이미 그 한 사람 한 사람이 자기 세계라
고 하는 진영에 갇혀있는 경우가 많다.

근대 100년의 정치사는 합작과 연정으로 수렴된다고 본다. 그러나 사람
들이 그동안 진영에 갇혀 있었기 때문에 자신 있게 말을 못하지 못했다. 이
런 이야기를 하면 자기 진영 안에서 얻어맞기 때문이다. 진영이란 벽을 단

순히 부수는 작업은 하기도 어렵지만 별 의미가 없다. 평면에서 입체로 튀어 오르는 작업과 함께 이루어져야 가능하다. 낡은 '진영'을 넘어 합작이나 연정을 지향한다는 것은 모순을 봉합하거나 적당한 타협을 의미하는 것이 아니다. 현존하는 경제적, 정치적, 사회적 과제들의 해법에 대한 치열한 탐구와 모색을 통해, 일단의 결론에 합의하는 것이다. 현실정치나 진영에 있는 사람들한테 기대하기는 쉽지 않지만, 권력이나 이해관계를 둘러싼 경쟁에서 약간 벗어나 있는 좌와 우의 경세가·담론가들이 모여 이 시대의 정명과 총강령, 즉 시대정신을 만들어가는 작업을 먼저 해야 한다.

지금 시대에 굳이 합작과 연정이라는 낡은 용어를 다시금 꺼내든 이유는 무엇인가?

합작이란 말에는 역사성이 있다. 1919년 3.1운동 이후에 소위 신간회로 나타나는 좌우합작 운동이 일어난다. 이 두 가지가 우연히 연결된 게 아니다. 그러나 주권회복 운동인 3.1운동은 외래 사상 조류의 대립으로 결국 앞으로 나아가지 못했다. 이것은 세계사가 우리에게 준 숙제이지만 결국 풀지를 못하고 급기야는 합작이 아니라 전쟁까지 했다. 이제는 물질적인 산업화와 민주화가 진행됐기 때문에 한국 안에서 좌우가 합작할 수 있는 여건들이 좀 됐다고 생각한다.

지금 대한민국은 일대 전환기에 있다. 과거의 체제와 동력으로는 새로운 시대적 과제들을 풀 수 없다. 새로운 운동들이 태동하고 있긴 하지만, 아직은 낡은 체제와 사고방식을 넘어서는 데는 역부족이다. 합리적인 좌우의 경세가, 담론가들이 모여 산업화, 민주화 이후 우리가 나아가야 할 국가의 비전, 새로운 동력을 하나의 총 강령으로 만들어나가야 할 책임을 느꼈으면 좋겠다.

제2부

❦

다시, 진보를
연찬하다

"

제가 젊어서 운동을 할 때는
'조사 없이는 발언권 없다'는 말을 많이 했었습니다.
실사구시하라는 말이지요.
그런데 저는 지금의 운동가들에게는
'생활 없이는 발언권 없다'라는 말을 더 보태고 싶습니다.
새로운 세상을 자기의 삶 속에서 실천하는 사람들이
100명에 1명만 있어도 그것은 엄청난 것입니다.
그 사람은 주위로부터 신뢰를 받고 주위를 사랑하며
주위로부터 사랑 받는 사람이 될 것입니다.
이것이야말로 어떤 전략도 넘어서는 최고의 혁명전략입니다.
아니 전략이라기보다 혁명 그 자체입니다.

"

☙ 진보의 미래
진보는 위기인가?

　　　　　　　　　　　오랫동안 한국 사회의 진보를 위해 헌
신해 오신 분들과 더불어 그 동안 1년 반여 인문학 강좌라는 모임을 통
해 인연을 맺어온 여러분들과 함께 '진보의 미래'라는 주제로 오붓한 자
리를 만들게 된 것을 기쁘게 생각합니다.

　사실 이런 주제를 선택하게 된 것은 4.11 총선을 치루면서 나타난 이
른바 '진보정당의 위기'와 무관하지는 않습니다만, 제 개인적으로는 이
런 현상이나 목전의 대선을 앞둔 진보정치 세력의 전략 전술적 목표를
넘어서 꼭 한번 다루어보고 싶은 테마였습니다. 왜냐하면 요즘의 이런
실태들은 오래 전부터 객관적인 정세의 변화에 의해서가 아니라, 이른
바 진보를 표방하는 정치세력의 이데올로기와 행동양식(문화) 속에 이
미 '쇠퇴나 위기'가 내재되어 있었기 때문입니다.

　사실과 맞지 않는 신념체계(이데올로기)와 그에 바탕을 둔 낡은 정서
및 행동양식, 인류의식의 일반적 진보에도 못 미치는 권력지향적 의식
및 헤게모니를 둘러싼 진영 싸움 등은 엄밀하게 말하면 진정한 의미에

서의 진보와는 인연이 없는 것입니다.

이렇게 말씀드리는 것은 결코 사회적 부정의나 불평등·착취·독재와 싸워온 한국 진보세력의 역할을 깎아내리거나 경시하는 것과는 거리가 멉니다. 오히려 그런 역사적 과제들을 자랑스럽게 수행해온 사람과 조직들이 새로운 시대의 흐름을 실사구시하지 못하고, 낡은 이데올로기와 정서에서 벗어나지 못함으로써 새로운 세상을 만들어가는 전위적 역할을 하지 못하고 있는 현실을 어떻게 하면 넘어설 수 있을까 하는 충정에서 말하는 것입니다.

사실 저는 '진보의 위기'라는 말 자체가 잘못 쓰이고 있다는 자각에서 출발해야 한다고 생각합니다. 진보는 인류의 자유와 행복을 확대하는 방향으로 세상이 변화되어가는 것을 말합니다.

그 과정이 순탄치 않고, 수없이 많은 희생과 투쟁을 통해서 이루어져 온 것이 사실입니다. 그런 과정을 통해 인류는 '자유 확대'의 길을 걸어왔습니다. 제가 말하는 자유는 첫째, 자연계의 제약으로부터 생존을 위한 물질적 자유, 둘째, 억압과 착취와 불평등으로부터 벗어나는 사회적 자유, 그리고 셋째, 의식을 가진 고등생명체인 인간만이 갖는 관념의 부자유로부터 해방되려고 하는 관념계의 자유를 모두 포괄하는 것입니다. 저는 그런 점에서 인류는 진보의 길을 걸어왔다고 대긍정하는 입장입니다. 앞으로도 그럴 것이라고 생각하고 있습니다.

다만 지금은 과거의 좌/우나 진보/보수로 나뉜 진영논리에서가 아니라 인류라는 종(種)의 입장에서 의식(意識)·생활양식·사회구조의 일대 변혁이 없으면 어쩌면 종 자체가 소멸하거나 문명 이전의 혼돈으로 돌아갈 수 있는, 그런 위기라고 생각합니다. 이것은 그동안의 자유를 위한 인류의 오래된 여정, 그리고 인간이 갖고 있는 특성에 기인하는 것입니다.

지금 우리 의식 속에 남아 있는, 어쩌면 아직도 지배하고 있는 오래된 진영논리로 이야기하는 '진보의 위기'는 사실의 세계와는 맞지 않습니다. 특정 이데올로기나 정파의 위기를 진보의 위기로 혼동하는 착각에서 벗어나는 것이 어쩌면 진정한 진보의 출발점이 될지 모르겠습니다.

지금의 진정한 위기라면 그것은 과거의 진영 논리가 아닌, 인류 전체의 보편적 진화에 대한 위기를 말하는 것입니다.

그 위기를 넘어서 앞으로 나아가는데, 지금까지의 진보세력이 먼저 스스로를 대전환함으로써, 새로운 시대를 개척하는 데 선구적 역할을 할 수 있으면 정말 좋겠습니다. 그렇지 못하면 '진보'라는 이름표를 붙일 이유를 찾지 못하게 되겠지요.

지금은 우리가 원하든 원치 않든 세계화의 시대입니다. 자국 안의 모순이 세계의 모순과 점점 더 밀접하게 연결되어 있습니다. 먼저 현대의 모순을 정확하게 보는 게 출발점이라고 생각합니다. 보통 지금 세계가 당면한 과제를 전쟁(핵전쟁을 포함)·양극화·지구생태계의 위기 등으로 이야기합니다. 현상 면의 모순들을 그렇게 보는 데는 대체로 동의하는 것 같습니다.

그런데 그런 모순들이 인류의 종적 위기로까지 되는 데는 더 근본적인 모순이 있습니다. 저는 그것을 '인간의 고도한 행위능력과 자기중심적인 의식 사이의 모순'이라고 생각합니다. 이것이 '현대 세계의 근본모순' 아닐까요.

인간의 자유 확대를 향한 진화의 길에서 인간의 지적 능력은 눈부시게 그 역할을 수행해왔습니다. 자연의 법칙들을 이해하고 자연의 제약으로부터 벗어나 물질적 자유를 획득하는 데서, 또 사회적 모순을 이해하고 사회적 자유와 평등을 확대하는 제도를 진척시키는 데서는 대단한 능력을 발휘해왔는데, 그러한 능력들이 자기중심적 의식과 결합하고 그것을 넘어서지 못함으로써 지금의 위기를 낳고 있거나 오래된 모순들을 근본적으로 해결하는 것을 가로막고 있는 것입니다.

역설적으로 말하면 이제 '관념계의 자유(자기중심성을 넘어서는 의식)'를 인간 진보의 최고 목표로 할 수 있는 지점까지 역사가 나아왔다고도 할수 있습니다. 인류의 종적 위기를 배수진으로 하면서 말입니다.

인간의 행위능력을 뒤로 돌릴 수는 없기 때문에 자기중심적 의식체계를 변혁하지 않으면 안 됩니다. 이것이 앞으로 나아갈 수 있는 유일한 길입니다. 그것도 어쩔 수 없이 해야만 하는 부자유의 길이 아니라, 인간 존재의 본성에 깊이 자리잡고 있는 자유욕구를 신장하는 길이어야 진정한 것입니다. 즉, 즐거워서 자발적으로 그 변혁을 이루어가는 것이 인류 진화의 핵심입니다.

물론 민족(국가간)모순이나 계급모순 등은 여전히 존재합니다. 그것을 부정하는 게 아닙니다. 다만 이런 모순을 바라보는 시각이나 그것을 해결하려는 노력이 과거와는 전혀 달라져야 한다는 것을 말하고 있는 것입니다. 사회적 모순을 해결하려는 진보적 노력과 인간의 의식을 업그레이드하려는 노력이 결합하고 상호 침투해야 하는 시대라는 것입니다.

나는 인류가 멸망하지 않고 진화할 수 있는 길은 자본주의와 종교를 넘어선 어떤 길이라고 생각합니다. 그런데 자본주의와 종교는 타도나 반대의 대상이 아닙니다. 왜냐하면 그것은 우리들 인간의 의식과 삶 속에 깊이 뿌리를 두고 있기 때문입니다. 사회와 인간이 진화하여 넘어서야 하는 것입니다.

예를 들어 보통 사람들이 성인(聖人)이 되면 — 성인이라고 하면 대단히 먼 세계처럼 들릴지 모르지만, 자기중심성을 넘어서는 의식의 진화가 성인이 되는 것이고, 저는 이것이 진정한 인간화라고 생각합니다 — 지금까지의 종교는 자연스럽게 삶 속으로 녹아들어 소멸할 것입니다. 새로운 세상에 대한 비전과 그것을 향해 나아갈 수 있는 방법을 가지고 그것을 삶 속에서 실천하지 않는 것, 그것이 바로 진보입니다.

저는 숫자는 그렇게 중요하게 보지 않습니다. 지금도 가슴을 뛰게 하는 말이 있습니다. "한 점의 불꽃이 광야를 태운다"는 말입니다. 그 어려운 시절에도 혁명적 낭만을 잃지 않게 했던 말입니다. 지금의 안철수 현상을 보더라도 숫자는 본질이 아닙니다. 국민이 무엇을 원하고 있는가를 잘 알고 그것에 희망을 줄 수 있으면 숫자는 바로 따라옵니다.

저는 한때 어떤 진보정당의 득표율이 3%에 가깝지만 넘지를 못해 원내에 진출하지 못했던 때에 이런 말을 했던 적이 있습니다. "1%만 해도 대단한 것이다. 숫자가 중요한 게 아니라 그 1%가 어떤 1%인가가 중요한 것이다"라고 말입니다. 100명 중 1명이 광야를 태울 수 있는 사람이라고 생각해보십시오. 그 1%는 엄청난 힘 아닌가요?

제가 젊어서 운동을 할 때는 '조사 없이는 발언권 없다'는 말을 많이 했었습니다. 실사구시하라는 말이지요. 그런데 저는 지금의 운동가들에게는 '생활 없이는 발언권 없다'라는 말을 더 보태고 싶습니다. 새로운 세상을 자기의 삶 속에서 실천하는 사람들이 100명에 1명만 있어도 그것은 엄청난 것입니다. 그 사람은 주위로부터 신뢰를 받고 주위를 사랑하며 주위로부터 사랑 받는 사람이 될 것입니다. 이것이야말로 어떤 전략도 넘어서는 최고의 혁명전략입니다. 아니 전략이라기보다 오히려 혁명 그 자체입니다.

요즘은 그 연습의 장소가 많아지고 있습니다. 그 중에서도 협동생산(생산자 협동조합이나 노동자 자주관리)이나 단순소박한 생태적 삶의 실천, 마을공동체 운동 등은 대단히 좋은 연습의 장으로 되고 있습니다. 노동조합의 단결과 투쟁 속에서도 새로운 세상을 만들고 운영할 수 있는 사람으로 되려는 연습의 장이 되어야 진실할 수 있습니다.

노동조합 특히 대규모 노동조합이 기득권에 머물거나 조합이기주의에 빠지지 않고, 일자리 나누기, 노동시간 단축 등을 통해 노동계급의 연대와 도덕성을 발현함으로써 자본과 정부로 하여금 비정규직 문제와 실업문제를 해결하도록 강하게 견인해낼 수 있어야 합니다.

워낙 완고하고 탐욕적인 사람들이 존재하고 그들과 생존을 건 투쟁

을 해야 하는 곳이 아직도 많습니다. 그리고 그런 투쟁의 장에서 사회적
으로 소외되고 차별을 강요받으며 착취 받는 사람들이나 집단을 옹호
하는 것은 여전히 대단히 진보적인 영역에 속하는 일입니다. 다만 시대
의 이렇게 가장 뒤처진 부분을 통해서 전체 사회를 바라보게 되는 경우,
극단에 흐르기 쉽다는 것을 자각하는 것 또한 중요하다고 생각합니다.
투쟁 따로, 새로운 사회 만들기 따로가 아니라, 이것을 큰 하나로 통합
하는 그런 방향으로 나아가야 합니다.

나는 이렇게 되기 위해서는 우선 '시대정신을 실현할 수 있는 종합철
학을 바로 세우는 것'이 바탕이 되어야 한다고 생각합니다. 오늘 여기서
자세히 말씀드리는 것은 시간 관계도 있고 해서 우선 제가 생각하는 것
을 간단히 말씀드려 보겠습니다.

지금 우리나라의 시대정신은 '선진화'와 '인간화'가 아닐까 생각합니
다. 여기서 인간화란 물신 지배로부터 인간의 해방이라는 의미와 동물
계 일반의 자기중심성을 넘어서는 존재로 인간이 진화하는 것을 의미
합니다. 선진화의 내용이 인간화라고 말할 수도 있습니다.

이것을 실현하기 위해서는 '조화의 정치'와 '시장의 인간화' 그리고
'의식 문화혁명'이 서로 삼투하면서 진행되어야 합니다. 요즘 대선 국면
에서 나오는 통합, 경제민주화, 복지, 정의 등의 이슈 들은 사실 이러한
과정의 일면을 표현하고 있는 것입니다.

나는 '진보세력'이 이런 테마들을 앞에서 견인할 수 있기를 바랍니
다. 그러기 위해서는 사실의 세계와도 맞지 않고 인간의 본성과도 맞지

않는 과거의 틀들로부터 과감히 벗어나야 합니다. 한 발만 벗어나고, 다른 발은 과거의 틀에 묶여 있는 그런 것이 아니라, 완전히 벗어나야 합니다.

이렇게 말하면 그것을 무슨 진보라고 할 수 있는가 하고 반문하는 심정이 되는 사람들이 아직은 많을 것입니다. 이런 분들에게는 저는 앞에 말씀 드린 대로 특정의 이데올로기나 정파의 입장을 진보라고 혼동해오지는 않았는지 생각해보자고 말하고 싶습니다. 진보는 사람들의 자유와 행복을 확대하기 위해 어떤 고정된 틀에도 사로잡히지 않고 세상을 변화시키기 위해 실천하는 것이라고 생각합니다. 그것을 위해 한때 어떤 이데올로기나 실천이 유효했다면 그 시대에는 그것이 진보입니다. 그러나 시대와 사회가 바뀌었는데도 여전히 낡은 생각이나 정서에 묶여 있다면 그것은 이미 진보가 아닌 것입니다.

요즘 '완고한 진보'라는 말을 하는 경우도 있는데, 이 말은 근본적으로 성립하지 않는 말입니다. 완고는 진보가 아니기 때문입니다. 불요불굴(不撓不屈)의 의지로 역사적 대업을 이룬 선구자들이 있습니다. 이 의지는 공의에 바탕을 둔 것입니다. 우리는 이것을 완고하다고 하지 않습니다. 사의(私意)나 사욕(私慾)에 바탕을 둘 때 그것이 완고한 것입니다. 무엇이 사의이고 무엇이 공의인지를 구분하는 것이 쉽지 않을 때가 많습니다. 때로는 섞여 있기도 하고 개인이 아니라 집단의 의지로 나타나는 경우는 더 어려울 때가 많으니까요. 사실 이것을 구분할 수 있는 성숙도가 어쩌면 지금의 우리들에게 절실히 요청되는 능력이나 덕목이 아닐까 생각됩니다.

저는 새로운 시대의 진보를 위하여 몇 가지 말씀을 드려볼까 합니다.

첫째는 폭력혁명에 대한 미련으로부터 완전히 벗어나는 것입니다.

요즘 공개적으로 폭력혁명을 이야기하는 사람은 없습니다. 그러나 그 미련이 이념뿐만 아니라 정서 속에 남아 있는 경우는 있는 것 같습니다. 그렇다고 혁명은 불가능하다는 입장도 또 다른 단정지음이라고 생각합니다. 저는 새로운 세계는 '지적 혁명'에 의해 이루어질 것이라고 생각합니다. 급격하고 폭력적인 혁명이 아니라, 인간의 질적 진보라는 점에서는 오히려 근본적인 그런 혁명에 의해서 말입니다.

이 혁명의 주체는 '지식인'입니다. 여기서 말하는 지식인은 과거 시대에 회색분자로 비아냥 받던 계급으로서의 인텔리겐치아가 아닙니다. '세계, 즉 자연과 인간 모두가 하나로 이어져 있다는 것을 자각한 인간, 그리하여 독점이나 자기의 폭을 넓히는 것을 부끄러워하고 남에게 양보하고 싶어지는 인간', '자신의 생각은 사실과는 별개라는 것, 따라서 내 생각은 틀릴 수도 있다는 것을 자각한 인간'이 진정한 지식인입니다.

저는 세상이 변하는 것을 바라는 사람이나 계급, 민족 속에서 이런 지식인 즉 새로운 시대의 혁명 주체들이 많이 탄생하기를 진정으로 바라고 있습니다. 아마도 이런 주체들이 그 생산과 삶의 현장에서 때로는 제도나 시스템을 바꾸거나 새로 만들기도 하고, 때로는 있는 현상 그대로 새로운 세상을 만들어갈 것입니다.

둘째는 '민주집중제'에 대한 환상으로부터 완전히 벗어나는 것입니다.

사실 역사적으로 부르주아 민주주의의 위선과 기만에 반대해서, 실질적 민주주의와 사회변혁을 위해서 민주집중제가 효율적인 방식으로 인정되었던 때도 있었고, 아직도 이념이나 정서, 또는 습관이나 관행 속에 그런 생각이 남아 있는 것 같습니다. 그런데 민주집중제는 '민주'보다는 '집중'에 방점이 찍히게 되어 있습니다. 그것은 오랜 역사를 통해서 증명된 것입니다. 즉 독재를 낳게 되어 있습니다.

부르주아 민주주의가 가진 결함에도 불구하고, 그것이 달성한 절차적 민주주의는 대단히 높은 성과입니다. 이것을 실질적 민주주의라는 이름으로 부정하거나 경시하는 것은 진보적 입장과는 인연이 없는 것이라는 것을 자각해야 합니다.

저는 절차적 민주주의를 통해 실질적 민주주의를 달성하는 것이 순리라고 생각합니다. 지금이 만약 그런 달성이 도저히 불가능한 시대라면, 저의 이런 말은 대단히 반동적인 이야기로 들릴 것입니다. 그러나 지금은 그런 시대가 아닙니다.

더 나아가 지금처럼 '누가 옳은가' 하고 토론해서 결국 다수결로 결정하는 민주주의로부터 한 단계 더 나아가야 합니다. 이런 방식을 창조하고 발전시키는 데 진보가 선두에 서야 합니다.

'무엇이 옳은가?'를 연찬해서 가급적 전체가 일치한 견해에 도달하는 방식의 '연찬민주주의'— 적절한 명칭이 없어서 임의로 이런 말을 씁니다. 화백민주주의라고 하면 그 내용이 좀 다른 것 같기도 하고 말입니다 ─ 로 발전해가는 것입니다.

우선 진보적인 정당 안에서 이런 시도를 하고 이것이 문화로 자리 잡으면, 이것은 민주주의 역사에 획기적인 일로 될 것입니다. 이것은 우성(優性)인자이기 때문에 이런 정당이라면 처음에는 비록 소수당일지 몰라도 정치를 '권력쟁탈의 장으로부터 사람의 자유를 확대하는 조화의 예술로' 바꾸게 하는 데 주도적 역할을 하게 될 것입니다.

사실 요즘 아무리 '통합'과 '상생'을 이야기해도 이런 내용이 없으면 실질적 진전이 이루어지기 힘듭니다. 비록 소수당이라도 '조화의 정치'를 선도하는 것이 진정한 진보당의 역할이라고 생각합니다. 약자가 무슨 '조화'나 '상생'을 이야기하는 것은 굴종이나 예속이 아닌가 하고 생각하는 사람도 있겠지만, 비록 사회경제적 약자를 대변하지만 미래 사회의 주체라는 주인의식으로 약자의식이나 피해자의식을 넘어서는 것이 진보정당의 도덕적 힘이 되어야 한다고 생각합니다. 비록 현실적으로 억울한 경우를 당하더라도 그러다보면 어느덧 국민들로부터 가장 사랑을 받는 정당으로 되겠지요.

셋째, 계급투쟁론의 주술(呪術)에서 벗어나야 합니다.

계급 발생을 비롯한 계급 이론에 대해서 이야기하려는 게 아닙니다. 제가 전문적인 학자나 이론가가 아니라서 잘 모르기도 합니다. 분명히 원시공동체 사회를 지나면서 계급제 사회로 되고, 생산수단의 소유 여부로 지배계급과 피지배계급으로 나뉘고, 그 투쟁이 하나의 중요한 요소로 되어서 역사가 진보해온 것도 사실이라고 생각이 됩니다.

이것을 자본주의의 초기에 역사발전의 일반이론으로 체계화한 사람이 마르크스입니다. 그 이후 유물사관과 그에 바탕을 둔 계급투쟁론이 사회진보의 이론적·실천적 지침으로 되어왔습니다. 물론 이러저러한 과정을 거치면서 마르크스의 사상과 이론이 왜곡되기도 했지만, 그 근본 이론은 오랫동안 사회변혁의 이론적·실천적 기둥이 되어온 것이 사실입니다.

지금도 계급이 있고, 투쟁이 있습니다. 또 그 사회의 계급구조나 제도가 사람들의 의식에 중요한 역할을 합니다. 그러나 역사를 계급투쟁의 과정이라거나 존재가 의식을 결정한다는 식으로 단순화하는 것은 일면적인 사실을 전면적이고 보편적인 것으로 단정짓는 것으로서, 과학적이지도 않고 진보적이지도 않다고 생각합니다. 왜냐하면 그것은 인간과 사회의 진실과 맞지 않기 때문입니다.

물론 어떤 시기, 특히 계급투쟁이 치열하게 이루어지는 시기나 그것이 사회변혁의 주된 요인으로 되는 시기, 지배계급의 이데올로기에 대다수 민중이 포섭되어 진정한 자주성과 자유로운 정신이 사회구조에 의해 막혀 있을 때는 그것을 투쟁에 의해서 전복하는 것이 진보의 목표가 되겠지요. 실제로 그런 시기도 거쳤고요. 그러나 마지막 계급투쟁으로 계급이 없는 사회를 건설하려 한 사회주의 실험이 실패하면서 저는 그러한 사상이론들이 검증을 거쳤다고 생각합니다.

일면적인 사실을 전면적으로 보편화하려는 시도는 옳지도 않고 실패할 수밖에 없습니다. 특히 진정으로 자유롭고 평등한 세계를 이루고 싶어 하는 진보주의자들이라면, 낡은 사상이론의 주술에서 해방되어야 한다고 생각합니다.

제가 주술이라는 표현을 쓰는 것은 단순한 이론의 문제가 아닙니다. 거기에는 여러 가지 정서나 욕망 등이 얽혀 있기 때문입니다. 지금 세계 자본주의가 보편화되고 있는 것은 제국주의 국가나 자본가들이 그렇게 만들고 있는 것이라기보다 세계 인류의 지금의 보편적 의식이나 보편적 욕구에 부응하는 시스템이기 때문이라고 보는 편이 현실에 맞지 않을까요.

따라서 지금의 세계 변혁을 위해서는 의식의 선도성(先導性)을 바로 보아야 한다고 생각합니다. 그리고 목표를 '자본의 지배로부터 노동계급의 해방'에서 '물신의 지배로부터 인간의 해방'으로 높여 잡아야 합니다. 물론 자본의 지배로부터 노동을 해방하는 것도 중요한 목표이긴 하지만, 그것은 '물신의 지배로부터 인간의 해방'이라는 목표에 부분으로 되는 것이 맞다고 생각합니다.

노동자 계급의 이익을 추구하는 노동운동은 그 자체로 사회적 균형을 잡아간다는 점에서 진보적이지만, 물신의 지배에서 벗어나지 못한다면 새로운 세상을 만드는 동력으로는 작용하지 못합니다. 그리고 우리나라만 해도 자영업자의 수가 600만에 가깝다고 듣고 있습니다. '계급투쟁이 곧 진보다'라고 하는 인식이나 정서에서 벗어날 때, 사실의 세계가 보여 오지 않을까요. 그럴 때 비로소 새로운 세계를 향한 진보운동의 지평을 열어갈 수 있지 않을까요.

좀 용기를 내서 말한다면 저는 '계급 조화론'이 지금의 현실에서는 맞다고 봅니다. 무슨 소리냐고 펄쩍 뛰실 분들도 많겠지요. 왜냐하면 지금까지 그런 이야기는 계급적 모순을 호도하여 투쟁을 약화시키고 지배계급의 지배를 영속화하려는 음모에서 나왔다고 생각하기 때문이지요. 실제로 그런 면도 있었고요. 그러나 지금은 가장 진보적인 정당이라면 자본가까지도 견인할 수 있는 새로운 사회에 대한 지향과 도덕적 힘을 가지고 계급 조화론을 당당하게 이야기할 수 있어야 한다고 생각합니다.

왜냐하면 진보가 목표로 할 수 있는 사회가 현실적으로 무계급사회가 아니고 계급조화 사회이기 때문입니다. 제가 말하는 조화는 끌려가는 조화가 아니라 적극적으로 선도하는 조화입니다. 조화라고 해서 투쟁을 배제하거나 경시하는 게 아닙니다. 자본가계급, 특히 대기업의 탐욕과 독점이 스스로 사라지는 게 아니기 때문에 그것을 억제하고 변화를 유도하는 입법과 제도적 장치를 위해서 투쟁은 불가피한 면이 있지요. 계급 조화론은 우리 시대의 경제정의(경제민주화)를 실현하는 바탕에 설 때 진보적인 것이지요.

그리고 자본과 노동이 분리되지 않는 수많은 소생산자들을 새로운 사회의 비전에 동참하도록 하기 위해서도 계급 조화론을 가장 진보적인 정당이 이니시어티브를 가지고, 또 철학적 바탕을 가지고 주장해야 한다고 생각합니다. 어쩌면 이 길이 무계급사회, 무소유사회라고 하는 인류의 이상향을 향한 현실적 도정이 아닐까 생각하는 것입니다.

지금까지 아마 불편한 마음으로 들은 분들도 계실 것입니다. 어떤 분들은 백일몽(白日夢)이라고 생각하시는 분들도 계실 것입니다. 그러나 저는 비록 저 자신의 부족한 경험과 사색이지만 가장 진지한 자세로, 또 한국의 진보운동에 대한 충심으로 되는 애정을 가지고 이런 말씀을 드립니다. 제가 옳다는 생각은 없습니다. 다만 이런 생각도 할 수 있구나 하고, 생각의 지평을 열어가시는 데 다소라도 도움이 된다면 그것으로 제 역할은 충분하다고 생각합니다. 감사합니다.

붕괴와 새로운 시작은 가능할까?

　　많은 청년들이 '붕괴와 새로운 시작'이라는 시나리오를 원한다는 조사를 봤다. 그 조사의 신빙성은 차치하고, 여러 가지 상념이 떠오른다. 나는 청년시절 '붕괴-혁명'의 전망을 가지고, 실제로 그런 일을 하려고 했다. 지금 생각하면 비현실적이었지만, 당시는 새로 시작할 사회가 존재한다고 믿었었다. 사회주의 국가들이 작동하고 있었기 때문이다.

　　물론 그 후 실제로 사회주의를 작동할 만한 준비가 된 사회나 국가가 존재하지 않는다는 것을 알고 또 변혁을 지향하는 운동의 비주체적·비과학적 실태를 접하면서 청년시절의 생각과 결별했었다. 요즘 청년들이 나라와 사회에 대한 신뢰를 잃고 있는 현실은 잘 안다. 그러나 '붕괴와 새로운 시작'이라는 전망은 대단히 비현실적이며 비주체적이다. '붕괴-몰락'의 가능성이 거의 확실하게 보인다.

　　여러 가지 이유로 그렇게 생각한다. 그 중에서도 인문운동가인 나에게 먼저 생각되는 것은, 붕괴 과정에서 새로운 시작을 할 수 있는 주체가 형성되기 힘들다는 것이다.

내가 청년시절에 전망했던 것과는 또 다르게 '붕괴와 새로운 시작'이라는 전망은 실현가능성이 거의 없어 보인다. 이미 '물신의 지배'와 '이기주의'가 너무 깊고 광범하게 스며들었다. 그리고 물질적 조건과 제도적 조건은 반세기 전과는 비할 수 없을 정도로 변했다. 이런 조건들을 생각할 때, 문화(의식)변혁이 새로운 시작의 주체를 형성하는 데 더 일차적인 테마로 되었다고 생각한다. 이런 토대가 없는 붕괴는 오직 나락으로 떨어지는 일일 뿐이다. 붕괴를 막는 것이 진정한 변혁을 원하는 사람들이나 집단의 이익과 일치하는 시대를 살고 있다.

아무리 급하더라도, 변혁의 기초를 튼튼하게 쌓아야 한다. 시민운동·노동운동·경제운동·정치운동들이 인문운동과 결합하는 것, 나는 이것이 새로운 주체를 형성하는 중요한 요소라고 생각하고 있다. 특히 각 분야의 청년들에게서 이런 바람이 불기를 간절히 바란다. 그 여건을 만드는 데 온 나라가 온 사회가 무엇을 할 것인가? 오늘 아침 내 머리에서 떠나지 않는 생각이다.

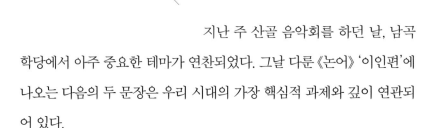

🌿 예·양·충·서의 현대적 의미

지난 주 산골 음악회를 하던 날, 남곡 학당에서 아주 중요한 테마가 연찬되었다. 그날 다룬《논어》'이인편'에 나오는 다음의 두 문장은 우리 시대의 가장 핵심적 과제와 깊이 연관되어 있다.

1) 공자 말하기를, "예와 양으로 나라를 다스리면, 무슨 문제가 있겠는가? 예와 양으로 나라를 다스리지 못하면, 예는 있어 무엇 하겠는가?"

子曰 能以禮讓 爲國乎 何有 不能以禮讓 爲國 如禮 何

2) 공자 말하기를, "삼아, 나의 도는 하나로 관철되어 있다."
증자가 "예" 하고 대답했다.
공자가 나가자 다른 제자가 물었다.
"무슨 뜻입니까?"
증자가 말하기를, "선생님의 도는 충과 서일 뿐이다"

子曰 參乎 吾道 一以貫之 曾子曰 唯 子出 門人 問曰 何謂也 曾子曰 夫子之道 忠恕而已矣

우리가 원하는 세상은 인정이 넘치는 따뜻하고 자유로운 세상이다. 이런 세상이 되기 위해서는 대체로 다음의 세 가지 조건이 충족되어야 한다.

첫째는 서로 침범하지 않도록 선을 정해서, 그 선을 넘지 않도록 하는 것이다. 이것은 제도와 규범에 해당하고, 그것을 진전시키는 것이 민주화다.

둘째는 다투거나 침범할 필요가 없을 정도로 물자를 충분히 생산하는 것이다. 이 분야에서 많은 진전을 가져오는 게 산업화다.

셋째는 다른 사람을 침범하고 자기 폭을 넓히는 것을 부끄러워하고, 서로 양보하고 싶어지는 의식의 진보다.

여기서 첫째와 둘째 조건은 이상사회의 필요조건이다. 그런데 그 조건들이 어느 정도 충족된다고 해도, 과거의 부족한 시대를 살았던 의식이 그대로 남거나 오히려 탐욕이 커진다면 양극화가 심해지고, 대단히 각박하고 차가운 사회를 면하지 못하게 된다. 그래서 세 번째 조건은 충분조건이라고 할 수 있다. 첫째와 둘째가 진전된다고 해도 저절로 셋째 조건이 진전되는 게 아니다. 인위적인 노력이 필요하다. 나는 그것을 인문운동이라고 부른다.

첫째 조건의 목표는 침범이 없는 사회 질서다. 다른 말로 하면 예(禮)다.

그런데 침범하려는, 즉 자기의 폭을 넓히려는 마음이 사라지지 않고 오히려 탐욕이 커진다면, 차가운 권리와 의무 관계 이상으로 나아가지 못하고, '지키는 사람 열이 도둑 하나 못 막는다'는 말처럼 결국 그 질서도 유명무실하게 되거나, 내용은 실질적 불평등과 차별로 몸살을 앓게 된다.

예가 외형적인 질서라면, 양(讓)은 확장을 부끄러워하고 양보하고 싶어지는 내면의 의식이다. 공자는 예와 양을 함께 생각했다. 그것이 함께 하지 않을 때, "예는 있어 무엇하겠는가?"라고 말하고 있는 것이다.

두 번째 조건은 자본주의 시장경제와 함께 진전됐다. 자본주의가 높은 생산력을 나타낸 것은 인류 진보의 한 조건을 충족하는 것이다. 그러나 그 생산력이 비인간적 경쟁과 인간소외에 바탕을 두기 때문에 이상사회의 실현에 결정적 장애를 조성하는 면이 있다.

둘째 조건을 인간적이고 자기실현의 노동에 의해 실현할 수 없을까에 대한 인류적 실험은 아직 성공하지 못하고 있다. 이른바 현실사회주의의 실패가 단적인 예다. 그러나 자유와 행복을 추구하는 인류는 자기실현의 즐거운 노동에 의해 '다툴 필요가 없을 정도의 충분한 물자 생산'을 위한 시스템과 제도를 만드는 노력을 하고 있다. 이른바 협동경제도 그런 점에서 주목을 받는다. 이윤동기와 인간을 소외시키는 경쟁을 넘어서는 '동기'와 그 '생명력'은 무엇인가?

공자가 일이관지(一以貫之)하였다는 충(忠)과 서(恕)를 새삼 주목하게 된다. 충은 자신의 생명력을 최고로 발현시키는 상태이며, 서는 다른 사람의 생명력을 최고로 발현하게 하는 상태로서 결국 돌아와 자신의 생명력을 최고로 발현하게 한다. 충과 서는 불가분의 짝을 이루고 있는 것이다. 그 용어의 이미지가 많이 왜곡되어 있어서 표현은 더 적절한 용어를 찾을 수 있겠지만, 그 본질은 고금(古今)을 관통하며, 제도와 과학기술 그리고 생산력이 높아진 현대에 와서 더욱 보편성을 띠게 되고 있는 것이다.

이렇듯 예·양·충·서의 네 글자는 현대의 핵심 테마를 놀라울 정도로 잘 짚어내고 있다. 이것이 고전을 통해 우리가 인문운동을 하는 까닭이다.

나의 설명에 대해 연찬에 참여한 권영애 씨가 질문해 주었다.

"우리가 예를 다하기에도 기반이 허술하고 양을 기대하기에는 기득권의 탐욕이 도를 넘고 있는데 충과 서의 실현이 어떻게 가능할까요? 결국은 예와 양은 함께 노력해야 하는 것이고 그 저변에는 충과 서가 전제되어야 할 것 같은데요. 우리가 노력해야 하는 건 맞는 데 무엇을 노력해야 할까요? 예·양·충·서라는 공자의 사상이 어쩌면 우리에게만 적용되는 개념으로 들리는 것 같은 것은 지나친 예민함일까요?"

나는 이렇게 대답했다.

"이해합니다. 다만 예·양·충·서가, 불의한 지배자들이 인민을 순치하는 이데올로기로서 작동하는 게 아니라 더 나은 새로운 사회를 건설하려는 사람들이 참다운 제도와 건강한 생산력을 만들어가는 토대로 되기를 바랄 뿐입니다.

　'우리'가 누구일까요? 새로운 동기와 생산력을 갖추고, 낡고 부패한
사회를 변혁해가는 주체가 성숙하기를 바랍니다."

공인주의
집단주의와 개인주의를 넘어

나와 같은 인문운동가에겐 고전(古典)이야말로 중요한 인문운동의 도구다. 고전 가운데 가장 신뢰할 만한 것은 고등종교의 가르침이다.

오래 전에 쓴 글을 보며, 민주주의의 생활화나 새로운 시민운동 그리고 협동운동을 비롯한 새로운 경제운동들의 철학적 기초에 대해 생각하게 된다. 원자화된 차가운 개인주의를 지양하는 것이 결코 과거의 공동체가 서 있던 집단주의로 돌아가는 것이 아님을 실제로 실천 현장에 있는 사람들은 피부로 느낀다.

적절한 비유가 될지 모르지만, 과거의 집단주의에서는 '나'라는 개인이 집단 속에 묻혀 있다. 이 개인이 보이기 시작하고, 이 개인이 해방되기 시작한다. 비로소 '산은 산이고, 물은 물'로 보인다.

그런데 이 단계에서는 '개인의 자유'에 환호하지만, 얼마 안 가 서로 부딪치는 차가운 이기주의로 '만인의 만인에 대한 투쟁'으로 고통을 받게 된다. 더 깊게 들어가면 '산은 산이 아니고, 물은 물이 아닌' 관계가 보인다. 이것이 일체성(一體性)의 자각이다. 이것은 전체주의나 집단주의적 사고와는 차원이 다르다. 이 자각을 통과해서 '역시 산은 산이고, 물은 물이다'로 돌아오는데, 이 단계가 집단주의와 개인주의를 모두 넘어서는 것이다.

이것을 뭐라고 부를까에 대해서는 사람마다 다르겠지만, 나는 공인주의(公人主義)라고 부르는 게 어떨까 생각한다.

공인이란 일체성을 자각한 개인을 말한다. 물론 자각하든 못하든 모든 사람은 이미 공인이지만, 자각하느냐 못하느냐에 따라 그의 구체적 삶과 사회적 실천에 임하는 현실적 태도에는 많은 차이가 난다. 예컨대 공인의 자각을 가지고 시민운동을 하면, 단순한 저항성을 넘어 책임성과 관용, 공공성과 세계성을 함께 가질 수 있다. 한 단계 더 성숙하는 것이다.

협동운동을 비롯한 새로운 경제운동, 실제적인 민주적 운영의 능력 등이 바로 이 공인의 자각이 바탕이 된다고 생각한다. 개인주의가 공인주의로 발전하는 것이 지금의 역사 단계가 아닌가 생각한다.

※ 운동가의 진보성

어제부터 '시민운동 플랜B'에 실린 글들을 보고 있다. 실사구시해서 새로운 '플랜'을 준비하고 실천하려는 모임 같아서 무척 반가웠다. 물론 필자들의 관점과 다른 사람들도 많겠지만 '구동존이'(같음을 구하되 다름을 존중함)의 태도로 함께 검토해갔으면 좋겠다.

어제 읽어본 글에서는 내가 오랫동안 주목해온 테마가 구체적으로 나타나 있었다. 그것은 이른바 '진보운동'에 오래전부터 나타나기 시작한 '일(영역)'과 '사람(운동가)'의 불일치에 관한 것이다.

진보는 앞서 나아가는 것이다. 그것을 운동으로 해가는 사람들은 일반 대중보다 앞선 사람들이 해야 설득력이 있고 확장성이 있다. 물론 시대와 사회적 조건에 따라서는 '일(투쟁)'이 우선하는 경우가 있다. 잘 싸우는 사람이 좋은 운동가인 것이다. 절대적 폭압이 지배할 때, 모두의 눈에 그 대상이 뚜렷할 때는 사람의 '진보성'은 그다지 문제가 되지 않는다.

그러나 이른바 '민주화' 이후는 사정이 달라진다. 한국 진보가 업그레이드해야 할 시기에 그러지 못하고 답보하였기 때문에 진보운동의 영역에 있는 사람들의 '자유도'가 일반대중보다도 뒤처지는 현상이 나타나기 시작했다. 그렇게 되어서는 진보운동이 근본적으로 어려워진다.

프레데릭 뷔흐너(Frederick Büchner)라는 사람이 "소명이란 자신의 내면 가장 깊은 곳의 진정한 기쁨과 세상의 허기가 만나는 것"이라고 말한 바 있다. 여기서 소명을 진보운동으로 바꿔서 읽어보면 어떨까.

운동의 영역은 세상의 허기다. '허기'란 배고픔·압제·착취·불평등·부정부패 등이다. 운동은 세상의 이같은 허기를 해결하려는 것이다. 운동가는 어디에 서야 하는가? 아마도 오래전부터 진보운동은 이 질문에 봉착하고 있다고 생각된다. 나는 운동가가 '기쁨' 위에 서야 한다고 생각한다.

그렇게 하려면, 어떻게 해야 할까? 여기에 운동가의 '진보성'이 테마로 되는 이유가 있다. 이 진보성은 흔히 말하는 도덕성이나 윤리성과는 다르다. 과거의 '사명감·희생·헌신·당위'와는 다른 차원이라고 생각한다. 운동가를 풍요롭게 하고, 그 내면 가장 깊은 곳에 기쁨이 있으며, 운동이 즐겁게 되는 것이 우리 시대 진보운동가의 '진보성'이다.

지금까지 풍찬노숙하면서 세상의 허기와 만나 세상을 이만큼이라도 진전시켜온 운동가들에게 경의를 표하며, 이제 젊은 세대가 새로운 길을 개척하도록 환경을 만들어주는 것이 선배운동가들의 '진보'에 기여하는 길이라고 생각한다.

플랜B 같은 흐름에 주목하고, 응원한다.

✿ 진영의 블랙홀에서 벗어나기

　　　　　요즘 뿌리가 오래된 편가르기에서 벗어나자는 이야기들이 나오고 있다. 특히 세월호의 참극으로 온 국민의 슬픔 속에서 하나로 되었던 '거룩한 마음'이 편가르기의 블랙홀 속에서 무산되는 듯 보여서 안타깝기 짝이 없다.

　'거룩한 마음'은 그 자체가 오래 지속하여 키워가기가 힘들다. 불가에서도 깨달음(견성)보다 '보임'이 어렵다고 하지 않는가? 하물며 편갈라 싸우고, 그것을 조정할 권위마저 사라진 마당이라면 그 어려움은 훨씬 더해진다. 그러나 나는 그 '거룩한 마음'이 비록 잠시 안개 속에 들어갔지만, 많은 사람들의 마음 깊은 곳에서 분명하게 자리를 잡기 시작했다고 믿는다.

　이 거룩한 마음이란 뭐 대단한 깨달음의 세계가 아니다. 우리가 원하는 행복은 '사람이 중심이 되는 따뜻한 사회'를 만들 때 가능하다는 자각이고, 그 자각을 바탕으로 자신과 세상을 바꿔보자는 마음을 내고 할 수 있는 일들을 실천하는 것이다. 그동안 우리는 온갖 모순을 간직한 채로 '물질적 생산력'과 '민주주의'를 2차 대전 후 신생독립한 나라 가운데서는 유례가 없는 성과를 거두었다. 그러나 내재한 모순도 커져, 그것을 해결하지 못하면 새로운 단계로 나가지 못하고 좌절할 위기에 처하고 있다. 세월호의 참극은 이것을 극명하게 보여준다. 모순을 함께 느끼고 그것을 해결하려는 노력도 '편가르기의 블랙홀'에 빠지면 전혀 동력을 발생시킬 수 없는 상황을 지금 우리는 목도하고 있다.

나는 정치공학적 접근으로는 이 문제의 해결이 어렵다고 생각한다. 그보다 인문적 토대를 쌓는 것이 비록 돌아가는 것처럼 보여도 옳은 길이라는 생각을 해왔다. 인문적 토대라는 것도 뭐 대단한 것이 아니다. 이미 자연과학분야에서는 상식이 된 수준의 인식을 인문사회 분야에 실현하자는 것이다.

그것은 크게 두 가지다.

하나는, 인간은 사실을 알 수 있는 존재가 아니라는 자각이다. 오직 자신의 감각과 자신의 축적된 정보로 판단하고 있을 뿐이다(뇌과학). 자신의 지식·경험·가치관·신념 등을 경시하라는 얘기가 전혀 아니다. '사실 그 자체를 알 수 있는 존재가 아니라는 자각'에서 출발하여 끝까지 사실 혹은 진실이나 진리를 추구하는 데 자신의 지식이나 경험, 선한 의지 등을 사용하지 않는다면 무엇으로 그 길을 갈 것인가?

다만 과학적으로 이미 상식이 된 '내가 틀림없다'는 아무 근거 없는 단정을 내려놓자는 것이다. 뭐 굳이 내려놓으려고 애쓰지 않아도 좋다. 그 자각, 즉 내가 알고 옳다고 생각하는 것은 사실은 '나의 감각과 나의 판단일 뿐'이라는 자각을 유지하면 되는 것이다. 그 토대에서 자신의 주장을 마음껏 펴도 된다.

이런 자각이 있으면 자신의 지식·경험·신념도 훨씬 잘 쓸 수 있고(여기에 많은 착각이 있다. 옳다는 단정이 있어야 쓸 수 있다는), 상대방의 지식·경험까지도 활용할 수 있다. 이것이 나는 첫 번째 인문적 토대라고 보고 있다.

이 토대 위에서라면 낡은 진영논리나 정서가 사라질 것이다. 어디까지나 현실에 기초하여 때로는 싸우고 때로는 협력하면서 세상을 만들어가게 된다.

둘째는, 이 세상은 불가분리의 하나의 단위로 되어 있다는 것을 자각하는 것이다. 비록 적대적으로 보이는 것조차도 서로 의존하고 있다는 것이다. 이것이 전에는 깨달음의 화두 같은 것이었지만, 지금은 과학적으로 상식이 되고 있다. 다만 사람의 관념이나 사회적 실천의 영역에서는 오래된 관성에서 헤어나지 못하고 있는 것이다.

내가 전에 '산은 산이고, 물은 물이다'는 청원유신 선사의 예로 말하였지만, 분절 1(경험상으로 보이는 분리 독립된 개체)의 세계에서 무분절(하나의 세계)을 통과한 분절 2(하나하나의 개체로 다시 나타남)의 세계인 것이다. 일견 어렵게 보이지만, 이것이 실상에 가까운 인식이다.

분절 1의 세계에서의 노동운동·민족운동과 분절 2의 세계에서의 노동운동·민족운동은 비슷한 점도 있지만 본질적으로 달라진 세계인식의 태도가 있다. 즉 상대는 제거하거나 배제해야 할 대상이 아니라 한

하늘을 이고 살아야 할 동반자인 것이다. 치열하게 싸울 때나 협력할 때나 그 사실에 변함이 없는 것이다. 정의와 진보를 위해 싸우는 사람들이 이런 일체의 세계관에 대해 투쟁의 동력을 약화시킨다고 생각하는 것은 정말 재검토가 필요한 것이다.

내가 말하는 인문적 토대는 다른 말로 하면 인식과 실천의 과학적 토대라고 생각하고 있다. 실사구시하는 것이 동력을 떨어트리는 싸움이라면, 필패할 것이다.

대단한 것이 아니다. 이미 인간의 지혜가 밝힌 과학적 성과들을 우리의 의식과 삶 그리고 사회적 실천, 세계 변혁의 토대로 하자는 것이다. 사람들의 마음은 침묵 속에서도 이런 방향으로 움직이고 있다고 나는 보고 있다. 오히려 지식인·운동가·정치인·종교인들의 분발을 바랄 뿐이다.

🌿 새로운 거듭남을 위하여

　　　　　　　　우리 가족이 장수에 와서 새로운 터를 만들기 시작한 이곳은 예전에 일곱 가구가 살았던 골짜기인데 그 전에 살던 분들은 다 떠나고, 논과 밭만 있던 곳에 한집 두집 들어와 이제 새로운 '마을'을 형성하는 중이다.

　어떻게 보면 이 골짜기야말로 새롭게 거듭나고 있는 중이다. 우리는 새로운 마을을 만들려고 하고 있다. 그러나 이 새로움은 과거를 부정하거나 세상 인연과의 단절을 의미하는 것은 결코 아니다. 오히려 우리는 그동안 더 자유롭고 행복한 삶을 위한 우리 자신의 노력과 세상이 달성한 성과들을 자양분으로 해서 조금이라도 질이 다른 사회를 만들어보고 싶은 것이다.

　자연과의 조화가 깨지고, 인간이 소외되는 지금의 문명을 넘어서 새로운 삶을 원하는 것은 어쩌면 행복을 원하는 사람의 당연한 욕구가 아닐까 생각한다. 그러나 그것이 과거의 이른바 목가적 공동체 사회로 복귀하는 것이 아니라는 것 또한 분명하다. 그것은 현실적으로 가능하지도 않거니와 바람직하지도 않은 것이다. 지금의 각박한 세상에 살다보니 과거는 따뜻한 인정이 감도는 목가적인 풍경으로 그려지기도 하지만, 사실은 신분제나 가부장제와 같은 질곡과 먹고 사는 일에 평생을 바쳐야 하는 고된 삶이 바탕이 되어 있던 것이다.

우리가 거듭나려고 하는 것은 해체될 수밖에 없던 옛 공동체로의 회귀가 아니다. 그것은 개인 중심의 민주주의와 자본주의를 토양으로 그 속에서 자라 그것을 넘어서는 새로운 사회인 것이다.

실제로 마을을 만들어가면서 이 안에 세상의 모든 이치가 있구나 하는 생각이 들 때가 많다. 그 규모가 다를 뿐 나라를 움직이는 것이나 세계가 움직이는 것이나 그 근본 이치는 같구나 하는 실감을 느낄 때가 많다.

사람이 모여서 무엇을 하려고 할 때는 가장 큰 테마가 사람 사이의 소통이다. 그 하려고 하는 무엇이 어떤 상태에서 벗어나기 위한 것일 때에는 비교적 소통에 어려움이 없다. 공동의 목표가 너무 뚜렷하기 때문이다. 대상에 대한 분노, 적개심, 벗어남으로써 달성할 공동의 이익 등이 사람들을 결속하게 한다. 그러나 그 무엇이 새로운 것을 창조하려고 하는 경우에는 사정이 달라진다. 공동의 대상(경쟁 상대일 수도 있고, 적일 수도 있고, 압박자·수탈자일 수도 있다)이 사라지면 그 공동의 대상에 대한 적대심이나 분노, 공동의 이익으로 뭉쳐져 있던 상태에서는 가려져 있던 아집들이 나타나게 된다.

새로운 것을 창조하려면 소통의 새로운 단계로 나아가야 한다. 그런데 제도나 물질적 조건이 바뀌는 것보다 사람의 관념이 바뀌는 것이 더

딘 법이어서, 새로운 소통의 문화를 만드는 것이 쉽지 않다. 그래서 많은 왜곡과 좌절을 경험하게 된다. 구약성서에 나오는 모세의 출애굽기는 많은 것을 시사한다. 이집트를 탈출하는 것보다 더 어려운 과정이 광야의 40년인 것이다. 그렇기 때문에 이집트에서 노예적 상태를 감수하는 편이 나았을 것이라는 생각은 맞지 않은 것이다.

지금까지 대부분의 진보는 그런 과정을 통해 이루어져온 것이 많다. 새로운 집을 준비해가면서 낡은 집을 허무는 과정보다는 낡은 질곡에서 해방하려는 욕구가 변혁을 주도하는 것이다. 그러다보면 아직 사라지지 않은 낡은 마인드로 새로운 집을 짓지 않을 수 없는 상태를 경험하게 된다. 또는 옛 것에 대한 극단적인 반발이 나타날 수도 있지만 그런 마인드만으로는 새로운 집이 만들어지지 않는다.

그렇다고 낡은 집을 유지하는 것이 더 나았을까? 그렇지 않을 것이다. 아니, 그것은 어떻게 하는 것이 더 좋았을까 하는 선택의 문제가 아니라, 사람들의 자유와 행복에 대한 욕구의 분출로 나타날 수밖에 없는 현실인 것이다. 그 길에서 승리의 환호나 이어지는 절망과 좌절까지도 보다 나은 세상이 이루어져가는 과정이 아닐까 생각되는 것이다.

현대는 문명의 전환이 이루어지는 대전환의 시기이다. 그 질과 폭에 있어서 모세의 시대와는 비교가 되지 않을 정도로 전인류가 보편적으로 당면하고 있는 테마인 것이다. 20세기가 낡은 집을 허무는 것을 주된 테마로 하였다면, 21세기는 새로운 집을 짓는 것이 주된 테마로 될 것이라고 본다. 확실히 20세기는 억압과 착취·빈곤의 긴 터널로부터 인류를 해방하는 데 큰 획을 그은 시대였다고 생각한다.

그러나 아직 진정으로 자유롭고 행복한 사회는 오지 않았다. 그것은 21세기 앞에 놓인 과제인 것이다. 물론 사람과 세계가 다양하게 서로 다른 단계로 불균등하게 나아가기 때문에 일률적으로 말하는 것은 맞지 않겠지만 전반적인 흐름은 그런 방향이 되리라고 믿는다.

우리가 이 작은 골짜기에서 작은 '마을'을 만들어가려는 것도 세상의 큰 흐름에서 벗어나는 것이 아니라고 생각하고 있다. 이 마을에 사는 사람들이 모두 행복하고, 이웃 마을과도 사이좋게 지내기 위해서 무엇을 어떻게 해야 할까 하는 것이 지금 우리가 힘과 지혜를 모아 함께 검토하고 실천하려는 목표인 것이다.

그러기 위해서 우리는 다음과 같은 몇 가지 과제들을 염두에 두고 있다.

첫째는 서로가 서로를 침범하지 않도록 어떤 선을 정해서 그것을 넘지 않도록 하는 것이다. 이것은 선진 민주주의 사회가 도달한 자유·평등의 원리를 최저선(最低線)으로 하면 되는 것이다. 사실 지금 정도의 자유·평등의 원리가 보편화되는 데 얼마나 오랜 세월의 노력이 필요했던가. 최저선이라고 말하는 것은 지금의 자유·평등이 결코 완성된 형태가 아니기 때문이다. 사회적 자유나 사회적 평등만 하더라도 끊임없이 진화·발전하는 것이다.

우리가 여기서 실천해보려고 하는 과제는 자유와 평등이 서로 모순되는 것으로 나타나는 상태를 넘어서보고자 하는 것이다. 특히 각자가 자신의 생명력을 발현하는 것이 다른 사람의 생명력을 방해하지 않는 사회, 악평등에 의해 자유가 억제되지 않는 사회를 목표로 해보고 싶은 것이다.

둘째는 마을 성원들이 생활하는 데 부족함이 없는 물질을 보장하는 것이다. 지금의 농촌 사정이 좋은 편이 아니라서 이것이 쉬운 일은 아니지만, 행복한 마을을 위해서는 반드시 해결해야 할 과제인 것이다. 물론 여기에 같이 하려는 사람들은 단순하고 소박한 삶을 원하는 사람들이기 때문에 그다지 많은 물질을 요구하는 것은 아니지만, 가난을 참는 것으로는 근본적인 해결이 될 수 없다는 현실을 잘 인식하고 있다. 가난이 아니라 풍요를 행복의 조건으로 보고 있는 것이다. 자연과 조화된 생산, 단순 소박한 생활양식과 함께 넉넉한 생산력이 풍요의 조건인 것이다.

이 넉넉한 생산력을 어떻게 하면 확보할 수 있을까를 놓고 여러가지 방법들을 실험하고 있는데, 점차 사람이 모이면서 사람들에게 가장 잘 맞는 방법을 찾게 될 것이다. 무소유경영, 협동경영, 개별경영 등 여러 형태가 있겠지만 어떤 것이 이상적인 것인가보다는 어떤 것이 더 사람들에게 편한가 하는 것을 판단의 일차적 기준으로 생각하고 있다. 사람들의 머릿속에서의 이상보다는 현재의 실태를 바탕으로 할 때 무리가 없고 생산력도 높아지기 때문이다. 언젠가는 무소유경영까지 나아가는 것이 목표이지만 지금으로서는 개별적 자립경영으로 출발하는 것이 우리들의 실력에 맞지 않을까 생각하고 있다.

위의 두 가지는 행복한 마을을 위한 필요조건들이다. 그러나 그것만으로는 정말로 자유롭고 행복한 삶이 되는 것은 아니다. 우리가 굳이 새로운 마을을 이루어보려는 것은 그 다음으로 나아가보려는 간절한 바람이 있기 때문인 것이다. 그래서 우리는 다음의 과제를 가장 중요한 것으로 여기고 있다. 즉, 셋째, 자기중심성을 넘어서 다른 사람에게 양보하고 싶어지는 사람으로 서로 되는 것이다.

유형·무형으로 강요되는 양보가 아니라 자발적으로 양보하고 '싶어지는' 사람으로 되는 것이다. 어디까지나 자각에 바탕을 두는 것이다. 그래서 이것이 첫째와 둘째 조건에 영향을 주는 것이다. 즉 사회 운영의 구체적 원리로 삼투하는 것이다. 예를 들어, 마을에 자유노동과 기부에 의한 공동지갑 만들기가 구체적으로 뿌리내려가는 것이다. 자유노동은 자발적인 자유의지로 대가를 생각하지 않고 제공하는 노동이다. 대가를 생각하지 않는다는 점에서 품앗이보다 진일보하는 것이다. 또한 소득의 일부를 어디까지나 자발적인 의지로 마을의 공동 지갑에 풀어놓는 것을 연습해가는 것이다. 이 두 가지는 시스템으로서가 아니라 마을의 문화로 자연스럽게 뿌리내려가는 것이 요체라고 생각하고 있다. 이 과정에서 새로운 시스템, 예를 들어 협동경영이나 무소유경영을 할 수 있는 실력을 기르게 될 것이다. 이 실력이 일정한 수준에 이르면 자연스럽게 새로운 시스템으로 이행하게 될 것으로 우리는 믿고 있다.

첫 번째 테마에 대해서도 문화적 삼투가 중요하다. 간섭하거나 간섭받지 않고 자기가 하고 싶은 일을 할 수 있는 자유를 마음껏 누리는 상태로부터 '다른 사람이 하고 싶어하는 일을 할 수 있도록 해주고 싶은 마음'이 더 자신을 풍성하게 한다는 자각이 서로 자라는 것이다.

지금 우리 마을은 장류(된장·간장·고추장·청국장 등) 생산과 밭작물을 연계하는 유기순환농업을 하고 있는데, 마을 이름과 장류 생산자의 이름을 '좋은 마을'로 하고 있다. 마을 소개자료에 "주고 싶은 마음이 있고, 줄 수 있는 것이 있어서, 줌으로써 성립하는 사회를 지향합니다"라고 쓴 것은 이러한 우리의 희망을 담은 것이다. 다만 이런 노력들은 어디까지나 자발성에 기초할 일로서, 빨리 하려고 하거나 다른 사람에게 기대하는 것은 절대 금물이라고 우리는 생각하고 있다.

이 세 번째 과제야말로 동물계의 질서를 넘어선 인간계의 질서로 진화하는 데 핵심적 요소라고 우리는 믿고 있다. 서로 경계를 정해서 침범하지 않도록 하는 것만으로는 인정이 넘치는 따뜻한 사회로는 될 수 없는 것이다. 이것이 안 되면 상대적인 물질 수준의 차이와 비교 경쟁심이라는 원천적 부자유에서 벗어나기 힘들게 될 것이다. 결국 진정한 자유·평등의 실현도 어렵게 되고 만다. 사람 사이의 진정한 소통도 이렇게 되지 않고서는 어렵게 된다. 말로는 역지사지 하자고 하면서도 자기중심적인 사람으로 머물게 되면 그야말로 말뿐으로 되고 마는 것이다.

그래서 우리는 처음부터 자기중심성을 넘어서 진정한 소통을 이루는 것을 가장 중요한 테마로 여기고 그러한 방향으로 노력하기 위한 여러 가지 방법을 검토하는 가운데, 우선 여름과 겨울에 연찬회를 운영하는 것과 매주《논어》강독을 함께 하는 것을 해보고 있는 중이다.

《논어》강독은 2년째 계속하고 있는데, 서로 대화하고 소통하는 데 큰 도움이 되고 있다. 아무도 체계적으로 공부해본 일이 없는 사람들이라 학문적으로 접근하는 것은 우리의 역량 밖의 일이기도 하지만, 그 강독의 취지가 성현의 말씀을 통해 자신을 성찰하고 진정한 소통을 이루는 것이었기 때문에, 처음으로 《논어》를 대하는 사람도 과거에 공자에 대해 부정적인 생각을 했던 사람에게도 큰 도움이 되고 있다.

나 자신 청년 시절에 공자에 대해 잘 알지도 못하면서 거부감을 가지고 있었는데, 지금 생각해보면 부끄럽기 짝이 없는 것이다. 공자가 이렇게 새롭게 친근하게 다가오는 경험을 하게 된 것이 얼마나 행운인지 모르겠다.

과거에 공자를 비판·반대한 것이 본질을 보지 못하고 공자가 살 수밖에 없었던 사회의 여러 모순을 비판·반대한 것이었다는 것을 깨달은 것과 함께, 지금 시대야말로 공자의 인간에 대한 본질적 성찰과, 자기변혁과 세계변혁을 하나로 꿰뚫는 일관된 삶(수신제가치국평천하)이 실제적이고 보편적으로 다가오는 것이 아닌가 하는 감동을 경험하고 있다.

특히 공자가 끊으셨다는 네 가지가 그렇게 새롭게 다가올 수 없었다. 그것은 무의(毋意), 무필(毋必), 무고(毋固), 무아(毋我)의 네 가지인데, 이번 여름에 이 네 가지 테마를 가지고 연찬회를 하면서 느꼈던 감동을 잊을 수 없다.

작업을 하면서 진행하는 연찬이었는데 '상대의 마음이 되어본다', '각자의 의사를 존중하되 모두의 생각으로 실행해본다', '결과에 사로잡히지 않고 과정을 즐긴다', '하지 않아도 좋다', '단정하지 않는다'와 같은 테마들로 같이 일을 해보고 느껴진 이야기들을 함께 나누는 과정에서 서로 고양되는 기쁨을 만끽할 수 있었다.

아마도 내가 사회변혁에 골몰하던 청년 시절에 이런 테마에 접했다면 테마에 제대로 접근하지도 못하고 반발했을 것이라는 생각을 해보니, 그래도 내가 그동안 헛되이 산 것은 아니구나 하는 위안마저 들었다. 2천 수백 년 전의 성현의 말씀이 지금 절절하게 다가오는 것을 느끼면서 '무엇이 새로운 것인가?' 하는 생각이 들기도 한다.

그러나 한 편 생각해보면 비슷한 시기(우주의 역사에서 보면 거의 같은 시기)에 자기중심성을 넘어서는 인간의식이 출현하는 것이야말로 우주 진화의 역사에서 얼마나 새로운 것인가 하는 생각이 든다. 우리에게 잘 알려져 있는 예수·석가·노자·공자와 같은 인류의 선각자들이 도달한 세계는 그 사회 문화적 차이를 넘어서는 본질적 공통점이 있는 것이다.

또 하나 정말로 새롭게 다가오는 것이 있는데, 그것은 이 선각자들이 도달한 진화된 의식과 인류의 사회경제적인 보편적 삶이 일치하기 위해서는 긴 세월이 필요했다는 점이다. 억압과 착취, 물질적 궁핍이 지배하는 사회에서 보통의 사람들이 이러한 의식의 진화를 이루는 것은 지극히 어려운 것이다. 그래서 오랜 동안 이런 진화된 의식과 현상 세계는 융합되지 않는 평행선을 달려올 수밖에 없었지 않나 하는 생각이 든다.

(다른 성인들에 비해 공자는 그 시대적 조건 속에서도 의식의 세계와 현상의 세계를 일치시키려는 관점에 더 적극적이었다는 생각이 들지만, 보편적 실현이라는 점에서는 그 사회제도나 물질적 조건은 어쩔 수 없는 한계일 수밖에 없었다.)

이제 인류는 그 자유와 행복 추구라는 긴 역사의 과정을 통해 이 일치를 보편적으로 요구하는 시점에 점점 다가서고 있는 것이다. 이는 두 가지 면에서 생각할 수 있다. 그 하나는 사회가 민주화되고 물질적 궁핍에서 벗어나는 것은 보통의 사람들이 그 의식을 변혁하는 데 좋은 환경으로 되고 있다는 것이다. 다른 하나는 인간의 끊임없는 자유욕구와 행복 추구가 사회제도와 생산력만으로는 충족되지 않는다는 것을 실제적 경험을 통해 인식하게 되었다는 것이다. 이제 자신의 행복을 위해서는 자신의 의식을 자기중심성의 근원적 부자유로부터 해방하지 않으면 안 된다는 자각이 점점 더 넓어지고 있는 것이다. 다만 아직은 그것이 개인으로 환원된 삶 속에서 이루어지는 경우가 더 많은 단계인 것 같다.

그동안 이른바 '진보'를 표방하고 사회의 민주화나 정의를 실천해온 사람이나 집단에 상대적으로 이런 자각이 더디지만 진정으로 진보를 원한다면 결국은 일치, 즉 현상계의 진보와 마음세계의 진보가 하나의 세계로 통합되는 데까지 나아가지 않을 수 없을 것이라고 믿는다.

우리 사회에는 아직도 좌우 이념이나 진보-보수의 대립이 큰 테마로 되고 있지만 사실의 세계에서 보면 과거의 구분은 큰 의미가 없어지고 있다. 있다면 완고한 관념이 있을 뿐이다. 나는 이제는 과거의 좌·우나 보·혁의 구분보다는 그 완고함을 유지하려고 하는 경향과 자기중심성을 넘어서 진정한 상생과 일치를 향해 나아가려는 경향이 새로운 '진영'(이런 말을 쓰고 싶지는 않지만)을 형성하게 되리라고 생각한다. 이것이 역사의 진행 방향이 아닐까 생각하는 것이다.

실제로 인간의 자유와 행복을 위해서는 자연적 제약으로부터의 자유(물질적 생산력), 사회적 제약으로부터의 자유(사회제도), 관념적 제약으로부터의 자유(의식의 변혁)가 서로 맞물려 있는 것이다. 과거의 좌·우 이념으로는 이것을 종합적으로 인식하고 실천할 수 없는 것이다. 과거의 사고방식으로는 전망이 보이지 않는 것이다. 하나를 해결하려면 다른 것이 이루어지지 않는 모순에 빠지고 마는 것이다. 그래서 이 극단에서 저 극단으로 옮겨다니게 되는 것이다.

이 모순을 해결하는 중심고리는 관념의 변혁에 있다고 생각한다. 산업화나 민주화가 중심 과제였던 시대로부터 인간화가 중심 과제로 되는 시대로 되고 있는 것이다. 이 인간화는 인간 의식의 진화, 동물계의 자기중심성을 넘어서는 진화를 의미하는 것이다. 산업화나 민주화를 부정하는 바탕이 아니라 그것을 자양분으로 해서 지양되는 세계인 것이다. 이것이 우리 시대의 '정명'(正名)이라고 생각한다.

나는 이제 과거의 보수와 진보, 좌와 우라는 대립 구분의 세계로부터 인류의 총체적 진화를 위해 함께 상생·협력하는 큰 흐름이 이루어질 것이라는 믿음을 가지고 있지만, 이러한 새로움이 어느 날 갑자기 하늘에서 떨어지듯 오는 것은 아니기 때문에 어느 시기까지는 지금까지 사용해온 이름들이 유용한 면이 있다는 것을 인정해야 한다고 생각한다. 다만 그것은 구분을 고착시키는 것이 아니라 대립을 넘어 일치의 방향으로 나아가는 과정으로 될 때 의미가 있는 것이다. 예컨대 편의상 구분해서 좌가 평등, 우가 자유를 더 중시한다고 할 때 궁극적으로는 자유와 평등이 서로 모순되지 않는 일치를 향해서 나아가는 것이 역사의 순리가 아닐까 하는 것이다.

"좌파는 독선으로 망하고, 우파는 부패로 망한다"는 말이 있는데, 이것은 그 각각의 나타나기 쉬운 약점을 잘 지적하고 있는 것 같다. 아집과 탐욕을 제거하는 것은 좌나 우가 제대로 자기 역할을 하게 하는 요체로 될 것이다. 좌나 우, 보수와 진보가 아직은 나뉠 수밖에 없는 것이 현실이라면 이것이 새로움으로 거듭나는 길이 아닐까 생각한다. 그런 의미에서 요즘 뉴라이트(New right)나 뉴레프트(New left)에 거는 기대가 있는 것이다. 뉴(New)라는 공통분모를 키우고, 라이트와 레프트라는 과거의 대립·구분을 줄여가는 것이다.

여기서 새로움(New)은 어떤 것일까? 그것은 전략·전술의 새로움이 아니라 인간에 대한 본질적 성찰과 인간에 대한 애정에서 나타나는 새로움일 것이다. 새해에는 이러한 새로움으로 거듭나는 한 해가 되기를 바라는 마음 간절하다.

🌿 뉴라이트, 뉴레프트

긴 장마가 가고 엄청난 더위가 기승을 부린다. 수재를 만난 사람들의 아픔을 함께 하려는 마음들이 뜨겁다.

사람의 힘으로 어떻게 할 수 없는 자연재해야 할 수 없다 하더라도, 끊임없이 나오는 인재(人災) 이야기는 마음을 답답하게 한다. 더구나 근래 나라와 국민의 장래가 걸린 몇 가지 문제들을 둘러싸고 벌어지는 심각한 대립 양상은 이 여름을 더욱 견디기 어렵게 하는 것 같다.

의식하건 안하건 나라와 국민의 장래가 걸린 문제들인 만큼 나와 같은 촌부(村夫)에게도 의견이 없을 수가 없다. 한미FTA, 평택 미군기지, 북의 핵과 미사일을 둘러싼 국제적 긴장과 남북 문제, 노사 문제, 연금 개혁 문제 등이 이 여름을 더욱 뜨겁게 하고 있다.

지금까지의 전통적 국제관계가 크게 흔들리고, 나라 안의 보혁(保革) 갈등이 심각한 양상을 띠고 있다. 큰 변화의 과정에 있는 것은 분명한데, 그 변화를 제대로 읽고 제대로 대처하는 데 지혜와 힘을 모으지 못하고 있는 것 같다. 마음을 모아도 쉽지 않은 난제들 앞에서 갈피를 잡지 못하고 서로 대립하고 분열하고 있다. 개인이나 집단·국가의 이해가 서로 다르고, 모든 주체들이 자신의 이익을 추구하는 것이 현실이기 때문에 어쩔 수 없는 일이라고 체념하기에는 사안이 너무나 우리들의 명운을 좌우할 만큼 심각하다.

과거의 보·혁 관계나 그 사고방식으로는 변화된 현실에 옳게 대처할 수 없다. 크게 보면 대외적 자주와 대내적 자유와 평등, 경제 성장의 문제라고 보이지만, 중요한 것은 종래의 사고방식으로는 현실을 제대로 읽지도 대처할 수도 없다는 것이다.

이런 문제들은 서로 독립되어 있는 것이 아니라 서로 연계되어 있다. 어떤 입장과 관점에서 바라보아야 하는 것이 옳은지에 대해 나로서도 판단하기 어려운 것이 많지만, 용기를 내서 혹시라도 진지하게 생각하고 실천하려는 사람들에게 다소라도 참고가 되면 좋겠다는 심정으로 의견을 내볼까 한다.

나로서는 현실을 그대로 받아들이는 바탕에서 우리 모두의 공통된 이상을 추구하여야 한다고 생각하고 있다. 즉 사실에 바탕을 두고 이상을 추구해야 한다고 생각한다.

내가 인식하는 현실은 다음과 같은 것이다.

1) 세계화는 돌이킬 수 없는 현실이다. 이 세계화의 흐름을 주도하고 있는 것은 세계 시장경제이지만 민주주의와 인권과 같은 인류의 보편적 가치가 세계적 범위로 확대되는 경향을 띠고 있는 것도 사실이다.

2) 그 세계화의 과정은 아직도 국가 이익이 위세를 떨치고 있다는 것이다. 따라서 나라의 힘의 강약에 의해 이해득실이 달라지는 것이 현실이다. 그래서 국가적·민족적 자주가 여전히 중요한 것이지만, 그러나 민주주의나 인권과 같은 인류 보편의 가치가 세계적 범위로 확산되는 것 또한 사실이고, 세계화와 지방화에 의해 국가가 더욱 상대화되고 있고, 민족은 문화 공동체나 생활 공동체의 개념 정도로 국가보다도 더욱 상대화되고 있기 때문에 이러한 세계화 속의 자주라는 점에서 과거와는 다른 모습을 띤다는 것이다. 특히 한국에서 국제결혼의 급증은 전통적인 순혈주의나 단일 민족이라는 허상을 깨는 현실적 바탕으로 되고 있다.

3) 결국 자주는 그 나라의 경제력과 민주화 수준이 결정하는 것이다. 대내적으로 국민의 자유·평등이 억압되거나 경제를 발전시키는 활력이 떨어지는 상태에서 자주란 비현실적이며 하나의 잘못된 관념에 불과하게 된다. 그런데 우리의 경우는 외세에 의한 굴종의 경험 등에 의해 자주에 대한 과거의 감정적 정서가 여전히 강한 것이 사실이다. 특히 민족 지상주의는 시대의 흐름에 역행하는 것이다. 우리 민족 공동체의 역사적 바람을 실현하는 길은 이제 민족이 인류의 보편적 가치를 선구적으로 체화하는 길이다.

4) 한국의 경우 그 부존자원이나 지정학적 조건 등으로 개방적 정책을 쓸 때 경제가 활력을 가졌다는 것이다. 이것은 오랜 역사를 통해 증명된 사실이라고 볼 수 있다. 한국이 절대빈곤의 나라에서

세계 10위권의 경제 대국으로 성장한 것이나 그 반대로 북한이 최빈국으로 되고 있는 것이 그 증거이다.

5) 지금 한국에서 '가난하지만 평등한 사회'를 이야기하는 것은 지극히 비현실적이다. 이미 자본주의 물질문명을 맛본 사람들이 그 이전의 상태로 돌아간다는 것은 좌와 우를 막론하고 아주 소수의 예외를 제외하고는 불가능하다. 지금은 개인의 생명력을 극대화하고 있는 단계이다. 아직은 그것이 개인의 이익을 제일의 가치로 추구하는 것으로 나타난다. 사회적·물질적 조건이 무르익게 될 때 개인의 이익을 넘어서는 동기의 전환이 이루어지기 시작할 것이다. 충분한 개인의 자유와 물질적 풍요를 경험한 사람들, 또 그런 나라들에서 새로운 삶의 양식이 일반화되기 시작할 것이다. 물질에 대한 욕구로부터 정신적·예술적 욕구로 전환이 이루어질 것이다. 이때 비로소 자본주의를 넘어서는 사회의 모습이 보이기 시작할 것이다.

6) 자유를 강조하면 사회경제적 강자에게 유리하고, 평등을 강조하면 경제의 활력이 떨어지는 것이 사실이다. 평등은 따지고 보면 약자의 자유를 신장시키는 것으로, 근본적으로 보면 자유와 모순되는 것이 아니다. 따라서 약자의 자유를 신장시키는 일이 총생산력을 약화시키는 것으로 된다면 악평등의 폐단이 나타나는 것으로 보아야 한다. 또 불평등이 심해 약자의 실질적 부자유가 커지면 자유경쟁에서 유리한 강자의 자유 또한 근본적으로 위협을

받게 된다. 가난한 사람들에게 둘러싸인 부자가 결코 안전하고 유쾌할 수 없는 이치이다. 이것은 많은 나라들에서 실제적으로 일어나고 있는 일들이다.

7) 지금까지는 자유를 강조하는 편은 보수, 평등을 강조하는 편은 진보라는 사고방식이 지배하고 있다. 그래서 그 사회에서 유리한 사람이나 계층을 대변하여 지금의 사회를 유지하려는 쪽이 보수라면, 불리한 사람이나 계층을 대변하여 지금의 사회를 바꿔보려는 쪽이 진보라고 할 수 있을 것이다. 그러나 그 사회를 진정으로 유지하려면 약자의 부자유를 해소하지 않으면 안 된다. 또 그 사회를 진정으로 바꿀 수 있으려면 현사회의 물질적 생산력이나 이미 도달한 민주주의를 훼손하지 않아야 한다. 이것이 보수와 진보를 의미 있게 만드는 길이다.

8) 이제 환경과 생태계의 보전이 일반적인 관심으로 되고 있다. 이것은 생산력의 발전이 생존의 절대적 조건을 충족시킨 사회에서 제기되고 발전하고 있다. 생산력의 발전은 한 편에선 생존의 문제를 해결하고, 다른 한편에선 생태계의 파괴를 가져오는 이중성을 가지고 있다. 아직 그렇지 않은 적절한 모델은 아주 작은 단위의 경우를 제외하고는 찾기 힘들다. 지금의 현실을 보면 생산력을 강조하는 쪽이 보수, 생태계의 보전을 강조하는 쪽이 진보로 생각되는 것 같다.

9) 북한의 위기는 외세에 의한 자주의 위협이 아니라 인류 보편의

가치에 반하는 전근대적 통치방식을 청산하지 못한 데 있는 것이다. 북한의 현체제를 '우리식 사회주의'라고 말하는 것이나, 외세의 위협 때문에 지금과 같은 수령체제를 유지할 수밖에 없다는 것은 잘못된 관념이다. 건국 초기의 상황·정서·관념에서 크게 벗어나지 못한 것이 위기의 본질이다. 결국 '무엇을 옹호하고 사수하려는 것인가?'가 하는 물음이 생기는 것이다.

10) 그 위기를 해결하는 것은 선군(先軍) 정치나 핵·미사일이 아니고, 민주화하는 것이다. 그러나 북한이 이러한 전환을 스스로 하는 것이 가장 바람직하다. 이것을 못하면 북한 인민의 고통은 더욱 커지고, 전쟁이라는 극단적 선택에 내몰리게 될 가능성이 있다. 그것을 막는 데 일조하는 것이 한미 동맹과 미국의 군사력이라는 것이 엄연한 사실이다. 지금 마치 친북은 진보, 친미는 보수인 것처럼 호도하는 것은 사실을 보면 의미가 없다. 사실의 세계에서 보면 지금의 북의 체제가 전쟁이 없이 변화되어야 한다는 쪽이 오히려 진보의 관점이다.

대강 이상과 같은 현실 인식을 바탕으로 세계화의 격랑을 우리 국가 공동체 또는 민족 공동체가 어떻게 헤쳐나가 머지않아 도래할 인류 공동체라는 새로운 역사의 장에 도달하게 할 수 있을까가 현실적이며 이상적인 우리의 과제가 아닌가 한다.

이를 위하여 종래의 좌·우나 보·혁의 관점을 넘어서서 하나의 입장으로 지혜와 힘을 모으는 것이 바람직하겠지만, 이해관계나 가치관의 차이 때문에 어렵다면 좌·우의 입장을 인정하면서 다음과 같은 제안을 해보고 싶다. 백일몽이라고 생각하는 사람도 있겠지만, 나로서는 우리의 장래, 더 나아가 우리 후손들의 자유와 행복을 위해 꼭 필요하다고 생각한다. 그것은 지금까지의 좌우의 고정관념을 과감하게 바꿔보는 것이다.

좌(左)는 바탕이 평등 지향이다. 그 본질을 유지하면서도 세계경제와 한국경제의 특성을 이해하고 개방의 확대를 과감하게 수용한다.

한미FTA를 반대하는 것이 아니라 오히려 적극적으로 수용한다.

국가 이익과 생산력의 증대를 위해 이니셔티브(Initiative)를 취한다.

반미적 경향에서 벗어나 미국의 역할을 긍정적으로 인정한다.

주한미군의 현실적 역할을 인정하고 미군기지의 새로운 전환이 가능한 한 가장 국익에 적합하게 이루어지도록 받아들인다.

한반도의 평화, 나아가 동아시아의 평화에 기여하도록 당당하게 요구한다.

노사의 새로운 문화를 주도적으로 이끌어낸다.

대타협을 주도적으로 이끌어낸다.

약자의 입장이 아니라 사회의 중요한 주도자의 일방이라는 자주적 태도를 갖는다.

양보의 이니셔티브를 취한다.

북한의 민주화를 통일을 위한 전제로 인정한다.

북한 인민의 자유와 인권을 위해 적극적인 역할을 한다.

이상의 내용은 좌파가 진정한 신념과 자신이 있을 때 가능한 것이다. 그 신념과 자신은 지금의 자본주의를 넘어 새로운 사회를 건설할 수 있는 전망과 실력을 갖출 때 가능한 것이다. 모든 현실적 조건을 바탕으로 진정으로 새로운 사회, 이윤이 아니라 인간이 중심이 되는 새로운 사회를 건설하기 위한 구체적 이정표를 갖는 것이다. 자본주의를 넘어서는 새로운 사회를 만들기 위한 실험들이 실패한 바로 그 자리에서 새로운 전망과 실제적 능력을 갖추는 것이다.

우파는 기본적으로 자유 지향이다.

우파는 그 본질을 유지하면서 오히려 과거 좌파의 전유물처럼 생각되었던 자유경쟁에서 불리한 사람이나 집단의 실질적 자유에 관심을 갖고, 그러한 정책에 이니셔티브를 취한다.

자유무역의 확대로 더욱 어려워진 분야나 계층의 생존권을 보장하고, 자본주의의 물신 숭배를 벗어나 공동체의 건강성이 유지되는 것이 진정한 보수라는 자각 위에서, 적극적으로 사회복지 정책을 추구한다.

조세정책도 과감하게 과거 좌파의 주장을 수용한다.

경쟁에서 유리한 성과를 거둔 사람들이 먼저 적극적으로 나눔의 문화를 선도한다.

기부와 자원봉사를 확대한다.

경제개발이 환경이나 생태계를 파괴하지 않도록 하는 데 진력한다.

북한 인민의 어려움에 사랑을 가지고 원조한다.

미국이나 일본에 대해서 우리 국가의 긍지를 최대로 살려간다.

이것은 우파가 지금까지 인류가 진척시켜온 지켜야 할 좋은 가치의 수호자, 개인의 자유, 민주적 절차, 가족의 행복과 같은 가치의 보호자라는 자신감과 신념이 있을 때 가능한 것이다.

이렇게 좌·우가 지금까지의 고정관념이나 고정된 역할을 과감하게 바꿔본다면, 우리에게는 지금의 위기가 위대한 기회로 될 것이다. 이것은 한국의 좌·우가 한 단계 진보하는 것이다. 나는 우리 민족에게 이러한 능력이 있다고 믿고 있는 사람이다. 진정으로 민족의 영광을 생각한다면 그것을 구체화할 수 있는 실천에 들어가야 한다고 믿는다.

요즘 중도 통합론이나 상생 협력 같은 말이 많이 나오지만, 그것이 현실화되기 위해서는 위에서 말한 좌·우의 역할 바꾸기가 필요하다고 생각한다. 원체 생각이 굳어져서 바꾸기 어려운 사람이나 집단에게는 기대하기 힘들기 때문에 뉴라이트나 뉴레프트에 거는 기대가 큰 것이다. 이 무더운 여름을 지내면서 뭔가 시원한 바람이 일어나기를 바라는 마음 간절하다.

✿ 대통합

사람은 자기보존과 종족보존의 욕구를 충족시키는 것을 출발점으로 하여 끊임없이 자유를 확대하여 완전한 행복을 향해 나아가는 존재이다. 출발점은 우주 자연계의 생명 일반의 속성과 다름없지만, 지향점은 다른 생명계와 구별된다. 예전부터 사람을 만물의 영장이라고 부르는 이유가 여기 있는 것이다.

인간은 동물계로부터 한 단계 진화한 존재인 것이다. 그것은 인간이 자유욕구와 그것을 충족시킬 수 있는 지적 능력을 가지고 자연계에 출현한 존재라는 것이다. 그러나 아직은 그 출발점과 지향점이 혼재하고 있다.

인생의 목적이 무엇일까? 나도 장년이 되고서야 인생의 목적은 '행복'이라는 대답이 자연스럽게 되었다. 그것은 내 자신의 성숙도 있었지만 우리 사회 전반의 변화가 있었기에 가능했다고 생각한다. 그러나 아직도 인생의 목적은 '행복'이라는 대답이 선뜻 떠오르지 않는 사람이나 집단도 많이 있는 것 같다.

우리 주변에는 '생존', 즉 '살아남는 것'이 목적으로 되고 있는 경우도 아직 많이 있는 것 같다. 주어진 인생이니까 어쩔 수 없이 살아갈 수밖에 없다고 생각하는 사람도 적지 않다. 나 자신도 가끔 인생의 목적이 행복이라는 생각에서 멀리 떠나 있을 때가 있다. 내 마음 안에서 일어나는 괴로움도 있지만 가까운 사람의 고통을 볼 때 '행복'이라는 말보다는 '벗어나고 싶다'는 생각이 먼저 떠오를 때가 많다. 그런 날은 늘 보던 풍경마저 우울해진다. 세상이 고해(苦海)로 보인다.

이렇게 되는 데에는 여러가지 원인이 있다고 생각되지만, 과거에 비해 그 원인이 많이 달라진 것은 사실인 것 같다. 지금도 의·식·주 문제가 당면과제인 경우도 있지만 생존의 절대적 조건은 과거에 비해 비할 수 없이 좋아졌다.

그러나 좀 극단적인 예가 될지는 모르겠지만, 자살률은 점점 더 증가하고 있다. 역설적으로 이것이 인간계의 특성을 나타내는 것인지도 모르겠다. 인생의 목적이 '생존'에서 '행복'으로 되기 위해서는 객관적인 조건들, 즉 물질과 사회제도의 해결 못지않게 관념의 정상화가 중요한 테마로 되고 있다고 생각한다. 어느 것이 더 중요하다고 말하기는 어렵겠지만, 그 시대 그 사회가 당면한 과제는 단계에 따라 다른 것 같다.

사실 생존의 절대적 조건, 즉 생존을 위해 먹는 문제를 해결하는 과정이나 사회적 수탈과 억압에서 해방하고자 하는 노력이 절실한 때에는 그것이 당면과제로 되는 것은 당연하다. 그 문제가 어느 정도 해결되면 이제 '행복'의 조건이 달라진다. 관념의 정상화를 다른 말로 하면 관념계의 자유가 더 크게 떠오른다. 이것은 진보라고 생각한다. 그만큼 이제 인간이 추구하는 자유, 행복에 한 걸음 가까이 다가간 것이라고 볼 수도 있지 않을까. 관념의 정상화, 관념계의 자유는 결국 '아집으로부터의 자유'를 뜻하는 것이기에, 진정한 인간의 진보를 의미하는 것이다. 질적 전환이 이루어지는 것이다. 옛날에는 성인(聖人)의 길이었지만, 이제는 인간의 길이 되는 것이라고 생각한다. 이것이 진보다.

물질과 사회제도 같은 객관적 조건들이 어느 정도 해결되었다고 말했지만 아직도 그것이 과제가 되어 있는 많은 사람들, 사회, 국가가 있는 것이 사실이다. 우리가 어느 정도 해결되었다고 하더라도 주위가 해결되지 못한 상태에서는 그것으로부터도 자유로울 수 없다. 너무 관념의 정상화 쪽으로만 갈 수 없는 이유가 여기 있다. 서로 다른 단계가 중층으로 얽혀 있는 세계에서 다만 그 비중이 달라진 것을 말하는 것이다.

그것은 여러가지 문제를 해결해가는 방식도 달라져야 한다는 것을 의미한다. 우리나라의 경우는 아마도 가장 복합적이고 중층적인 과제들을 안고 있는 나라의 하나라고 생각한다. 물질과 사회제도의 진보와 의식의 진보('관념의 정상화')가 상호침투하는 것이 요구되고 있는 단계로 되고 있는 것이다.

아마도 이런 점에서 우리 공동체가 당면하고 있는 큰 과제를 두 가지로 이야기할 수 있지 않을까 생각한다. 하나는 민족 국가의 번영이고, 다른 하나는 새로운 문명으로의 전환이다. 단적으로 말하는 것이 무리지만, 편의상 대체로 다음과 같이 말해도 좋지 않을까 생각한다.

즉, 전자가 행복의 필요조건들을 충족시키는 것에 중심이 있다면, 후자는 행복의 충분조건을 완성해가는 것에 중심이 있다. 전자가 물질적 풍요와 사회제도의 개선에 관심이 크다면, 후자는 의식의 변화와 생활양식의 변화에 관심이 크다. 전자가 경쟁에서 이기지 않으면 살아남을 수 없는 세계자본주의의 실태 속에서 민족이나 국가 공동체의 존속과 번영에 힘을 쏟는다면, 후자는 대립과 갈등·경쟁을 넘어선 새로운 질서를 만드는 데 힘을 쏟는다. 전자의 경우 세계화는 민족이나 국가의 번영을 위해 반드시 필요한 선택이나, 후자의 경우 세계화는 인류 진화의 과정에 반드시 거쳐야 할 단계로 파악된다. 전자가 경쟁·갈등하는 인간의 실태를 중시한다면, 후자는 우애·연대하는 인간의 지향을 중시한다. 전자가 새로운 세상을 만들 수 있는 객관적 환경(물질적·사회제도적)을 만드는 데 기여한다면, 후자는 새로운 세상을 운영할 사람을 준비해가는 것이다.

그런데 중요한 것은 이 두 과제가 서로 배척하고서는 결코 이루어질 수 없다는 것이다. 점점 많은 사람들이 이것을 자각하고 있지만 아직도 과거의 이념이나 정서들이 완고하게 이것을 보지 못하게 하는 경우도 많다. 그것도 이러한 이념과 정서를 자기 세력의 중요한 기반으로 하고자 하는 권력지향 세력에게 완고하게 작용한다는 것을 말하지 않을 수 없을 것 같다.

물질적 조건과 사회제도의 민주화가 달성되지 않는 상태에서 새로운 사회, 새로운 문명을 추구하는 것은 비현실적이거나 왜곡된 모습을 띠기 쉽다. 자기중심적인 경쟁과 이익을 바탕으로 한 갈등이나 정의(正義)만으로는 지속적인 번영은 불가능해진다. 양극화의 심화와 그것을 해결하는 대립·투쟁의 과정, 그리고 핵전쟁의 위험이나 지구 온난화를 비롯한 환경 생태계의 예상되는 재앙은 그 대표적인 예가 될 것이다.

이제 두 가지가 모든 면에서 서로 침투하여 조화되는 것이 절실한 단계에 이르렀다고 생각한다. 종래의 보수·진보나 좌·우의 사고방식으로는 이러한 과제들을 제대로 파악할 수도 풀어갈 수도 없는 시대가 된 것이다. 아직도 상당 기간 정치적 견해나 경제적 계급 등이 진보와 보수를 구분하는 데 중요한 기준으로 되겠지만, 점점 더 그 기준은 실용성을 잃어갈 것이다.

부유한 사람들이 진보적인 의식과 진보적인 삶을 선택하는 사람들이 많아질 수 있고, 종래 진보로 분류되던 사람들이 오히려 더 보수적인 생각과 삶을 살 수도 있다. 그래도 진보나 보수를 굳이 이야기한다면 민족국가의 번영에 관심이 큰 쪽이 보수, 새로운 문명에 관심이 큰 쪽이 진보라고 하는 것이 우리 시대의 흐름을 옳게 반영한 것이 아닌가 생각한다. 예컨대 '747 프로젝트'(7% 성장, 4만 달러, 7대 부국)나, '강성 대국' 같은 것은 비록 남과 북이 상이한 조건임에도 공통성이 있는 것이다.

같은 원리로 남과 북의 상이한 조건에서도 새로운 인간, 새로운 사회, 새로운 문명을 지향하는 큰 흐름이 나타날 것이다. 서로를 부정하지 않고 서로 침투하는 가운데, 보수 쪽의 이상이 선진화로 표현된다면 진보쪽의 이상은 인간화로 표현될 수 있을 것이다. 여기서 인간화란 인간 중심주의를 의미하는 것이 아니라, 우주 자연계 안에서 동물계로부터 진화한 인간 의식의 보편화를 의미한다. 간단하게 말할 수는 없지만, 자기중심성(아집·에고)을 넘어서 인간 의식이 성숙하고 그것이 삶의 양식과 사람들의 관계, 나아가 사람과 자연과의 관계를 변화시키게 되는 과정을 인간화라고 부르는 것이다.

이 선진화와 인간화가 서로 배치되거나 대립하는 목표가 아니라 서로 의존하고 침투하는 것이라는 자각이 필요한 때이다. 이렇게 될 때 상생과 협력의 대통합 시대가 열리게 될 것이다. 보수는 지속 가능한 번영을, 진보는 실현 가능한 새로운 문명을 구가할 수 있을 것이다.

❦ 이런 진보정당을 바란다

내일이 설이다. 똑같은 하루지만 큰 절목(節目)으로 되는 하루인 것 같다. 모두가 염원하는 행복한 새해가 되기를 바라는 마음 간절하다.

대선이 끝나고 나서 이 나라 정치에 큰 변화의 바람이 불고 있다. 총선을 앞두고 이합집산하는 움직임에는 새로울 것도 없어 관심이 안 가지만, 이러한 변화의 와중에 진실한 것도 있을 것 같아 촌부의 마음도 한 가닥 기대와 함께 염원을 가져본다. 새로운 진보, 새로운 보수를 표방하는 정치 세력이 나타나고, 현재 정당을 만들고 있거나 준비하려고 하고 있다.

오늘은 진보 쪽에 대해 이야기해보고 싶다.

'낡은 것을 벗어버리고 새롭게 나아가는 것'이 진보라고 하지만, 나는 여기에 하나를 더 보태고 싶다. 즉, '새롭게'에 '더 좋게'를 보태고 싶다.

지금까지 진보는 낡은 것으로부터 벗어나는 것을 해방이라는 기치로 표현해왔다. 그런데 지난 한 세기의 실험을 거친 우리 시대에 와서 이

해방의 의미를 곰곰이 짚어볼 때가 온 것 같다.

나는 이제 진보가 '자본의 지배로부터 노동의 해방'이라는 기치보다는 '물신의 지배로부터 인간의 해방'이라는 기치를 들어야 한다고 생각한다. 물론 아직도 '자본의 지배로부터 노동의 해방'이라는 현실의 요구가 있는 것이 엄연한 현실이긴 하지만, 그것은 '물신의 지배로부터 인간의 해방'이라는 가치에 부분가치로 포함되는 것이 옳다고 생각한다. 이 말은 진보운동의 주된 세력이 노동계급이라는 종전의 시각을 넘어서야 한다는 것도 의미한다.

지금까지 해방은 타자의 속박·착취·차별 등에서 벗어나는 것을 주로 의미했다. 지금도 물론 이러한 노력은 계속되어야 한다. 그러나 진정한 해방을 위해서는 이것만으로는 부족하다. 새로운 것을 세울 수 있는 힘을 가져야 한다. 그렇게 하려면 자기 안에 있는 낡은 관념과 인습·생활양식으로부터 해방되어야 한다. 그렇지 않으면 진정한 해방의 비전이 생기지 않는다. '벗어나서 어디로 간단 말인가?' 하는 질문 앞에 좌초하고 만다.

노동을 해방한다는 것은 노동자의 의식과 삶 속에 예속적·차별적·의존적인 태도가 사라지고 물신의 지배에서 벗어남으로써 완성되는 것이다. 사회적·물질적 진보와 인간 의식의 성숙으로 이제는 물신의 지배를 벗어나 진정한 인간의 행복을 추구하는 사람들이 계급과 관계없이 증가하고 있다. 이런 사람들이야말로 진보적이다.

이제는 이 두 가지 해방이 조화되고 통합되어야 진실한 때가 되었다

고 생각한다. '타자로부터의 해방'과 '자기 안의 낡은 것으로부터 해방'
이 그것이다. 적어도 진보를 표방하는 첨단의 정치세력이라면 이 두 가
지를 자기 강령 안에 소화하고 통합할 수 있을 때 우리 시대의 진보를
이야기할 수 있다고 생각한다. '타자로부터 해방'은 지금까지 전념해온
것이기 때문에 더 말할 것이 없지만, 다만 그 동력이나 에너지의 바탕이
변화되는 것은 당연하다고 생각한다.

분노와 증오는 진정한 해방의 에너지와는 다르다. 어쩔 수 없는 폭압
과 착취 아래서 '분노와 증오'가 투쟁의 동력으로 되어온 사실은 부인할
수 없는 사실이지만, 이제 더 나아가기 위해서는 사람에 대한 사랑, 약
자에 대한 사랑, 모두의 행복에 대한 염원이 그 '분노와 증오'를 넘어서
야 하는 것이다.

지금도 비참한 처지에 있는 사람이나 집단이 있기 때문에, 또 파렴치
한 사람들이나 집단도 있기 때문에 그런 감정을 부정하는 것은 무리라
고 생각하지만, 적어도 진보를 표방하는 첨단의 집단은 그것을 넘어서
야 한다고 생각한다. '분노와 증오를 넘어서 싸울 수 있는 힘'을 가져야
한다고 생각한다.

그것은 비폭력운동을 의미한다. 요구의 합리성, 비폭력 운동, 절차의
합법성 등은 진보 운동의 도덕성을 높이게 될 것이다. 억울하게 느껴질
때도 많겠지만 그 억울함이 국민의 마음을 얻게 되고 선거에서 표심으
로 나타날 것이다. 그 표심이 정치력으로 되어 더 나은 정책으로 이어질
것이다. 이것이 선순환이다.

그것은 '자기 안의 낡은 것으로부터의 해방'과 밀접하게 닿아 있다. 적어도 진정한 진보 정당이라면 사회적 불평등이나 차별·억압이나 착취를 해소하는 정강 정책과 함께, 당원 스스로 자기 안의 낡은 것을 청산하고 새롭게 진화하는 사람의 진보를 그 강령으로 담을 수 있어야 한다.

　첫째, 자기 안에 타자를 지배하려는 욕구로부터 해방되어야 한다. 즉 민주주의자로 되는 것이다. 과거의 민주집중제 같은 허울뿐인, 실제로는 독선과 독재를 낳는 그런 과거를 청산하지 않고는 진정한 진보라고 할 수 없는 것이다. 이 숨겨진 지배욕, 즉 지배에 항거한다는 명분 아래 숨겨진 지배욕을 잘 보는 것이 선결과제이다. 특히 자기 안에 있는 폭력성으로부터 해방되어야 한다. 그것이 비록 폭력에 대한 반폭력이라 하더라도 그것을 넘어서려는 노력이 인간 진화의 방향이라는 확신을 갖는 것이 중요하다. 지배욕과 폭력성으로부터의 자기해방 과정이 진보적 인간으로 되는 길인 것이다.

　둘째는 자기 안에 있는 타율적 태도로부터 해방되어야 한다. 즉 자율적인 사람으로 되는 것이다. 이것은 지배적 태도와 동전의 앞뒷면처럼 얽혀 있어서 비록 낡은 사회를 일시적으로 무너뜨리더라도 새로운 사회를 건설하는 데 성공하지 못하게 발목을 잡는 큰 원인으로 되었던 것이다. 타율적인 사람은 주체적이지도 자유롭지도 못한 것이다.

　운동 과정에서 일사분란함을 강조하면 이런 타율적인 사람을 양산하게 된다. 비록 일시적으로 어떤 낡은 것을 무너뜨리는 데 성공할지는 몰라도, 이런 타율적인 사람들로서는 진정으로 새로운 질서는 세울 수 없는 것이다. 자율이라는 것은 주인의식을 가지고 사물을 판단하고 그 결과에 대해서 끝까지 책임지려는 태도를 말하는 것이다.

실제로 우리 주변에는 특히 그동안 진보운동을 해왔다는 사람 가운데는 너무나 타율적인 습성이 몸에 배어 있는 경우를 발견하게 된다. 사회 시스템의 타율적 지배에서 벗어나려는 운동 속에서 오히려 타율성이 몸에 배는 악순환에서 벗어나는 것이 얼마나 중요한지가 바르게 인식되어야 한다.

셋째는 자기 안의 예속적 태도로부터 해방되어야 한다. 즉 자립적인 사람으로 되는 것이다. 예속에 반대해서 싸우지만 스스로의 관념 안에 있는 예속성을 보지 못하는 경우가 많다. 그렇게 되면 '반대해서 싸우지만 혼자서는 서지 못하는' 사람으로 되기 쉽다. 냉철하게 보면 싸우는 대상에 사실은 의존하고 있는 것이다. 객관적 조건 때문에 자립할 수 있는 능력을 갖지 못했다는 지금까지의 논리는 재검토되어야 한다. 그것은 악순환이다. 그래서는 희망이 없다.

지금의 자본주의 시스템 안에 있는 근본적 인간소외, 물신의 지배를 진정으로 넘어서길 바란다면 자립적인 사람이 되어야 한다. 자본주의 시스템이 아닌 생산을 자립적으로 할 수 있어야 하는 것이다. 자주관리 시스템이나 협동 기업이 자본주의적 기업보다 생산성이 떨어지지 않을 수 있을 때 희망이 있는 것이다. 이것은 다른 말로 주인의식을 갖는 것이라고 말할 수도 있다.

그러나 무리하게 이런 생산형태를 취할 필요까지는 없다. 비록 자본주의적 생산관계라 할지라도 그 안에서 주인의식을 갖는 것은 노사관계를 진일보하게 할 것이다. 노사가 진정한 파트너로 되어 보다 진전된 시스템으로 발전하게 될 것이다. 왜냐하면 자본과 노동의 관계도 고정되어 있는 것이 아니라 항상 진보할 수 있는 것이기 때문이다. 변화는 양쪽에서 상호간에 오는 것이다.

넷째는 자기 안의 차별의식으로부터 해방되는 것이다. 차별에 반대해서 싸우지만 자기 안의 차별의식에서 해방되지 않으면 비록 낡은 사회를 일시적으로 무너뜨리는 데 성공한다 할지라도 새로운 차별사회를 낳을 뿐이다. 이것은 그동안의 역사가 비싼 대가를 치루면서 가르쳐준 교훈이다. 진정으로 진보적인 사람은 자기 안에 있는 차별의식으로부터 해방되기 위해 노력해야 한다.

상하관념, 우열의식으로부터 벗어나야 한다. 유달리 저항적인 사람들 가운데는 이 차별의식이 강한 사람이 많다. 악에 저항하다 보니 그렇게 되었다고 말하기 쉽지만, 이제는 그 실태를 잘 보아야 한다고 생각한다. 이제 자신을 진보적이라고 생각하는 사람은 피해자 의식이나 약자 의식에서 벗어나야 한다고 생각한다. 비록 현실적으로 사회적 약자이고, 피해를 보고 있다 하더라도, 그것을 자기 안에 의심으로 갖는 것은 누구에게도 도움이 되지 않는다. 이런 의식에서 벗어날 때 사회적 불평등이나 피해를 보는 현실에서 진정으로 벗어날 길이 열린다고 생각한다.

다섯째로 자기중심성으로부터 해방하는 것이다. 이것은 이기주의와 아집으로부터 벗어나는 것을 의미한다. 나는 이것이야말로 진보적 인간의 가장 대표적인 표징(標徵)이라고 생각한다. 물신의 지배는 이기주의와 아집과 하나로 연결되어 있다. 이제 물신의 지배를 넘어선다는 것은 아집을 넘어선다는 것과 같은 선상에 있다는 것이 보여오는 시대가 되었다. 자기 안에 있는 이윤동기에서 해방되어야 하는 것이다. 그래야 진정으로 진보적 인간이라고 할 수 있는 것이다. 자연과의 부조화, 물신 지배의 사회 시스템도 그 근본은 인간의 고도한 행위능력과 걸맞지 않는 자기중심성에 있는 것이다. 자기중심성에서 해방된다는 것은 구체적으로 말하면 '다른 사람에게 양보하고 싶어지는 사람'으로 되는 것이다.

약자 의식이나 피해자 의식이 있는 사람은 양보할 수 없다. 그것은 양보가 아니라 굴종이기 때문이다. 가장 진보적인 사람이 양보할 수 있는 것이다. 스스로 하고 싶어지는 것이다. 지금의 세상에서는 참으로 하기 어렵다는 것을 알고 있지만 그러나 이것이 핵심이라고 생각한다.

먼저 자기와 가까운 사람들과 이 양보의 연습을 하는 것이 순서라고 생각한다. 가족과 동료, 그리고 동지 상호 간에 이 양보를 연습하는 것이다. 서로 하고 싶어지는 단계까지 연습하다보면 자기중심성에서 벗어나 해방된 인간으로 서로 되어가지 않을까 한다. 어려운 상대(이해관계가 상반되는)에게 연습하려 하다 보면 실망하고 좌절하기 쉽겠지만, 같은 길을 걷는 사람들 상호간에도 이것이 이루어지지 못한다면 우리가 어디에 희망을 둘 수 있겠는가. 내부의 헤게모니 싸움에나 몰두하는 그런 사람들로서는 누구에게 사랑을 받겠는가. 서로 양보하고 협동하는 사람들이 만들어가는 정당이라면 국민들로부터 사랑을 받게 될 것이다. 먼저 사랑하는 사람이 되어서 사랑을 받게 되는 것이다.

또 자기중심성을 넘어서려는 노력은 대단히 진취적인 기상의 사람을 또 그런 집단적 기풍을 이루어 갈 것이다. 모든 사상과 종교에 대해 개방적이 되며, 결코 고정된 관념에 사로잡히지 않고 항상 무고정·전진의 정신으로 자유와 행복의 길을 찾아 나설 것이며, 편협한 민족주의가 아니라 세계주의자로 될 것이다. 세계화 시대를 선도하는 인간적 품성을 갖게 될 것이다.

이런 '자기 안의 낡은 것으로부터의 해방'을 통해 새로운 인간, 진보적 인간이 출현하는 것이다. 새로운 정당은 그 강령 속에 이러한 새로운 인간의 출현을 담아야 할 것이다.

설을 맞으면서 꿈을 꾸어보았다. 사회와 사람이 함께 진보하는 그런 세상을 그리는 그런 정당은 출현할 수 없을까.

'방주'인가 '궤도'인가

나는 인류의 미래에 대해서는 낙관적
인 사람이다. 그것은 인간의 자유욕구와 그것을 실현해가는 지적 능력
을 믿기 때문이다. 인간은 그 자신의 자유와 행복을 바라기 때문에 그것
을 저해하는 구조·제도·문화·인습·관념 등을 결국은 바로잡아갈 것
이라고 생각하고 있다.

사회제도와 의식도 어느 것이 결정적으로 다른 것을 규정하는 것이
아니라 물질·사회·의식의 진전과 그 상호작용에 따라, 때로는 제도가
때로는 의식이 상대적으로 더 중요한 역할을 하는 것이라고 본다.

지난 2천여 년을 통해 여러 실험들이 있었지만 '자유민주주의'와 '시
장경제'를 제도화하는 방향으로 큰 흐름이 이루어져왔고, 그 바탕에는
'개인의 해방'이라는 인류의 자유욕구가 있었다. 인류의 역사가 같은 시
대에도 수없이 많은 여러 단계의 역사 전개를 내용으로 담는 '동선이
긴' 흐름이기 때문에, 한쪽에서는 이미 문제가 많이 노출된 제도나 문화
라 하더라도 다른 쪽에서는 그것을 시작하는 그런 일들이 일어난다. 그

렇다 할지라도 동선의 선두 부분이 방향을 제대로 잡는다면 결국은 더 자유롭고 행복한 세상을 향해 나아갈 것이라는 것이 나의 낙관적 전망이다. 인간의 지적 능력이나 그 숭고품성(영성·불성[佛性]·양심 등으로 표현되는)은 결국 무리나 폭력이 없이 이런 진화를 가능케 하리라는 것이 나의 낙관이었다.

그런데 이 낙관이, 변한 것은 아니지만, 근래 들어서 좀 급한 마음이 생기는 것 같다. 나이가 들어서 생기는 노파심 때문이거나 생전에 좋은 세상을 보고 싶어하는 소아적 욕망 때문이라면 뭐 큰 문제는 아니지만, 요즘 접하는 여러 일들이 이런 생각을 하게 하는 것 같다.

느긋하게만 마음먹을 일은 아니다, 전에 하도 되지도 않을 일을 주관적인 성급함이나 아집으로 하다보니 무리가 생겼던 과거의 악몽 때문에 역으로 너무 느긋하려 하지 않는가 하는 반성이 생기기도 하는 것 같다. 내가 느끼는 급한 마음이란, 대처할 능력을 갖기도 전에 여러가지 위기들이 다가온다면 어떻게 될 것인가 하는 것 같다.

얼마 전에 기름값이 천정부지로 올랐을 때 그런 생각이 스쳤다. 일시적인 수급현상에서 발생하는 것이야 수급이 조절되면 가라앉을 것이지만, 만일 고갈이 임박해서 이런 일이 발생한다면 어떻게 될 것인가? 화석연료에 대한 대체에너지의 충분한 개발이 이루어지는 것과 화석연료의 고갈이 균형을 맞춰갈 것인가?

지금의 제도와 의식을 전제로 생각한다면 위기가 표면화한 다음의 대처는 역사의 엄청난 후퇴를 가져오는 대재앙으로 되고말 것이다. 어쩌면 지금까지의 모든 성과들을 무화시킬지도 모른다.

또 요즘 세계를 뒤흔들고 있는 금융위기를 보면서도 좀 급한 마음이 생긴다. 자본주의 시장경제를 움직이는 '보이지 않는 손', 즉 개인의 이윤 동기는 양날의 칼이다. 개인의 생명력을 최대로 발현하려 한다는 점에서는 지금까지 물질문명을 이끌어오게 한 힘으로 작용했지만, 그것이 탐욕으로 작용하면 그것은 시장을 붕괴시키는 방향으로 작용하게 한다. 특히 '돈놓고 돈먹는' 카지노식 금융자본주의가 이 탐욕을 먹이로 자라는 괴물이라면, 그 재앙은 어떤 일시적 정책으로도 막을 수 없을 것이다.

자본주의를 비판하고 반대하는 사람이나 집단도, 자본주의로부터 혜택을 받지 못하고 있다고 생각하는 사람들도, '나는 주식이나 펀드와는 아무 상관이 없다'고 생각하는 사람들도 그 재앙에서 피할 수 없는 것이다. 아니, 어쩌면 '마른 사람이 더 기근을 견디기 어려운' 것처럼, 이런 사람들이 더 힘들어질지도 모른다.

이런 제도로는 안 된다고 생각하는 사람들에게 절호의 기회가 될 것이라는 성급한 생각도 위험하다. 왜냐하면 비록 부족한 점이 많은 엄마라도 우리의 미래라는 '아기'를 상당한 기간 동안은 '자본주의'라는 엄마에게 맡길 수밖에 없기 때문이다. 이 아기가 자라서 자립할 수 있을 때 새로운 세상이 출현할 수 있을 것이다.

그렇다고 아기가 크는 것을 바라만 보고 있자는 그런 말은 아니다. 내가 좀 급한 생각이 든다는 것은 바로 이 '아기'를 맡아서 제대로 양육해 보겠다는 '엄마 후보생'들이 분발해야겠다는 것이다.

마음속으로는 '이 길이 행복의 길은 아닌데……' 하면서도 지금의 생활방식을 따라갈 수밖에 없음을 한탄하는 사람들이 많다. 이것은 어쩌면 우리들 보통 사람들에게는 당연할지 모른다. 왜냐하면 지금의 궤도를 이탈하면 탈락자·실패자가 되고 말 것이라는 공포를 느끼게 되기 때문이다. 다른 궤도가 보이지 않는 것이다. '탐욕을 엔진으로 하는 전차' 대신에 '사회애를 엔진으로 하는 전차'를 만들고 그것이 달릴 수 있는 궤도를 깔아야 하는 것이다.

그것이 우리 시대의 선구자들이 해야 할 일이라고 생각한다. 언젠가는 온 인류를 다 태우고도 남을 큰 기차와 광대무변한 미래를 향해 뻗어 있는 무한궤도가 이루어지겠지만, 지금은 세계의 도처에서 자기로부터 만들어갈 일이라고 생각한다.

가정에서, 마을에서, 직장에서, 운동에서, 기업에서, 정당에서 이런 선구자들의 연대가 이루어지길 바란다. 이 연대가 새로운 궤도를 깔고 새로운 기차를 만들어가는 진정한 선구자의 대오가 되기를 바란다. 위기에서 탈출하는 '노아의 방주'가 아니라 새로운 세상을 열어가는 '궤도'를 깔아가는 마음이었으면 한다.

제3부

우리 시대의 진보

이남곡 논산마을학교 이사장의 '고전을 통한 시대 읽기'

논어를 통해 본 우리시대 지도자의 덕목

"
이러한 시대에 '진보'란 무엇일까?
나는 진보와 보수를 나누던 과거의 틀을 넘어서서,
인간의 궁극적 진화에 대해 신념을 가지고
사회와 인간 그 자체의 변화에 대해 낙관적이며
그것을 위해 변화를 두려워하지 않고 부단히 혁신하려는
'열린 사고'의 실천을 '진보'라고 부르고 싶다.
"

우리 시대의 진보에 대하여

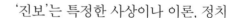

　　　　　　　　　　'진보'는 특정한 사상이나 이론, 정치
적 입장이나 정서, 사회 시스템 등과 결합되어 고정되어 있는 것이 아
니다. 오히려 무엇인가로 고정되는 그 순간, 이미 그것은 진보라고 말할
수 없을 것이다. 시대가 바뀌면 그 시대의 요구도 바뀐다는 것은 너무나
당연하다. 나는 인간의 자유와 행복의 증진이라는 목적에 맞게 그 시대
의 요구에 부응해가는 것이 진보적 입장이라고 생각한다.

　자본주의를 선호하면 보수이고 사회주의를 선택하면 진보라든가, 투
쟁은 진보의 길이고 타협은 보수의 편이라든가, 친북 반미면 진보이고
반북 친미면 보수라는 식의 이분법적인 구분은 이제 별 의미가 없어진
시대에 우리는 살고 있다. 사실의 세계에서 의미가 없어진 사고방식을
관념적으로 고수하는 것은 진보니 보수니 하기보다 그저 '막힌 사고'라
고 하는 편이 맞을 것이다.

　이러한 시대에 '진보'란 무엇일까? 나는 진보와 보수를 나누던 과거
의 틀을 넘어서서, 인간의 궁극적 진화에 대해 신념을 가지고 사회와 인

간 그 자체의 변화에 대해 낙관적이며 그것을 위해 변화를 두려워하지 않고 부단히 혁신하려는 '열린 사고'의 실천을 '진보'라고 부르고 싶다. 인류의 진화에 대한 신념이 있다면, '대립, 투쟁'으로부터 '상생, 협력'으로 세상이 변화할 수밖에 없다는 것, 세상을 움직이는 에너지가 '증오'가 아니라 '사랑'이라는 것에 자연스럽게 도달하리라고 본다.

지금까지의 우주 진화에서 인간의 출현이 갖는 의미는 참으로 크다고 생각한다. 인간의 출현으로 인해 우주의 역사는 '인간 이전'과 '인간 이후'로 나뉠 수 있을 정도가 되었다고 해도 틀리지 않다고 생각한다. 그 이유는 인간만이 약육강식과 자연도태의 질서로부터 벗어나 새로운 질서를 만들어가려 노력하는 존재이기 때문이다.

아직은 인간은 그가 떠나온 동물계와 그가 나아가려는 새로운 질서(이것을 그동안은 신성〔神性〕, 영성〔靈性〕, 자유의 왕국 등으로 불러왔지만) 사이에 놓여 있다. 신성을 추구하지만, 발목은 수성〔獸性〕에 붙들려 있다. 한 개인의 차원에서도 그렇고, 세계의 현실에서도 그렇다. 사람들은 모두 행복을 원한다고 하는데도 매일 증오와 살육이 끊이질 않는다. 지금까지 앞으로 나아온 바탕에서 더 나아가기〔進步〕 위해서는 증오와 투쟁의 악순환을 마감하는 길을 걸어야 한다. 지금은 그럴 때가 되었다.

나는 진보란 인간이 행복을 위해 자유를 확대해가는 과정이라고 생각한다. 이런 점에서 보면 세상은 끊임없이 진보해왔고, 지금도 진보하고 있다. 인간은 여러 차례의 사회혁명으로 사회적 관계 속에서 자유를 확대해왔고, 다양한 과학혁명과 기술혁명으로 자연과의 관계 속에서 자유를 확대해왔다. 그런데 이 두 세계의 진보가 두드러진 데 비하면, 인간의 마음세계에서의 진보는 상당히 더디다. 이 불균형이야말로 인간의 자유와 행복이라는 관점에서 과거 100년 전에 비해 비할 수 없이 좋아진 조건 속에서도 진보에 대한 비전을 오히려 더 못 갖게 하는 바탕이 되고 있다.

나는 인간이 자신의 행복을 위해 끊임없이 자유를 확대해가는 존재라고 믿으며, 바로 그렇기 때문에 이제 관념계의 자유를 확대하는 방향에서도 큰 흐름이 발생할 것이라고 믿는다. 과거에도 관념계의 자유를 추구하는 노력은 끊임없이 추구되어왔고, 이것은 인간 존재의 중요한 특성이다. 다만 이러한 노력이 한편으로 사회적 관계 속에서 사회제도의 변혁을 통한 사회적 자유의 확대와, 다른 한편으로 물질적 생산력의 증진을 통한 자연과의 관계 속에서 인간의 자유를 확대하는 방향과 유리된(때로는 어긋난) 방향으로 되어온 부분이 있었다면, 이제는 이 세 분야(사회관계, 물질, 의식)가 깊이 서로 침투해서 하나의 커다란 흐름을 만들어내야 하는 단계에 왔다고 생각한다. 만일 이것이 안 되면 인간의 진정한 자유는 커다란 위기를 맞게 될 수도 있다고 생각한다.

인간의 자유와 행복은 우주 자연계와의 조화 속에서만 이루어질 수 있기 때문에, 진정한 인간의 자유는 자연계와 모순될 수 없다. 따라서 나는 인간의 자유나 행복 추구가 자연과 모순을 일으킨다는 사고에 대해서, 그런 현상이 존재해왔다는 사실은 인정하지만, 본질적으로 그러하다는 주장에는 찬성할 수 없다. 오히려 인간의 진정한 자유 추구는 인간이 우주 자연계에 갖는 특수한 입장을 잘 살리는 길이라고 믿는다. 잘못된 자유의 방향을 제대로 돌리면 되는 것이고, 이것은 인간이 갖는 가장 고귀한 특질을 더욱 신장시켜감으로써 해결될 것이라고 믿는다. 세 분야에서의 상호침투와 우리 시대에 맞는 세 분야의 올바른 배치를 통한 새로운 진보는 보편적 흐름으로 될 것이다. 나는 이러한 방향으로 새로운 진보를 위한 이론, 실천들이 발전해갈 것으로 믿고 있다. 그동안 이룩해온 진보를 위한 자산(한 세기 전과 비교하면 엄청나게 성장한 자산)들을 최대로 살려서 전쟁과 독재와 빈곤의 악순환을 근본적으로 해결하려는 입장에 서서 그것을 실천하는 것이 우리 시대의 진정한 '진보'라고 생각한다.

그러나 세상이 하도 다양하고 복잡하다 보니 (특히 우리나라의 경우는 더 복합적이다 보니) 어떻게 생각하고 어떻게 사는 것이 '진보의 삶'인지 알기가 결코 쉽지가 않다. 어떻게 하는 것이 우리 모두의 자유와 행복을 증진시키는 길일까.

절대선(絕對善)이 아닌데도 부득이 어떤 것을 선택할 수밖에 없는 것이 세상의 현실이고, 이것을 인정하는 것이 사고의 출발점이 되어야 한다. 지금 이렇게 선택하지만 그것이 잘못일지도 모른다는 한 가닥의 여백이 마음 깊은 곳에 있어야 한다. 이것이야말로 다른 선택을 하는 사람이나 집단에 대해 '증오' 대신에 '이해'를 갖게 하는 바탕이 되고, 진정한 민주주의의 바탕이 된다고 나는 생각한다.

이런 맥락에서 나는 이 세 가지 분야와 그 상호침투라는 관점에서 우리 시대의 진보에 대해 좀더 말해보려고 한다.

　우리 시대 진보의 첫 번째 성격은 자유롭고 평등한 사회제도를 발전시키는 것이라고 본다. 이것은 개인이나 집단이 다른 개인이나 집단을 침범하지 않도록 한계를 정해서 그 선을 넘지 않도록 하는 것을 주된 내용으로 한다.

　개인이나 집단이 다른 사람이나 집단의 생명을 살상하거나 재물을 탈취하는 것은 범죄로서 너무나 명백한 침범이다. 요즘은 햇볕을 가리거나 소음을 일으키는 것도 중요한 침범으로 되어 그것을 하지 못하도록 시스템과 법률로 선을 정해놓고 있다. 독재를 비롯한 정치적 억압, 즉 국가권력에 의한 폭력은 너무나도 명백한 침범이다. 또 자기 몫을 초과해서, 즉 다른 사람에게 가야 할 것까지 차지하는 것도 침범이다. 노골적으로 알기 쉬운 수탈은 말할 것도 없고, 요즘은 복잡화된 시스템 속에서 일어나는 교묘한 수탈과 침범까지도 알아차리고 그 선을 넘지 못하도록 제도와 법률들을 정비해가고 있다.

　침범이 일어나는 조건이 있고 침범하려는 마음이 있는 한 완전할 수 없지만, 그래도 이 분야에서는 큰 진전이 있었다. 이것은 사회적, 국가적 관계 속에서 부자유와 불평등을 해소하기 위해 부단히 노력하는 것을 의미한다. 세계적 범위에서 민주주의와 경제적 정의를 넓혀가는 것은 여전히 진보의 기초적 표지(標識)로 된다. 자기에게 허용되는 만큼의 폭을 넘지 않도록 선을 정하는 것이야말로 지금까지 진보의 핵심이

였다(지금도 여전히 이것이 기본 테마로 되어 있는 사회나 국가가 많은 것도 사실이다). 이런 면에서의 진보는 투쟁에 의해 이루어져온 경우가 많다. 침범하는 자가 스스로 알아서 양보하는 경우는 극히 드문 예외적 현상에 불과했기 때문이다. 그리고 이 투쟁은 어느 정도 분노와 증오를 그 자양분으로 이루어진 부분이 있는 것도 사실이다. 이 투쟁을 통해 달성하려는 목표는 인간 이후의 새로운 질서이지만, 그러나 이 분노와 증오라는 자양분은 기본적으로 수성에 속하는 것이다.

궁극적인 자유와 행복을 위해서는 목표와 방법이 일관되어야 한다. 그것을 우리가 깨닫기 위해 그동안 인류가 바친 노력은 너무나 큰 것이다. 지금도 투쟁해야 이루어질 것들이 많다.

만일 싸우지 않고는 나아갈 수 없을 때 어떻게 하는 것이 진정한 진보일까. 나는 그 길이 '미움이나 분노에 휘둘리지 않고 싸우는 것'이라고 말하고 싶다. 특히 이것은 종래에 선구적인 역할을 해온 진보적인 사람들이나 집단에 대해서 더욱 간곡하게 말하고 싶다. 과거의 의식화가 사회의 모순과 부조리를 자각하고 그것을 시정하기 위해 투쟁하려는 의지를 신장시키는 길(공포를 넘어서는 과정에서 적개심이나 분노는 일정한 역할을 한 것이 있다)이었다면, 앞으로 필요한 의식화는 증오와 분노를 넘어서는 것이다.

분노와 증오는 근본적으로 자기중심성의 산물이다. 자신의 생명력이 명백하게 침해되고 있을 때 공포를 넘어 분노하고 불의를 증오하는 것은, 침해받고 있는 생명력을 발현시키기 위해서는 필요할지 모른다. 그러나 분노와 증오는 그 자체가 자기중심성에서 나오기 때문에 진정으로 자유롭고 평등한 세상을 만들고 운영하는 데는 맞지 않다. 그래서 분노와 증오로써 어떤 제도를 무너뜨리는 데는 성공할지 몰라도, 질이 다른 새로운 세상을 만들어낼 수는 없다.

나는 진보를 위해 투쟁하는 과정에서 새로운 의식화, 즉 자기중심성을 넘어서는 것이야말로 지금 한 단계 더 진화된 사회로 나아가는 핵심이라고 생각한다. 실제로는 세상이 복잡한 연관 속에 있고 인간의 의식이 아직은 대단히 자기중심적이고 이기적인 상태를 벗어나지 못하고 있기 때문에, 어떻게 하는 것이 인류의 '진보'에 기여하는지를 알기 어려운 경우가 많다. 가령 이라크의 경우, 후세인의 폭압정치는 이라크 국민들의 자유와 행복을 근본에서부터 침범하고 있는 것이다. 이 폭압정치를 끝내는 것은 진보를 위한 가장 큰 목표로 된다. 한편 미국의 이라크 침공은 이라크 국민들의 자주에 대한 욕구(경제적 정의와도 관련되지만)를 침범하는 것이다. 이것은 진보에 반(反)하는 것으로 작용하게 된다. 그런데 한국은 이라크에 파병하고 있다. 우리가 어떤 목적으로, 어떻게 행동하는 것이 세계와 인류의 진보(자유, 평화, 번영)를 위한 길이 될까. 또 북한의 민주화와 통일에 대해서도 어떤 관점으로 생각하는 것이 궁극적으로 이 땅에 살고 있는 사람들의 자유와 행복을 증진시키는 길이 될까.

우리 시대 진보의 두 번째 성격은 인간의 물질적 욕구를 충족시킬 수 있도록 충분한 생산력을 발전시키는 것이다. 이것은 사람들이 서로 침범할 필요가 없도록 물자를 풍부하게 하는 것을 의미한다.

물질적 수요를 충족시키는 것은 인간의 자유와 행복을 위해서 가장 큰 전제조건이 될 수밖에 없다. 보통의 인간을 생각할 때 물질적 욕구는 정신이나 관념으로 해결될 수 있는 것이 아니다. 지금 '단순 소박한 삶'이나 '생태적 삶'에 대한 욕구가 커지는 것은 어느 정도 물질적 수요를 충족시킨 여유 위에서 자라는 것이다. 아직도 빈곤에서 벗어나는 것이 과제인 사회나 나라에서는 이런 주장들이 현실성을 얻기 어려운 것이다.

지금 지구적 범위의 총량 면에서 인류의 총수요를 넘어서는 생산력이 가능해졌다는 것은 인류의 진화에 대단히 유리한 조건으로 되는 것이다. 생산력이 자연과의 조화를 깨뜨리는 것은 결국 반(反)생산력으로 되고 만다. 지금의 과제는 생산력을 높이는 것을 반대하는 것이 아니라 자연과 조화되는 생산력을 발전시키는 것이다. 생산력이 떨어지면 그것을 다른 방향에서 해결할 수 있다는 것은 어떤 뛰어난 개인들에게는 좋은 방법이 될 수 있을지 모르지만 일반적으로는 대단히 비현실적인 생각이다.

우리는 지금 우리 인간의 보편적 의식과 욕구를 정확히 보는 데서 출발해야 한다고 생각한다. 물질적 수요로부터 자유롭기 위해서, 자본주의적 소외로부터 자유롭기 위해서 '가난'이나 '내핍'을 선택하는 것은 행복을 추구하는 보통 사람들의 욕구와 거리가 있다. 물론 정신적, 예술적 욕구가 커지면 물질에 대한 욕구는 자연스럽게 줄어든다. 사람의 욕구의 질이 바뀌어 '소박하고 단순한 삶'으로 되는 것은 진정한 풍요에의

길이다. 이것은 대단히 권장할 만한 길이지만, 강요에 의해서는 이루어
질 수 없는 것이다.

그래서 경제 문제가 발생하는 바탕이 되는 '희소성'을 근본적으로 해
결하는 길을 '다투지 않아도 충분히 만족할 만한 재화를 생산하는 데서
찾으려고 하는 노력'을 도외시해서는 안 된다. 물론 한정된 지구 자원이
나 생태계의 파괴라는 문제가 있겠지만, 인간의 지능은 충분히 그런 문
제들을 해결할 수 있을 것이다.

오히려 심각한 문제는 인간의 과학기술 능력이 못 미칠까 하는 것보
다는 인간 상호간의 관계 문제이다. 나로서는 물자가 풍부해서 다툴 필
요가 없어질 수 있는 사회로 되기 위해서는 지금의 소유제도로는 안 된
다고 생각한다. 더 나아가기 위해서는 자본주의를 넘어서지 않으면 안
된다고 생각한다. 그러나 그렇게 되기 위해서는 자신의 이익보다는 공
공의 이익을 위해서 생산할 때 적어도 생산성이 떨어지지 않는 상태가
되었을 때라야 자본주의보다 우월한 시스템이 현실화될 수 있다. 따라
서 지금 단계에서 자본주의 시장경제가 높은 생산력을 발전시키는 한,
그것은 진보에 기여하는 측면이 크다는 것을 인정해야 할 것이다. 그러
나 더 충분하게 되기 위해서는 그것을 넘어서야 하고 그렇게 되도록 노
력하는 것이 '진보'의 길이라고 생각한다.

이를 위해서는 두 가지 의식의 변혁이 함께 이루어지고 조화되는 것
이 필요하다. 정신적, 예술적 욕구(소유가 아닌 존재의 욕구)가 커져서 물질
에 대한 욕구가 자연스럽게 감소하는 것이 그 하나요, 공공의 이익을 위

해 생산할 때 생산성이 더욱 높아지는 그런 심성으로의 변혁이 또다른 하나이다. 이렇게 될 때 다툴 필요가 없는 풍요로운 물자의 흐름이 이루어질 것이다. 진정으로 진보 즉 궁극적인 인간의 진화를 원하는 사람이나 집단이라면 우선 자신의 의식을 혁명하여 새로운 사회를 책임감 있게 준비해가지 않으면 안 된다.

　나는 스스로 준비하는 사람, 스스로 준비하는 집단이라야 새로운 사회를 말할 발언권이 있다고 생각한다. 지금의 단계에서 세계화나 신자유주의에 대한 극단적 반대나 문명 부정적인 차원의 생태주의를 진보라고 부르는 것은 보편성이 없다고 생각된다. 나로서도 인간의 궁극적 행복을 위해서는 지금의 자본주의나 불평등이 확대되는 세계화로는 안 된다고 생각하지만, 진보의 과제에서 그보다 더 중요한 것은 그것을 넘어서는 구체적인 전망과 실력을 만들어내는 것이라고 생각한다.

　우리 시대 진보가 갖는 세 번째 성격은 인간 자체를 변혁하는 것이다. 즉, 의식을 혁명하는 것이다. 이것은 남(인간 이외의 자연도 포함한 타자)을 침범하는 것에 대한 부끄러움을 깨닫고, 남에게 먼저 양보하고 싶게 되는 인간으로 서로 되는 것을 의미한다. 나는 이 세 번째야말로 지금 시대에 진보를 위한 조건(제도, 물질, 의식) 가운데 가장 핵심이라고 생각한다.

　잘 알다시피 그동안 인류는 물질적 생산력과 사회제도를 발전시키는 데서는 놀라운 성과들을 거둬왔다. 그러나 아직도 인류는 진정한 자유와 행복과는 너무나 먼 거리에 있다. 생산력은 자연과의 모순이라는 벽 앞에 부딪혀 있고, 물질은 풍요로워졌지만 '물신(物神)에 의한 지배'라는 족쇄에 묶여 근본적인 자유, 평등에 도달하는 것이 지금의 시스템으로는 어려워 보인다. 이제 이런 벽을 넘어서기 위해서 진정한 의미의 혁명이 필요한 시점에 왔다고 생각한다. 그것은 인간 자신을 변혁하는 것이요, 인간의 의식을 혁명하는 것이다.

인간이 자연계에서 그 독특한 지위를 발전시켜온 것은 그가 지닌 지능 덕분이다. 그런데 지금까지 그 지능을 사용하는 면에서 불균형이 있어왔고, 현대에 와서 그 불균형이 매우 심각한 상태가 되어 자신의 생존까지 위협하는 사태까지 되고 말았다. 그 불균형이란 인간이 자신 이외의 것을 변화시키는 데 그 지능의 대부분을 사용하고, 자신의 의식을 변화시키는 데에는 극히 미미한 정도밖에 사용하지 않았다는 점이다. 다른 말로 하면 인간의 행위능력은 고도로 발달하였는데, 인간의 자기중심적 가치체계는 그다지 변함이 없다는 것이다. 이제 이 둘 사이의 모순이 인간의 존속 자체를 위협하고 있다. 예컨대 인간은 엄청난 위력의 핵에너지를 발전시켰지만, 변함없는 자기중심적 가치체계 때문에 인류가 절멸할 수 있는 핵전쟁의 위협 앞에 고스란히 노출되어 있는 것이다.

이제 앞으로 나아간다고 하는 것은 그 행위능력을 억제하는 것이 아니라 가치체계를 변혁하는 것이다. 단적으로 말해 이기적인 인간을 변혁하는 것이다. 에고(Ego)와 소유로부터 좀더 자유로운 인간으로 되는 것이다. 따라서 이 시대 진보의 핵심은 인간 자체를 진보시키는 것이다.

전쟁이나 환경 문제를 근본적으로 해결하기 위해서도, 물신의 지배로부터 인간을 해방하기 위해서도, 이렇게 나아가지 않으면 안 된다고 생각한다. 나는 궁극적으로 인간의 행복을 위해서는 자본주의를 넘어서야 한다고 생각하는데, 그 길은 이 세 번째가 어느 정도나 진척되느냐에 달려 있다고 믿고 있다. 사회제도를 개선하고 불평등이나 부정의를 시정하려고 노력하는 선구적 개인이나 집단일수록 자신을 변혁하는 일의 중요성을 깨닫고 이를 실천하기 위한 방도를 가져야 한다. 흔히 '나는 다른 사람을 침범하려고 하지 않는데, 다른 사람이 침범해 와서 양보할 수 없다. 한 번 밀리면 끝장 아닌가'라고 생각하기 쉽다. 이 악순환을 끝내는 길은 '내가 먼저 양보하고 싶은 인간으로 되는 것'이라고 생각한다. 서로 다투고 따지는 사회는 아무리 해도 (앞에서 말한 첫째와 둘째 조건이 아무리 잘 갖춰진다 해도) 따뜻한 사회로는 될 수 없으며, 그 속에서는 결코 안정된 평화나 행복은 존재할 수 없는 것이다.

지금의 의식혁명은 과거의 도덕이나 윤리운동과는 다르다고 생각한다. 무엇을 해야 한다거나 무엇을 해서는 안 된다는 것은 지금 시대 사람들의 의식과 잘 맞지 않는다. 실제로 아직은 개인의 생명력을 해방시키는 과정에 있다 보니, 자기중심성이 더 강해진 것처럼 보이지만, 다른 면에서는 상당한 진전도 있어왔다. 그것은 신세대의 높은 자유도(自由度)를 보면 잘 알 수 있다. 인간은 이런 자유도를 바탕으로 의식의 보다 높은 자유로 나아가게 될 것이다.

그것은 자각운동이라고 생각한다. 이 자각은 여러 가지 방면에서 올 수 있다. 과학적인 지식을 통해 이 세상이 하나로 이어진 것임을 알게 되는 데서 올 수도 있고, 깊은 신앙심에 기반한 종교적인 세계관에서 올 수도 있다. 그러나 이는 과거의 도덕이나 윤리처럼 옳은 것이니까 해야 한다는 데서 출발하는 것과는 상당히 차이가 있을 수 있다. 어쩌면 자기의 궁극적인 자유를 위해서는 결국 자기 관념의 정상화, 즉 자신의 에고를 넘어서지 않으면 안 된다는 자각이 의식혁명의 바탕이 될 것이다.

근래에 아집이나 소유를 넘어서는 마음의 세계를 추구하는 여러 프로그램이 풍성해지는 것도 이를 반영하고 있는 것이 아닌가 생각이 된다. 이것은 좋은 일이다. 그러나 이것이 자기 관념 안에서만 추구된다면 진실한 것으로 되기 어렵다. 다른 사람과의 소통이나 사회적 실천과 하나로 될 때만 진정한 마음의 자유로 될 것이다. 이런 점에서 진정한 민주주의를 위한 새로운 소통의 문화를 만들어가는 것과 자원봉사나 기부와 같은 사회적 실천이, 의식혁명이 정도를 걷게 하는 길이라고 생각한다.

이상에서 내가 말한 세 가지는 일견 서로 상충되는 것처럼 보일지 모른다. 첫 번째를 위해서 그동안 인류는 험한 가시밭길을 걸어왔고, 현상을 변화시켜온 주무기는 투쟁이었기 때문에, 사랑이나 상생과 같은 말이 공허하게 들릴 수 있다. 두 번째도 물질적 풍요가 비인간적 경쟁과 수탈, 부조리가 결합된 경우가 허다하였기 때문에, 물질적 풍요를 말하는 것과 진보를 이야기하는 것에 거부감을 느끼는 순박한 사람들이 많을 것이다. 세 번째로 양보를 이야기하면 부정과 부조리가 많은 세상과 타협하라는 말인가 하고 반발하는 마음이 생길 수도 있다.

그러나 나는 지금까지의 역사를 통해서 진척되어온 일들을 하나의 사실로 하고, 현재의 사람들의 일반적 욕구를 또 하나의 사실로 하며, 그러면서도 인간 존재가 궁극적으로 자유를 향해 나아가는 우주 진화의 최첨단이라는 것을 믿고 있는 한 사람으로서, 위에 말한 세 가지가 서로 충돌하는 것이 아니라 이제부터의 진보를 위해 서로가 서로를 필요로 하는 협조자이며 동맹자라는 것을 말씀드리고 싶다.

🌿 나의 진리 실험

이런 제목으로 글을 쓰려 하니 많이 망설여진다. 특히 내가 살아온 과정을 이야기하려고 하니 더욱 그렇다. 왜냐하면 우선 나 나름대로는 일관되게 뭔가를 추구하면서 살아왔다고는 하나 그것을 감히 '진리'라고 말할 수 있을까 하는 데 대한 두려움이 있기 때문이고, 또 하나는 내가 살아온 과정을 떠올려볼 때 너무 부끄러운 점이 많기 때문이다.

누구나 그렇지만 나도 이 시대와 사회의 산물이다. 그리고 이 시대와 사회는 우주가 시작한 이래의 역사가 어느 것 하나 빠지지 않고 그대로 숨 쉬고 있는 것이다.

나 자신의 인격의 부족함이나 비겁함 때문에 제대로 꽃을 피우지 못하고 굴절되었을지 모르지만, 어떻든 주관적으로는 '진리 추구'를 일관된 목표로 살아왔다고는 생각하기 때문에 동시대를 살아가는 사람들, 특히 나와 비슷한 길을 걷는 분들께 다소라도 도움이 된다면 좋겠다는 심정으로, 부끄러움을 무릅쓰고 이야기해보려고 한다.

지금 나의 사상이나 실천이 변해온 과정을 차근차근 살펴보는 것은 쉽지 않다. 분명히 어떤 전환점은 있는 것 같은데, 예컨대 누구하고의 만남이라든가, 어떤 사건이라든가, 새로운 삶의 시작과 같은 시점은 있지만 그 앞과 뒤가 이어져 있어서 딱 잘라서 여기서부터 이렇게 변해왔다고 말하기 힘든 것 같다. 많고 많은 사람들로부터 영향을 받다 보니, 사실 '나'의 사상이라는 것도 다 그 조합에 불과한 것이다.

그러나 대강의 변화 과정을 말하는 것은 나 자신을 돌아보는 데서도 필요하고 다른 분들께도 다소 도움이 되지 않을까 하는 생각 때문이다.

대학 시절

사람은 물론 평생을 통해 변하고 각각의 나이대가 다 중요하겠지만, 나에게는 10대 후반에서 20대 초반이 갖는 의미가 남다르다. 지금까지의 나의 사상과 실천이 나아온 것을 보면, 그 시절 갖게 된 생각이 가장 큰 방향타 역할을 해온 것 같다.

내가 대학에 들어갔을 때(1963년) 우리나라는 인구의 대다수가 농민인 후진국이었고, 이제 갓 피어나려는 민주주의가 쿠데타에 의해 꺾이고 있을 때였다. 외세에 의한 해방과 타율적 분단, 식민지 잔재의 미청산에서 오는 부정의와 그 바탕에서 오는 부패, 부익부 빈익빈의 천민자본주의, 절대 빈곤, 이데올로기 전쟁으로 황폐화된 진보의 전망, 한일회

담 과정에서의 민족적 모멸감 등등이 나에게 비쳐진 세계였다.

이렇게 비쳐진 세계에서 나의 길을 선택하는 데 가장 큰 끌림으로 된 것은 민족주의와 마르크스주의, 그리고 불교였다. 그 당시 생각이야 지금 정확히 기억할 수 없지만 그 경향만은 여전히 남아 있는 것을 느낀다.

아마 정서적으로 가장 강렬했던 끌림은 부강하고 존경받는 민족에 대한 열정이었던 것 같고, 그 길은 자유와 평등이 가장 잘 실현된 사회를 건설하는 것이었는데, 이 점에서 마르크스주의가 현실적으로 다가왔었던 것 같다. 그러면서도 (지금도 그것이 나의 업(業)이나 뭐 그런 건지 모르겠다는 생각이 들지만) 순수한 마르크스주의자가 되기에는 나 자신의 속마음이 너무나 불교에 끌리는 바가 컸다.

어떻게 보면 이 세 가지가 서로 상용(常用)할 수 없는 것이 많은데도 이 세 가지를 통합하고 싶어한 욕구가 나의 그 후의 삶을 방향지어준 것 같다. 아마 그때 그런 자각이 있었는지는 모르겠지만 나에게는 이 길, 즉 사회의 변혁과 마음의 변혁이 궁극적으로 하나로 되는 그런 지평을 향해 나아가는 길을 택한 것 같다. 지금까지는 두 길이 서로 다른 길이었기 때문에, 능력이 턱없이 모자란 나 같은 사람이 이 길을 가기에는 험난할 수밖에 없었다. 나의 40여 년에 걸친 고뇌와 실천들은 바로 이 두 길의 통합을 위한 노력이었다고 말할 수 있다.

나로서는 나름의 삶을 통해서 진리 그 자체도 '중도'(中道)요, 진리에 이르는 길도 '중도'라고 생각하고 있다. 세계가 변해가는 과정도, 한 사람의 관념계의 변화도 바로 이 '중도'를 발견하고 실현해가는 과정이라고 생각한다. 다만 그 과정이 곧바로 중도에 이르는 과정이라기보다는 그 극단을 경험하면서 앞으로 나아가는 것 같다. 아마도 변증법적 진화의 과정과 매우 비슷하다고 말할 수 있을 것 같다.

나 역시 이런 여러 가지 극단을 경험하면서 조금씩 '중도'를 향해 나아가고 있다고 스스로 자위하고 있는지도 모르겠다. 앞으로 말씀드리는 과정이 다소 두서없을지 모르지만 그런 과정으로 이해해주셨으면 좋겠다.

사회 변혁의 길

대학 시절부터 자유롭고 평등한 세상은 사회와 국가의 근본적 변혁에 있다는 생각을 하고 그 후 약 15년 동안은 이 일에 전념하였다.

당시는 냉전적 사고가 지배하고 레드콤플렉스(Red complex)가 강하던 군사정권 시절이라 활동이 지하 비밀활동이었는데, 이는 당시에는 가장 근본적이고 선진적인 활동이라고 생각했었겠지만 나중에 돌아보니 극단적인 선택이었다는 생각이 든다. 나의 성격 안에 근본주의적 요소가 이런 선택을 하게 했을지 모르겠고, 동시에 이런 근본주의적 요소가 나의 사상을 근원에서 다시 보게 했는지도 모르겠다. 아무튼 그 시절, 변혁의 근거지를 마련하기 위해 농촌지역을 선택하여 농촌지역의 교사로 시작하면서 여러가지 활동을 하였지만, 그 궁극적인 관심은 총체적 사회변혁에 있었다.

그런데 사실 이 시기에 계급적 관점과 투쟁 등에 대해 내 속으로부터 점점 커지는 내면의 소리에 부딪치게 된다. 그것은 '이게 아닌데……' 하는 소리였다. 사회를 움직이는 '계급적 관점과 투쟁의 논리'와 '증오와 투쟁을 넘어선 인간상에 대한 욕구'가 내 안에서 조화되지 않고 갈등을 일으키게 되었다. 나는 이것이 참 고통스러웠다. 그런 와중에 내 나름대로 '타협'한 것이, 우선 현상계에서 변혁에 성공하여 힘을 획득한 다음, 지금까지의 많은 변혁운동이 범했던 과오를 되풀이하지 않도록 의식을 근본적으로 변혁하는 일을 해보자, 하는 것이었다.

그러다 보니 오히려 더 급진적(사실은 불안정)이 되고, 마침내 그 일 때문에 4년 동안 징역을 살게 된 사건과 관계가 되었다. 물론 유신 말기의 엄혹한 사정 아래에서 일어난 일이지만, 나로서는 (다른 분들에 대해서 일반적으로 이야기할 수 없는 것은 너무나 당연하다) 스스로를 용서하기 힘들었다. 그 일에 관여하면서 나의 내면의 갈등은 줄어든 것이 아니라 오히려 커져갔고, 자신의 어정쩡한 타협책이 얼마나 자기합리화이고 미망인지를 깨닫게 되었다. 결국 어느 쪽도 진실하게 발전할 수 없다는 것을 알게 되었다. 그래서 그 일과 결별하게 되었지만, 그 후 결국 그 일 때문에 징역살이를 해야 했고, 이것은 나에게 다른 의미에서 좋은 배움터가 되었다.

이 시기에 내가 지금까지의 생각을 근본에서부터 다시 볼 수 있게 된 것은 다음의 몇 가지가 배경이 되지 않았나 생각된다.

첫째는 사회주의권의 실태를 보면서 '사람과 물질이 준비되지 않은 혁명의 실패'를 보았고, 그것이 먼 곳의 이야기가 아니라 바로 우리의 이야기, 아니 내 자신의 이야기라는 뼈아픈 자각으로 연결되었다.

동기가 새로운 사람들이 출현하지 않으면, 아무리 계급적 증오와 권력투쟁으로 일시적으로 정권을 장악한다 할지라도 결국 또다른 억압적 지배구조의 악순환에 빠질 수밖에 없다는 것이 선명하게 인식되었다. 사유재산을 철폐한다 할지라도 이윤 동기가 아닌 공공의 이익을 위한 사람들의 동기가 생산력을 더욱 높일 수 있지 않으면, 자본주의가 아닌 어떠한 새로운 사회도 사회제도로서 뿌리내리기 힘들다는 것이 보여 왔다.

둘째는 사회주의의 실패를 보면서 사람들의 의식이 생산력이나 사회제도에 조응하는 면도 있지만 그 역(逆)도 역시 성립한다는 것에 대한 자각이었다.

사람들의 의식을 진보시키기 위해 그 사회적 존재를 변혁해야 할 때도 있지만, 사람들의 의식에 조응하는 사회 시스템만이 생명력을 갖는다는 것 또한 진실이라고 생각한다. 지금 세계적으로 자본주의가 보편인 것은 몇몇 나라나 자본가들의 권력 때문이 아니라 그것이 지금의 일반적인 사람들의 의식과 욕구에 가장 잘 부합하기 때문이라고 생각한다.

지금의 인류의 보편적 욕구는 개인을 억압하고 있던 여러 가지 제약들, 즉 봉건적, 신권적(神權的), 가부장적, 전체주의적 제약들, 또 그런 제도, 규범, 인습들로부터 개개인을 해방하는 데 있는 것 같다. 비록 이기주의가 극단으로 치달아 그 이기주의가 결국 스스로를 힘들게 하겠지만, 그 힘듦을 일반적으로 자각할 수 있게 될 때까지는 자본주의가 사람들에게 가장 편하게 다가오는 것이다. 이렇게 개인주의를 경과하고 개인주의를 넘어서지 않는 한, 공동체주의는 생명력을 갖기 어려울 것이다.

자본주의는 인간의 행복을 위해서는 결국 사라질 것이지만, 그 길은 계급투쟁이나 독재의 길을 통해서가 아니라고 생각한다. 나 자신도 자본주의로는 인간의 진정한 행복은 있을 수 없다는 신념에는 젊은 시절이나 지금이나 변함없지만, 자본주의를 넘어서는 새로운 사회에 대한 사회상, 인간상 그리고 그 이행방법은 그때와 전혀 다르게 생각하게 된 것이다.

나의 생각을 새로이 다듬게 된 세 번째 계기는 교편을 잡으면서 대학 시절에 보지 못했던 고전(古典)을 많이 접하게 된 것이다. 여러 고전들을 통해 내 안에 있던 다른 요소들이 커다란 자양분을 얻었다.

나는 한때는 이것을 종교적 성향이라고 생각한 적도 있지만, 나로서는 이런 고전이나 성인들과의 만남이 사람이라면 누구나 가지고 있는 숭고품성(崇高稟性)을 일깨워주었다고 생각한다. 특히 징역을 살면서 접했던 테이야르 드 샤르댕(Teilhard de Chardin) 신부는 나에게 많은 영감을 주었다. 우주 안에서 인간의 지위나 역할, 궁극적 진화에 대한 신념 등은 협애한 계급적 관점이나 민족적 관점을 벗어나게 하는 데 큰 도움이 되었다. 어떻게 하면 인류의 정신계의 탁월한 스승들의 가르침, 우리 안에 내재해 있는 숭고본능들이 구체적으로 새로운 사회를 만들고 그 사회를 운영할 수 있는 원리로 될 수 있을까 하는 것이 진정한 혁명의 길에 대한 고민이라는 것이 생각되었다.

　징역을 살고 나와서 가게를 꾸리는 일에 매달리면서도 이런 나의 내면적 욕구는 삶을 결코 편안하게는 하지 않았다.

　그러다가 나와 비슷한 고민을 하고 있던 사람들과 만나게 되었는데, 이 시기 법륜 스님을 비롯한 많은 분들과의 만남이 얼마나 소중했는지 모르겠다(이 때의 나의 생각은 불교사회연구소 회지 《서원과 연대》 창간호에 실려 있다). 특히 이때 '새로운 인간, 새로운 사회, 새로운 문명'이라는 테마로 진행했던 세미나들은 우리의 사상을 구체화하는 데 큰 도움이 되었다. 그 전까지 일반적으로 사회 진보의 길이라고 믿어져왔던 신념들이 무너지면서 보다 근본적인 길을 발견하려는 마음들이 모였다는 것이 얼마나 좋았는지 모른다.

　새로운 문명이라고 할 때도 서로 무척 다른 견해들이 있었다. 어떤 견해는 지금까지의 문명을 아예 부정하는 기조 위에 서기도 한다. 특히 생태적 세계관이 넓혀지면서 지금까지의 인간중심적 세계관이나 물질적 생산력을 반대하는 견해들도 많이 나타난다.

　당시 나로서는 이것도 극단으로 치우치면 진리가 아니라는 생각이 많이 들었다. 오히려 하나로 이어져 있는 우주(장회익 교수는 "우주만이 하나의 생명단위"라고 하지만) 안에서 인간의 지위와 역할을 제대로 키워나가는 것이 사람도 살리고 자연도 살리는 길이라고 생각했다. 그동안의 문명의 폐해가 눈에 크게 들어오는 것은 당연하지만, 어떻게 하는 것이 현실적이며 이상적인가를 탐구해야 하는 것이다.

나는 인간의 역할을 더욱 확대하는 것이 새로운 문명의 요체라고 생각한다. 우주적 진화에서 인간 정신의 출현은 일대 사변이다. 이 인간 정신의 핵심인 인간 지능의 사용 방향을 변혁하는 일이 새로운 문명, 새로운 진보의 최선단(最先端)이 아닐까 생각하는 것이다.

그동안의 인간의 지능은 주로 외부와의 관계에서 자유를 확대하는 방향에서 엄청난 진보를 이루었다. 그러나 인간 자신, 특히 인간의 가치 체계를 변화시키는 데는 그다지 큰 진전을 이룩하지 못했다. 장회익 교수는 이것을 "행위능력과 가치이념 체계의 모순"으로 말씀하신 것으로 기억한다.

이에 대하여 내가 이해하는 것은 다음과 같다.

동물 일반의 자기중심성은 너무 당연하다. 이 자기중심성을 가지고 서로 순환한다. 생태계의 자연적 균형이 이루어진다. 인간도 동물로부터 진화한 존재이기 때문에 이 자기중심성은 당연한 것인지 모른다. 그러나 사람은 그 행위능력에 의해서 동물 일반의 자기중심성을 그대로 간직하고서는 생존 자체가 위협을 받게 된다. 자기만이 아니라 다른 생태계마저 존립의 위기에 빠뜨린다.

예컨대 불을 발견하고 이용한 인간은 마침내 거의 무한에 가까운 원자력을 에너지로 할 수 있을 정도로 행위능력을 발전시켰지만, 자기중심적 본능에서 크게 벗어나지 못하고 있기 때문에 핵전쟁의 위험 속에 방치되어 있는 것이다. 이렇듯 인간의 행위능력은 자연적 균형을 파괴

할 정도로 커져버린 것이다. 그렇다고 이런 능력을 억제하여 자연적 균형으로 돌아가게 한다는 것은 아무런 현실성이 없다.

이제는 인간의 지능의 사용 방향을 근본적으로 변혁할 때다. 이것만이 현실적이며, 인간도 자연도 함께 살리는 길이다. 다시 말해 인간의 자기중심적 가치체계를 변혁하는 것이다. 이런 변혁에 성공하지 못하면 인류는 종말을 맞을지도 모른다.

대체로 이상과 같이 이해하고 나도 동감하는 바이지만, 나로서는 인류의 미래에 대해 낙관적이다. 인간의 지능은 위기에 처하여 자신을 멸망시키는 쪽으로 작용하지는 않을 것이라는 믿음이 있기 때문이다. 일찍이 성인(聖人)들이 가르쳐왔고 지금까지는 주로 종교에서 이야기해온 "자기를 넘어선 성인의 길"이 이제 보통 사람들의 길로 되지 않으면 안 될 시대에 다가서고 있는 것이다.

그러나 가만히 있어도 그렇게 되지는 않을 것이다. 이 자각을 확대하고, 그것이 구체적인 사회현상과 유리되던 과거와 달리 사회 조직과 운영의 현실적 원리로 되는 그런 시대를 내다보면서, 자신이 진짜 혁명가, 이상주의자라고 생각하는 사람일수록 먼저 자신을 이렇게 준비해야 할 것이다.

물질생활이 풍부해지는 것은 이러한 진화를 위해 매우 중요한 현실적 조건이다. 생산력을 억제할 것이 아니라 인간과 인간, 인간과 자연이 상생하는 생산력을 키워가야 한다. 물질이 풍부해지면 서로 침범하려고 다툴 필요가 없어진다. 부족한 물자를 놓고 서로 양보하라고 가르치는 것은 지금의 인간의식의 실태에서 보면 대단히 비현실적이다.

물질문명을 반대하는 것은 결코 보편적 진보의 길이 아니다. 100년 전에 비하면 지금은 인간이 진정으로 새로운 사회를 만드는 데 엄청나게 유리한 조건들이 성숙했다. 인류의 총수요를 넘어서는 총생산력, 민주주의의 보편적 확산, 젊은 사람들에게 나타나는 급속한 자유도(自由度)의 신장 등은 새로운 문명을 위해 대단히 유리한 조건들로 되는 것이다.

그러나 지금의 상태로는 진정한 자유나 행복이 어렵기 때문에 새로운 문명으로 나아가자는 것이다. 그 성공 여부는 지금의 여러 요소들을 새로운 문명 건설을 위해 어떻게 적절하게 쓸 것인가에 달려 있다고 생각한다. 다른 사람이나 자연을 침범할 필요가 없어지고, 침범하는 것이 어리석게 생각되어 못 견디는 사회로 되면, 여러가지 다양한 삶의 방식들이 백화난만(百花爛漫)한 화원처럼 꽃피게 될 것이다. 물질에 대한 욕구는 자연스레 감소할 것이며, 정신적, 예술적 욕구가 커질 것이다.

야마기시(山岸)와의 만남

불교사회연구소에서 이념적이고 이론적인 연구를 함께 하면서 '이념과 구체적 삶의 괴리'를 넘어서야 하겠다는 욕구가 강렬해졌다. 이때 마침 야마기시즘(Yamagishism) 특별강습 연찬회를 알게 돼서 7박 8일 간의 프로그램에 참가하였다. 이것은 나에게 큰 충격이었고, 지금도 야마기시즘과의 만남은 축복이라고 생각하고 있다.

특강 내내 그동안 고민해오던 여러 가지가 명쾌하게 풀리는 듯했으며, 세월을 뛰어넘어(야마기시는 1961년에 사망했으니까) 이렇게 만날 수 있구나 하는 감격을 느꼈던 기억이 지금도 생생하다. 그때 생각했던 것을 간추려보면 대강 다음과 같다.

첫째는 사람들의 의식이 진화(야마기시회에서는 '관념의 정상화'라고 부르지만)해야 할 목표가, 즉 의식혁명의 목표가, 선명하게 되었다는 것이다. 그것은 무아집(無我執), 무소유(無所有), 일체(一體)의 이념으로 집약되는데, 이것을 추상적인 이념이 아니라 구체적인 개개인의 실례를 통해서 검토하는 것이었기 때문에 더욱 마음에 와닿았다. 이러한 생각을 보편화할 수 있다면 새로운 인간, 새로운 사회, 새로운 문명을 보편화할 수 있겠구나 하는 생각이 강하게 들었다.

둘째로 의사소통과 진리규명 방식으로 사용하는 '연찬'(研鑽) 방식에 대한 감동이었다. 연찬은 서로 맞서려는 방식의 토론이나 다수결에 의한 결정방식이 아니라, 단정(斷定)하지 않고 끝까지 진리를 함께 규명해가는 방식을 말한다. 누가 옳은가를 서로 따지는 것이 아니라 모두가 함께 같은 방향으로 서서 무엇이 진리인가를 함께 물어가고 끝까지 규명해가는 모습이 나에게는 작지 않은 감동으로 다가왔다. 이것이 나에게는 사람들 사이의 소통 문제를 근본적으로 해결할 수 있는 방안으로 보였고, 이것을 보편화할 수 있다면 지금의 민주주의를 질적으로 한 단계 더 진화시킬 수 있겠구나 하는 생각을 갖게 했다. 직접민주주의와 연찬

방식이 결합되는 미래 사회의 모습이 한 폭의 그림으로 그려지는 것이었다.

셋째로 무아집, 무소유, 일체의 이념을 구체적으로 사회화한 실현지(實顯地)의 존재가 나에게는 미래 사회에 나타날 자본주의와 종교를 넘어선 '무소유 공용의 일체 사회'가 꿈이 아닌 실제로 나타날 수 있는 구체적 가능성으로 다가왔다. 특히 그 실현지의 구성원들이 무슨 특수한 사람들이 아니라 지극히 평범한 사람들이라는 점이 그 당시 이런 생각을 더 하게 했던 것 같다. 무아집, 무소유, 일체의 이념이 단순히 관념계를 진보시키는 데 그치는 것이 아니라 구체적인 사회 조직과 운영 원리로 되는 하나의 모델을 보여주는 것이었다.

특강을 계기로 약 2년 동안 이런 생각들을 발전시켜갔고, 마침내는 나 자신이 그런 삶을 하기로 마음을 내게 되었다. 물론 가족들과 의논을 해야 했고, 평소 나와 생각을 같이 하던 아내와는 합의했지만 아이들이 가장 문제였다. 주위에서는 '당신들은 좋아서 한다지만 아이들에게는 가혹한 것이 아닌가? 아이들의 무한한 발전 가능성을 작은 울타리의 삶 속에 가둬버리는 것이 아닌가?' 하고 지적하였다. 솔직히 우리 부부가 가장 힘들었던 것도 이 아이들 문제였다.

그러나 나는 이것이 아이들의 무한한 가능성을 좁은 울타리 안에 가두는 것이라고 생각하지 않았다. 새로운 사회에서 그 가능성을 무한히 키워나갈 전망이 그려졌던 것이다. 또한 부모가 정말로 신념이 있다면 자식에게 당당하게 권할 수 있어야 그것이 진실되지 않겠는가라고 생각했다. 나로서는 지금도 그런 판단 자체가 잘못이었다고 생각하지는 않는다. 뒤의 이야기지만 야마기시즘 실현지에서 나온 지금도 아이들이 그 생활을 후회하거나 고통스러운 기억으로 가지고 있는 것 같지는 않다. 다만 부모로서 자식에게 지나치게 급진적인 사회, 특히 교육에 대한 실험을 강요하지 않았나 하는 미안함은 떨쳐버리기 힘들다.

특히 큰 아이에게는 더 그렇다. 부천고등학교에 합격한 아이를 시골 농고에 전학을 시키고 철저한 실학(주로 농업) 위주의 야마기시학원 고등부에 입학을 시켰다. 방학 때는 주로 일본에 있는 학원에 가서 공부하고 학기 중에는 농고에서 공부를 했는데, 나중에 들어보니 이것이 상당히 무리였던 것 같다. 원체 착한 아이라 부모에게 불평 한 마디 하지 않았지만, 얼마나 힘들었을까 생각하면 가슴이 짠하다.

다음으로 결정을 어렵게 한 것은 내 안에 있던 반일(反日)이라는 민족 감정이었다. 이성적으로는 넘어섰다고 생각했지만 막상 구체적 현실로 되자 내 마음의 상태가 보여 왔고, 오히려 이것을 극복하는 계기를 삼자고 생각해서 참여를 결정했다. 야마기시즘이 일본 문화에서 탄생한 것은 사실이지만, 그것을 세계화, 보편화하는 것은 오히려 일본을 넘어서야 하고, 그 이름도 처음에는 자연인의 이름이 ('진리실천회' 같은 것보다는) 더 자연스러울지 모르지만, 앞으로는 적절한 이름으로 바뀌가게 될 것이라는 생각을 했던 것이다. 이렇게 해서 8년 동안 실현지 생활을 하게 된다.

마을을 그리며

나에게 8년의 실현지 생활은 전체적으로 대단히 좋은 생활이었다. 연찬 생활이라고 했지만, 그 실태를 돌이켜보면 부끄럽기 짝이 없을 때가 많긴 했다. 그런 나를 잘 받아들여준 실현지 식구분들이 고마울 따름이다. 다만 나로서는 보편성의 추구라는 내면의 욕구가 강해서 실현지 중심의 운동에 대해서 회의적인 생각이 들어 여러모로 검토한 끝에 결국 실현지를 나와서 다른 방식으로 살고 싶었던 것이다.

내가 실현지를 나오려고 결심하게 된 배경은 대강 다음과 같다.

첫째는 사람들의 일반적 의식의 실태에 비해 사회의 짜임새가 대단히 높게 설정되어 있는 데 따른 부작용이다. 아직 대부분의 사람들은 아집이나 소유욕으로부터 자유롭지 못한 것이 현실이다. 그런데 사회의 짜임이 무소유로 되어 있으면 사람들의 소유욕이나 아집이 감소하는 쪽보다도 오히려 허위의식이 나타나기 쉽게 되고, 억지로 맞추려고 하는 데서 부자유가 나타나기 쉬운 것이 인간의 현실이라고 생각한다.

둘째는 작은 소공동체를 하다 보면 나타나기 쉬운 폐단이다. 즉 의도적이지 않다 하더라도 폐쇄성을 띠기 쉽다는 것이다. 자신이 가장 선진적이라는 우월감에 빠지기 쉬워서 외부와의 교류나 받아들임에 소극적으로 되기 쉽다. 더구나 한국에는 실현지가 한 곳밖에 없어서 그 폐쇄성이 더욱 심해질 수밖에 없는 것이 현실이다(교류는 주로 일본 실현지와 하기 때문에 야마기시회 바깥의 세상과는 그다지 교류의 필요를 느끼지 않게 된다).

셋째는 앞에 말한 것과 같은 맥락이 되겠지만 아이들 문제였다. 아이들에게 무한한 가능성을 새로운 사회에서 펴게 하겠다던 처음의 생각을 접어야 하게 되었기 때문이다. 청소년기는 기다려주지 않기 때문에 부모로서 결단을 내려야 했다. 이런 이유들로 해서 60의 나이에 새로운 삶을 찾아 나서게 되었다.

그러나 나는 야마기시회의 경험을 아주 소중하고 감사하게 생각하고 있다. 지금도 야마기시즘이 그리는 미래 사회에 대해서는 거의 동감을 하고 있다. 소공동체적인 실현지 중심의 운동보다는 보다 넓게 보편적인 바탕에서 운동을 한다면 야마기시즘은 20세기가 낳은 훌륭한 사상의 하나로 21세기 새로운 역사의 한 페이지를 만들어가는 데 기여를 할 수 있으리라고 믿는다. 나는 일단 야마기시회를 떠난 사람이고 그 이름을 사용하지는 않겠지만, 그 속에 들어 있는 인류의 고귀한 유산은 그대로 살려가고 싶다.

야마기시 선생이 저술한 《지적혁명사안》(知的革命私案) 가운데 '인정사회 조직으로 개조'라는 항목이 있는데, 여기에 나온 '인정사회로 나아가는 세 가지 방법' 같은 것은 오늘 우리 사회에서도 '진정한 진보란 무엇인가'를 생각하는 데 많은 도움을 준다고 생각한다. 이를 간단히 소개해보면 다음과 같다.

첫째는 '타(他)를 침범하지 않도록 그 한계를 정하고 그 선을 넘지 않을 것'이다. 아마 그동안 자유와 평등을 위해 노력해온 대부분의 활동의 과제가 이것이었다고 할 수 있을 것이다. 지금도 여전히 진보의 표상처럼 되고 있는 그것이다. 사회 시스템과 규범을 개혁하는 것이다. 이 분야에서 인류는 많은 진보를 이루어왔고 (야마기시 선생이 생전에 보지 못했던) 그 많은 부분이 투쟁을 통해 이루어져온 것이 사실이다. 그러나 그 투쟁이 분노나 증오가 바탕이 될 때 결국 타를 침범하게 되고 마는 악순환에서 벗어나지 못한다는 것을 이제 인류가 자각하고 그것을 넘어서는 것이 시대의 과제로 되고 있다고 생각한다. 나로서는 싸움을 부정할 수 없는 현실이라면 '미움이나 화에 휘둘리지 않고 싸우는 길'을 발견하고 실천하는 것이 진보의 길이 아닐까 생각하고 있다.

둘째는 '침범할 필요가 없도록 물자를 풍부하게 하는 것'이다. 이것 또한 지금까지 진보가 추구해왔던 것이다. 그리고 실제로 생산력은 그런 수준에 다다르고 있다. 여기에 대해서는 생태계 파괴나 자원고갈, 물신숭배 같은 문제 때문에 물질적 생산력에 반대하는 주장도 있지만 그것을 일반 보편적으로 주장하는 것은 현실성이 없다고 생각한다. 여전히 높은 생산력은 진보의 또다른 표상이라고 생각한다. 나 자신도 원하고 또 그렇게 살아가려고 하고 있지만, 단순 소박한 삶은 저생산(低生産)에 의해 강요된 '가난한 삶'이 아니라 욕구의 질의 변화에서 오는 진정으로 '풍요로운 삶'이라고 생각한다.

셋째로 '타를 침범하는 것의 천박함과 어리석음을 깨달을 것'이다. 특히 야마기시는, 다른 두 안은 빠지더라도 이것만은 빠뜨릴 수 없다고 강조하고 있다. 말하자면 의식혁명인데, 나는 이것이 21세기의 진보의 가장 중요한 표지라고 생각한다. 이것을 야마기시는 "폭을 넓히는 부끄러움을 깨닫고, 남에게 양보하고 싶게 되는, 독점에 견딜 수 없는 인간으로 서로 되는 것"이라고 말하고 있다.

나는 이 세 가지를 병행하는 것이 야마기시 생전보다 훨씬 그 바탕이 좋아진(첫째와 둘째 면에서) 지금 더 보편적인 이야기로 들린다. 특히 셋째의 의식혁명을 주축으로 첫째의 사회변혁과 둘째의 물질혁명을 함께하는 것이 우리 시대의 시대정신이 아닐까 생각한다.

나는 이런 바탕에서 내가 할 수 있는 일이 무엇일까를 생각하던 끝에, 농촌에서 농사를 지으면서 새로운 마을을 만드는 데 미력이나마 역할을 할 수 있지 않을까 하여 지금 그 일을 하고 있다.

이상으로 나 자신의 사상의 편력이랄까, 나름대로의 진리 실험에 대해 말씀드렸다. 생각해보면 나 자신이 원하는 바와는 다른 길들을 밟아온 것 같은 생각을 떨쳐버릴 수 없다. 보편성을 추구하면서도 실제로는 특수한 길을 걸어오지 않았나 하는 것과, '중도'를 원한다고 생각하면서도 극단적인 선택을 해온 것 같다. 이런 과정을 밟아서 다행히 중도에 가까워졌으면 하고 위안을 삼아본다.

나는 또한 무수한 시련 속에서도 그것을 극복해온 이 땅, 특히 근대 이후 세계사적 모순이 집약적으로 표출된 이 땅에서 인류 있는 한 영속할 새로운 문명, 진정한 '중도'의 문명을 꽃피울 수 있을 것이라고 희망한다.

무폭력, 무타협, 공동체주의 운동을 제안함

지금의 세계는 대단히 다양하며 복잡한 여러 요소들이 중층적으로 복합되어 있다. 원시적 부족사회로부터 최첨단의 과학기술 사회가 공존하고 있다. 마치 인류라고 하는 긴 동선(動線)의 생명체가 우주 진화의 도정을 여행하고 있는 것 같다. 이 생명체를 이끌어가는 원동력은 인간을 다른 물질 및 생명체로부터 구분하게 한 인간의 지능이라고 생각한다.

이 인간의 지능은 지난 세기에 여러 분야에서 눈부시게 발휘되었다. 특히 과학기술 분야의 발전이 가장 괄목할 만한 것으로, 인간의 지능이 이제 진화의 과정에 능동적이고 창조적으로 관여할 정도가 되었다. 자연을 개조, 변화, 이용하여 인간의 자유를 확대하는 분야에서 엄청난 진보를 이룩하였다. 옛날에 신통력이라고 할 만한 일들을 요즘은 보통 사람들이 아무런 신비감 없이 기계의 힘으로 하는 세상이 되었다. 하지만 반면에, 자원의 고갈이나 생태계 파괴와 같이 인류 존속의 기반을 위협하는 현상들도 나타나게 되었다. 생명과학의 발전도 인류의 정체성 문제를 비롯하여, 지금까지의 도덕, 윤리, 철학 체계에 심각한 문제들을 제기하고 있다.

사회를 변혁하여 자유와 평등을 확대하는 분야에서도 상당한 진전이 있었다. 노예적, 봉건적, 신권적, 절대주의적 억압과 착취는 적어도 인류라고 하는 긴 동선의 생명체의 선두 부분에서는 사라진 것으로 보인다. 과학기술 발전에 따른 물질적 풍요와 사회의 변혁을 통한 사회적 자유의 확대는 사람들의 내면의 자유도를 높일 수 있는 환경으로 되었다. 그 결과 개인의 자유와 개성의 신장이라는 면에서는 대단히 발전했다. 하지만 반면에, 그 바탕의 이기주의와 억압으로부터 풀려난 자기중심성의 발휘는 결국은 개인과 사회와의 긴장을 초래하고, 국가간, 계층간의 불평등과 부조화를 심화시켜 결국 새로운 부자유의 함정이 되어서 돌아오고 있다.

사회적 진보와 내면의 자유도를 진전시키는 데 물질적 생산력이 필수불가결한 조건이었다고 생각한다. 인간의 능력이 높은 생산력을 가능케 하면서 소유를 출현케 했고, 이러한 소유를 바탕으로 인간은 자신의 능력을 고도로 발휘해왔다고 할 수 있다. 인간이 앞으로 나아가려는 의지, 자신의 능력을 더 고도화시키려는 의지를 발휘하게 한 것은 생명의 속성으로 보이는 자기중심성을 모든 사회적, 인습적 억압으로부터 해방하는 과정과 깊이 관련되어왔다. 이것은 애덤 스미스(A. Smith)를 비롯한 대단히 진보적인(그 시대로 보면) 사람들의 테마였으며, 자본주의의 고도 생산력을 가능케 했다고 생각한다. 지금도 어떤 사회(그 중의 하나가 북한)에서는 사회적, 인습적 억압으로부터 자신을 위해 살 수 있도록 해방하는 과정이 아마 생산력 발전의 결정적 요인이 될 것이다. 그것은 아마 사적 소유와 이윤 추구의 자유를 인정하는 것을 핵심내용으로 하게 될 것이다(그렇게 했을 때 나타날 수 있는 폐단을 경험한 사회가 아무리 이야기해도 들리지 않는 그런 단계가 있다고 생각한다).

소유제도, 이윤 추구, 경제 활동의 자유가 인간의 생산력을 높게 발휘하게 한 상당한 시간을 거쳐 지금은 어떤 단계에 왔을까. 돈의 필요에 따른 생산 즉 시장의 원리가, 물질적 풍요에도 불구하고 엄청난 부의 편재와 수많은 사람들의 절대적 빈곤을 해결하지 못한다는 전통적인 모순 이외에, 또다른 새로운 모순들을 제기하고 있다.

이제 인류는 자연 생태계와 인간이 발전시켜온 물질적으로 풍요로운 생활 사이의 피할 수 없는 모순에 점점 직면하고 있다. 여기에는 인간의 마음, 삶의 양식, 사회제도의 분야에서 여러 가지 해결방법이 있겠지만, 생산력의 분야에서도 인간의 지능을 고도로 발휘하여 지금까지 많은 이상주의가 표현해온 것처럼 물자를 물과 공기와 같이 풍부하게 하겠다는 생각도 결코 빠뜨릴 수 없는 것이라고 생각한다. 지금의 인간의 지능, 과학기술의 발전은 이것을 꿈의 세계로부터 현실의 세계로 만들 수 있는 데까지 근접하고 있다고 생각한다. 이 발목을 잡고 있는 것이 이제는 소유라고 생각한다. 자본주의는 물자를 돈이 안 되는 데까지 물이나 공기처럼 풍부하게 생산하려 하지 않을 것이다.

이제 우리는 소유가 생산력을 저해하는 그런 단계에 들어서고 있는 것 같다. 돈의 필요에 따른 생산이라는 데서 해방되지 않으면 인간의 가장 높은 능력이 인간을 위한 생산력의 발전에 쓰일 수 없게 되고, 그렇게 되면 인간은 자칫 자신의 능력을 제대로 써보지도 못하고 멸망의 길을 걷게 될지도 모른다.

인류의 여러 분야에서의 진보, 즉 인간과 자연, 인간 상호간, 인간의 마음 세계에서의 진보는 서로 연관되어 있으며, 그것은 인간 지능의 여러 분야의 발전과 서로 조응하고 있다. 서로가 서로의 발전을 위한 조건이 되며, 부조화와 불균형이 발생하면 그것을 해결하며 앞으로 나아간다. 균형과 조화의 달성이 결코 뒤로 돌아가는 회복이기보다는 앞으로 나아가는 창조의 길이었다는 것이, 우리가 역사를 진보의 과정으로 보고 있는 관점이라고 생각한다.

지난 세기의 눈부신 변혁들은 인간과 자연의 조화, 개인과 사회의 조화라는 시대적 과제들을 넘겨주었다고 생각한다. 이러한 과제를 해결하려고 하는 인류라는 생명체의 노력은 그 동선이 길고 구조가 중층적인 만큼 다양하다고 생각한다. 우리는 이러한 시대를 살아가는 한 사람으로서 어떻게 생각하고 실천해갈 것인가에 대해 하나의 관점을 가질 필요에 직면하는 것이다. 틀릴지 모른다는 생각이 저변에 있지만 오히려 그런 바탕에서라면 이 복잡하고 혼란스러워 보이는 세상에서 일단의 생각하고 실천하는 관점을 가진다는 것은 필요한 일이라고 생각한다.

우선 생각되는 것은 인간의 우주 자연계 안에서의 능동적이고 창조적인 역할을 더욱 발양해감으로써 자연과 인간의 조화를 추구한다는 것과, 개인과 사회의 긴장과 대립을 이미 경험하고 발전시켜온 개인적, 사회적 자유와 평등의 지평을 더욱 열어가는 바탕에서 해결하려고 하는 것이다.

그것은 결국 인간의 지능을 더욱 고도화하는 것이다. 자연과학과 사회과학을 더욱 발전시킬 수 있기 위해서도 이제 인간과학을 발전시켜야 할 때다. 그것도 인간의 가치이념체계를 인간이 도달한 행위능력에 조화될 수 있도록 변혁하는 데 인간의 지능을 고도로 사용, 발전시켜야 한다고 생각한다. 개인적인 깨달음을 추구하는 것뿐 아니라 이제 인간의 육체적 생존, 인류라고 하는 종의 존속과 참된 사회를 위해서 이러한 인간의 마음을 변혁하는 데 인간의 지능이 쓰여야 한다.

나는 이러한 의식의 변혁을 개인적인 영역이 아니라 자연변혁과 사회변혁의 역동적인 과정 속에서 추구할 때 진정한 생명력을 가질 수 있다고 생각한다. 그래서 이것을 진리 실천의 사회운동으로 제안하고 싶다.

우리는 우주 자연에는 리(理)가 있다고 생각한다. 그러나 어떤 것을 진리라고 내세우는 관점이 아니라 무엇이 진리인가를 끝까지 물어가는 관점에 선다. 우리 시대에 이러한 리에 부합하는 것이 무엇일까. 지금까지의 역사와 진화의 방향을 생각할 때 그것은 자본주의와 종교를 넘어서는 길이라고 생각한다. 그것은 아마도 개인과 사회, 인간과 자연이 모두 함께 번영하는 것을 내용으로 하는 공동체주의와 그것을 가능하게 하는 의식혁명이라고 말할 수 있을 것이다. 또 그것은 과정과 방법 그 자체가 목표를 구현하고 있어야 가능하다고 생각하는데, 나는 그것을 무폭력과 무타협이라고 생각한다.

무폭력

사람은 누구나 폭력이 없는 세상에서 살고 싶어한다. 이러한 생각은 자연적 질서라기보다 인간의 지향이라고 생각한다. 폭력이 없는 세상이라는 이상은 진화된 인간의 정신으로부터 나오는 것이며, 인간이 우주 진화에서 중심적 역할을 하는 단계에서 출현하는 새로운 질서라고 생각한다.

폭력이 무엇인가에 대해서는 여러 가지 정의가 있겠지만, 하나의 생명을 그 자신의 의지에 반하여 물리적으로 억압, 훼손, 제거하거나 혹은 그렇게 하려고 하는 과정을 말하지 않을까 생각한다.

자연계에는 적자생존이나 자연도태, 먹이사슬과 같은 생태계의 질서가 있다. 모든 생명체는 자신과 자신의 종족의 생존을 위해 자연스럽게 다른 생명체를 먹는다. 인간은 이 자연스러운 자연 생태계 속에서 진화해왔기 때문에, 인류가 등장한 초기에는 인간 상호간이나, 인간과 자연의 관계에서 이러한 생태적 질서는 당연한 것이었다.

그런데 인간은 이러한 질서를 인위적 질서로 개편한다. 그 과정에는 인간 정신의 진화가 바탕이 되어 있지만, 이 인간 정신(인간의 지능)은 여러 가지 상반된 요소가 함께 진화하는 특징을 가지고 있다. 한편에서는 폭력을 더욱 고도화하고 사회화하며, 다른 한편으로는 폭력에 견디지 못하고 폭력을 넘어서려는 정신을 발생시킨다. 지금까지의 인류사는 이 두 방향 사이의 진화의 정도만큼 나아왔다고 생각된다. 전자는 고도로 사회화되었지만, 후자는 그러지 못했다.

폭력은 사회를 유지, 존속시키는 데 공공연한 바탕이 되었으며, 인간의 지배욕이나 소유욕과 관련되면서 생태계의 자연스러움을 뛰어넘는 잔혹성마저 나타나게 되었다. 이러한 폭력에 대해 피지배자, 피억업자의 반(反)폭력(지배자의 폭력에 반대하는 폭력)이 혁명과 전쟁의 이름으로 사회적 진보를 일정한 수준만큼 끌어올렸다는 것은 인류 진화의 부정할 수 없는 한 단계라고 생각한다. 특히 반폭력은 폭력을 인간 사회의 유지에 공공연하게 사용할 수 있도록 하는 심리적 상태인 공포를 넘어서는 데 거쳐야 할 과정이 아닌가 생각된다. 지배당하는 자, 억눌린 자의 생명력이 분출하는 과정이며, 이 과정에서 지금까지 부조리와 부정의한 질서에 대한 분노는 사회변혁의 에너지로 작용한다.

분노와 폭력은 미덕으로 표현되기도 한다. 이러한 인류 진보의 과정이나 단계 속에서 폭력 그 자체에 반대하고 폭력의 근본적인 한계를 인식한 사람들도 많았다. 특히 비폭력을 하나의 사회운동의 중심 이념으로 실천했던 인도의 경험은 어떤 의미에서는 인류에게 귀중한 자산으로 된다고 생각한다.

지금 우리는 특수한 문명적 특성이나 개인적 각성이나 종교적 이상을 넘어서, 폭력을 넘어서려는 지향이 사회화, 보편화하는 단계로 진입하고 있다고 생각한다. 이것은 자유를 추구하는 인간 정신의 진화에 바탕을 두고 있을 뿐 아니라, 지난 세기에 이룩한 사회적 진보와 물질적 진보를 기반으로 그것을 더욱 발전시켜가려는 인류적 지향에 바탕을 두고 있다. 더 앞으로 나아가기 위해서는 분노와 폭력으로는 되지 않는다는 자각이 사회적 실천 속에서 확산되고 있다. 이 자각은 점점 폭력에 대한 끌림을 참아가면서 비폭력 노선을 추구하는 것으로부터 자유롭고 즐거운 무폭력의 세계로 나아가게 될 것이라고 생각한다. 이제 가장 진보적인 사람, 집단, 운동은 그 목적과 함께 그 방법에서도 무폭력을 지향해야 한다고 생각한다.

이것은 분노가 아니라 사랑이 인류 진화의 동력으로 되는 시대를 맞고 있다는 명백한 자각과 그것을 실천하려는 의지를 갖고 있는 사람들에 의해서 망설임이나 타협 없이 이루어져야 한다고 생각한다. 분노를 참는 사람이 아니라 사랑이 분노를 넘어서는 사람들에 의해서 새로운 진보가 이룩될 것이다.

물론 아직도 무지와 공포를 바탕으로 공연한 폭력에 의존하는 전시대적인 억압이 존재하며, 이런 곳에서 자유와 평등, 인권을 위한 노력은 그 단계에서 분노와 폭력을 수반할 수밖에 없을 때도 있을 것이다. 또한 최선진국임을 자랑하는 나라들에서 정치, 경제, 문화적 패권주의가 공공연한 폭력, 즉 군사력에 의해 뒷받침되는 것을 보고 절망을 느끼는 사람도 있을 것이다. 또 가령 남경 학살을 비롯한 야만적 폭력을 포함하는 전쟁을 미화하려는 일본의 교과서 왜곡 사태를 보면서, 지금도 여건만 되면 과거와 같은 수성(獸性)이 날뛰는 야만적 상태로 되돌아갈 수 있지 않느냐는 인간과 역사에 대한 회의가 생길 수도 있다. 팔레스타인에서는 지금도 폭력의 악순환이 계속 되고 있다.

그러나 세계를 통해 보편적으로 축적해온 역사의 진보는 과거와 다른 전망을 갖게 한다. 잉카의 평화적 문명이 서양 침략자들에 의해 절멸했던 그런 과거로 돌아갈 수 없는 정도로는 인간의 진보가 이루어져왔다고 생각한다. 비록 아직도 세계열강의 국가이기주의, 군사력을 비롯한 공공연한 폭력에 의존함이 체제의 근간을 이루고 있는 것도 사실이지만, 미국, 일본을 비롯한 나라들에서 민주주의의 신장과 인류 보편의 가치에 대한 인류적 양심의 신장 또한 대단히 진전되었다.

국가주의, 패권주의, 폭력주의는 쇠퇴하는 것들이며 자유, 평등, 인권, 평화, 박애와 같은 인류 보편의 가치들과 인류 양심, 민주주의 제도는 신장되어가는 것들이라고 생각한다.

어느 일방이 자신은 온존한 채 다른 일방을 절멸시키는 것을 불가능하게 하는 군사과학 기술의 발달, 자신과 생각이 다른 집단이나 국가도 필요한 시장의 일부라는 세계 시장의 형성 등이 폭력을 쇠퇴하게 하는 여건의 하나로 되고 있다. 통신의 발달과 특히 인터넷의 발달은 다른 어떤 분야보다도 인간 의식의 고도화와 세계화에 크게 기여할 것이다. 물론 아직도 폭력이 효력을 보이는 경우가 꽤 있겠지만, 그래서 폭력의 사용에 대한 유혹이 강력한 경우가 있겠지만, 점점 더 폭력에 대해 후회하고 참을 수 없게 되는 심성으로 변해갈 것이다. 인류라고 하는 동선이 긴 생명체의 최첨단은 무폭력을 사회 운영의 기본원리로 하는 것이라고 생각한다. 후퇴할 수도 있다는 우려가 있기 때문에도 더욱 앞으로 나아가야 한다.

우리 사회에도 공공연하고 노골적인 폭력이 상존한다. 그러나 적어도 대의를 가지고 움직인다고 생각하는 사람들과 집단이 폭력에 호소하는 것은 진정한 진보를 원하는 생각과 서로 모순되는 것이다. 폭력은 열등한 것이며 무폭력이 우월한 것이다. 한국 사회는 이것을 실험해볼 만한 단계에 왔다고 생각한다. 공포와 무지, 공공연한 억압적 폭력이 지배하는 단계로부터 벗어나고 있다. 아직 불안한 요소가 많이 있기 때문에 폭력에 대한 끌림이 있는 것도 사실이지만, 바로 그 때문에라도 진정으로 진보를 원한다면 스스로 진보의 고지를 먼저 점령하지 않으면 안된다. 그것은 무폭력이다. 전술적, 전략적 차원이 아니라, 세계관에 바탕을 둔 무폭력을 선언해야 한다고 생각한다. 상대의 반응에 따라서 변할 수 있는 그런 것이 아니라 절대적 무폭력을 선언하고 실천하는 것이다.

특히 노동운동과 학생운동에서 이렇게 하는 것이 중요하다고 생각한다. 이것은 우리 사회에서 자신이 해온 역할을 새로운 시대에 제대로 살릴 수 있는 중요한 계기로 될 것이다. 그렇게 함으로써 목표로 하는 사회적 과제의 달성과 함께 보다 본질적인 인간 정신의 진보를 함께 경험해갈 것이다.

무타협

다른 동물과 달리 사람은 먹이를 둘러싸고 싸우는 것만이 아니라 자신과 생각이 다르면 싸우는 존재이다. 인간이 의식을 가진 존재로 진화한 것은 우주 진화에서 큰 획을 긋는 일대 사건이라고 생각한다. 그런데 인간의 관념은 완고해지기 쉬운 속성을 갖는 것으로, 일단 어떤 경로로 관념이 형성되면 그것을 굳게 유지하려고 하고 다른 관념을 갖는 사람을 배척하며, 다른 사람을 자신의 생각으로 동화시키려고 한다. 그것이 안 될 때는 상대를 제거하려고까지 한다. 어떻게 보면, 먹이를 둘러싼 전쟁보다도 신념체계가 충돌해서 일어나는 전쟁(지금도 벌어지고 있다)이 더 잔인하고 집요하다는 것이 인간의 특징이라고 말할 수 있을 것이다.

우리의 일상에서도, 다른 사람 다른 집단과 불화가 생기는 것을 보면 물질을 둘러싼 이해관계의 대립보다는 서로의 생각이 달라서 발생하는 경우가 더 많아지고 있다. 이제 이러한 인간의 관념을 정상화하는 것이 모두의 행복을 위해 가장 절실한 필요로 되고 있다.

자기의 생각만이 진리라고 믿어버리는 사람들이 서로 만나 서로 부딪히고 투쟁한다. 때로는 타협하지만, 그런 타협은 일시적이며 고식적인 해결밖에 되지 못한다. 그 바탕에 자신의 생각만이 진리라는 것이 있기 때문에 타협이란 불가피한 양보의 과정에 불과하기 때문이다. 자기 생각만이 진리라고 믿어버리는 태도가 아닌 사람들이라면 자신의 생각을 기준으로 해놓고 타협할 필요가 원천적으로 없는 것이다. 무엇이 진리인가를 서로 찾아가는 사람들의 관계라면 타협이나 투쟁이 필요 없는 무타협의 세계인 것이다. 진리를 향해서 무타협인 것이다.

서로 다른 생각과 신념체계를 가진 사람과 집단이 사이좋게 살아가는 방법을 발견하고 그것을 실천하는 것이 지금 가장 절실한 테마로 생각된다. 그런데 그 방법은 기술적인 테크닉으로 해결할 수 있는 것이 아닌 것 같다. 인간의 관념, 즉 아집(종교적 태도)을 제거하지 않으면 근본적으로 해결되는 것이 아닌 것 같다.

완고하게 자기 생각을 옳다고 버티는 사람들과 집단이 실재하는 현실에서 어떻게 이러한 무타협의 실천을 할 수 있을지, 그것이 과연 현실적으로 가능할지, 또 과연 효과가 있을지 회의적인 기분이 드는 사람이 많을 것이라고 생각한다. 그러나 자기변혁(자신의 생각만이 진리라고 믿는 사람에서 자신의 생각과 실제 사실을 분리할 줄 아는 사람으로의 변화)을 한 사람에게는 새로운 전망이 열리는 것을 경험할 수 있을 것이다.

자신의 생각을 완고하게 관철하려는 욕구로부터 자유롭기 때문에 진리에 대해 무타협으로 나아갈 수 있는 것이다. 이것은 근본적으로 다른 에너지로서, 자신은 물론 상대와 주위를 함께 변화시켜갈 것이고, 서로 대립하고 투쟁하는 악순환을 근본에서 해결할 수 있게 될 것이다.

무타협의 정신은 진정으로 유연한 사고와 실천을 가져온다. 자신의 생각이나 신념체계를 지키려는 딱딱함과는 질적으로 완전히 다른 바탕의 유연함이 있다. 그 심층에 자신의 관점은 틀려 있을지도 모른다는 생각이 있기 때문에 자신과 다른 관점을 어떤 생각이든지 잘 들을 수 있다. 또 사람과 생각을 분리할 수 있기 때문에 승리감이나 패배감 없이 자신의 생각을 변화시키거나 상대의 생각에 반대할 수 있다. 한 쪽의 승리감은 다른 쪽의 패배감을 불러일으켜 결국 진정한 일치를 이루기 어려운 경우가 많다.

무타협의 정신은 철저하게 진리를 추구한다. 자신의 생각만이 진리라고 믿는 사람이나 집단은 그렇게 믿는 순간부터 진리로부터 멀어지는 것이 아닐까. 그런 태도는 멈추고 굳어지고 가르치려 하고 강요하게 된다. 그것을 우리는 종교적 태도라고 부른다.

무타협은 무엇이 진리인가를 어떤 단정도 없이 끝까지 추구하는 것이다. 어떤 생각을 고정시켜놓을 때 타협이나 비타협이 생긴다. 어떤 고정도 없이 진리를 향해 열려 있는 입장이라면 타협이라든가 비타협이라든가 하는 것이 필요 없다. 인간의 지능을 써서 최고, 최선, 최종적인 것을 끝까지 추구한다. 이것을 야마기시즘에서는 '연찬'이라고 부르고 있다.

실제로 이해관계가 상반되고 완고한 사고방식으로 가득찬 세상에서 이러한 무타협의 정신이 어떻게 사회운동으로 발전해갈지에 대해 회의심이 들기도 하지만, 잘 보면 인간의 지혜는 점차 그 방향으로 가고 있는 것을 알 수 있다. 무리하게 어디에나 적용한다기보다 실제와의 조화의 묘(妙)를 찾는 것이 필요하다고 생각한다. 자신과 다른 생각을 하는 사람들과는 유연성을 연습해가고, 같은 사고방식을 갖는 사람들과는 철저함을 추구하는 것도 지혜의 하나가 아닐까 생각한다.

젊은 시절의 이상이 나이 들어가면서 사그러드는 것이 아니라 더욱 원숙하고 풍부해지는 것을 보는 것은 정말 좋은 일이다. 결코 부패하거나 권력이나 명예의 유혹에 빠지지 않게 하는 것은 무타협의 정신과 그 실천이라고 생각한다.

공동체주의

나는 예부터 있어왔던 가치관이나 삶의 양식으로서의 공동체주의를 제안하는 것이 아니다. 자본주의 이후의 사회, 즉 역사적 단계로서의 공동체주의를 제안하는 것이다. 그런데, 절대적인 원칙이라고까지 이야기할 수는 없겠지만, 지금까지의 인류 진보의 역사를 통해 이러한 제안을 하기 위해서는 몇 가지 전제가 갖추어져야 한다고 생각한다.

첫째는 높은 생산력이다. 여러 선진국의 지금의 과학기술 능력과 생산력의 수준은 새로운 역사적 단계로서의 공동체주의를 제안하기에 충분하다고 생각한다. 물론 지금의 소비 수준을 바탕으로 한 지속적인 성장이 가능한가에 대한 새로운 테마 앞에서 여러 가지 사고방법이 있는 것이 사실이지만, 풍부한 물자는 새로운 사회의 빼놓을 수 없는 요소라고 생각한다.

검소한 생활, 자연친화적 삶은 낮은 생산력 때문에 어쩔 수 없이 참아내야 하는 삶으로서가 아니라 인간의 자발적 자유의지에 따라 이루어지는 것이 인간 정신의 진화에 맞다고 생각한다. 인간 정신의 진화는 욕구의 질을 변화시키며 이러한 새로운 욕구가 미래의 자연과 조화된 삶, 인간으로서의 높은 품위를 발현하는 물질적 소비 형태, 영속적인 생산이 가능한 정신적, 도덕적 토대가 될 것이다.

높은 생산력은 합리성과 효율성을 바탕으로 이루어진다. 실제로 전근대적 농경사회의 공동체성과 지금 우리가 주장하는 공동체주의의 중요한 차이의 하나가 바로 사고능력(사고방식이라는 표현보다는 사고능력이라는 편이 더 어울린다고 생각한다)에서 합리성과 효율성이 있는가 하는 것이다.

공동체주의를 위한 두 번째 전제는 자유, 평등, 인권이 보장되는 사회제도를 정비하는 것이다. 우리가 새로운 사회, 새로운 문명을 이야기할 때 그것은 자유, 평등, 인권의 신장을 향한 인류적 노력의 축적 위에서이다. 극도의 개인주의나 아직도 여전한 여러 선진국의 자국 중심주의, 생태계의 위기를 불러일으키는 인간 중심의 사고 등에 대한 반성으로 여러 가지 새로운 문명이나 사회에 대한 모색이 있지만, 그것은 인류가 도달한 보편적 지평의 토대 위에서 추구하는 것이 이치에 맞다고 생각한다. 이치에 맞지 않으면 결국 실패할 수밖에 없는 것이다.

아직 기본적인 사회적 자유, 평등, 개인의 기본권이 보장되지 못하는 사회에서 바로 새로운 공동체주의 사회로 이행하는 것은 불가능하다고 생각한다. 지금의 자본주의 선진국에서 나타나는 여러가지 문제점을 해결하기 위해서 그 시행착오를 겪지 않는 것이 좋다는 후발성의 이익을 최대로 살려야 하겠지만, 민주주의의 발전을 저해하는 사고방식과는 섞이지 않는 것이 대단히 중요하다고 생각한다. 진정한 인간애가 발현되기 위해서는 억압과 착취, 공포로부터 자유로운 사회적 환경이 필수적이다. 우리는 여러 선진국이 도달한 성과들을 뒤로 돌리는 것이 아니라 그것을 넘어 앞으로 나아가려고 하는 것이다.

공동체주의가 피어날 세 번째 전제는 내면의 자유도(自由度)의 신장이다. 우리가 아는 수 천 년의 역사를 통해서도 인간의 내면의 깨달음이나 자유도는 개인적 차이가 대단히 큼을 알 수 있다. 어떤 면에서 석가, 예수를 비롯한 성인들이 인류의 정신적 지표로 작용해온 지난 수천 년은 수십 억 년 진화의 도정을 놓고 보면 거의 동시대적 상황이라고 할 수 있다. 인류라고 하는 종(種)의 진화의 꽃밭에 몇 송이 먼저 핀 꽃들이 앞으로 나타날 화원을 예견할 수 있게 하는 것 같다. 인간의 역사는 이러한 자유와 깨달음의 세계를 보편화하는 과정이었다고 생각한다.

자연과 사회라는 객관적 환경으로부터 자유를 끊임없이 넓혀온 바탕 위에서 전반적인 의식의 고도화, 내면의 자유도가 신장하고 있다. 오랜 세월 동안 많은 사람들은 신분적, 계급적 구속과 제약으로 원천적으로 부자유한 상태에서 살아왔고, 그러한 사회적 억압이나 착취에 대해 자각하면서(이것이 근대적 의식화라고 생각한다) 그것을 변혁하는 혁명들이 진행되었다. 그 결과 이제 명백한 사회적 부자유는 적어도 민주적 사회에서는 많이 제거되었다. 그런 바탕 위에서 인간의 관념을 묶고 있는 부자유가 자유를 지향하는 인간에게 점점 큰 테마로 떠오르는 것이다.

사회적 환경은 바뀌었지만 과거의 사회적 환경과 결합되어 있던 인간의 관념계는 바로 변하지 않는다. 이러한 단계에 와서 인간 내면의 부자유, 즉 스스로 무엇을 하면 안 된다거나 무엇을 해야만 한다는 내면적 부자유를 넘어서려는 노력이 보편적으로 이루어진다. 이것은 진화의 도정에 당연한 현상이라고 생각한다. 모든 금기로부터 해방, 억압되고 있던 모든 욕구의 해방이라고 하는 것은 한 시대의 특징적 조류로 되고 있다. 성적(性的) 금기의 해체라든가, 이혼의 유연화, 가부장적 권위의 붕괴 등이 그 두드러진 현상들이다.

이런 점에서 최근 전세계적으로 나타나는 신세대의 사고와 생활에서 표현되고 있는 자유도의 신장은 대단한 의미를 갖고 있다고 생각한다. 이것은 인류사적 의미를 갖는 일대 변혁이라고 생각한다.

이제 다음의 세계는 이러한 자유도의 바탕 위에서 앞으로 나아갈 것이다. 점점 앞으로 나아가게 되면 인간 존재의 본질로부터 제기되는 질문, 즉 진정한 자유라는 근원적 테마와 만나게 된다. 일찍이 성현들이 마주쳤던 그 과제들 앞에 우리의 보통의 인류가 과학적으로 사회적으로 보편적으로 봉착하게 되는 것이다. 우리는 그런 단계를 향해 나아가고 있다고 나는 생각한다.

우주 자연계에서 모든 자연 인간과 더불어 살아가는 인간 존재의 본질로부터 진정한 자유란 어떤 것일까.

이제 우리의 신세대는 자신이 하고 싶은 일은 하고, 하고 싶지 않은 일은 하지 않는다는 점에서 자유도를 비약적으로 발전시켰다. 그러나 자신이 하고 싶은 일을 해야만 자유를 느낀다면 그것이 가장 심각한 부자유로 된다는 현실 앞에 점점 직면하게 된다. 실제로 함께 사는 세상에서 자기 마음대로 할 수 있는 일은 거의 없다. 자신이 하고 싶은 일을 하지 못할 때도 대단히 많게 되는데, 이때 그것이 부자유로 되지 않는 상태로 될 때 참으로 자유롭게 될 것이다. 지금은 여럿이 함께 하면 부자유가 많아지니까 혼자 하는 방식이 널리 보편화하고 있다. 여러가지 면에서 이것을 가능케 하는 삶의 양식이라든가 기술적 수준이 발달하고 있지만, 그것은 궁극적 해결의 길이 아니다. 그것은 문제의 본질에서 비켜서는 것이지, 해결하는 것이 아니다.

결국 자유를 원하는 인간은 자신의 내면의 에고로부터의 자유를, 자연의 리(理)에 맞지 않는 욕구로부터의 자유를 지향하게 될 것이다. 일찍이 성현들이 보여준 모범을 비로소 사회적, 현실적 보편화의 길에서 만나게 된다.

아마도 멀지 않아 성적 방종으로부터 인간의 아름다운 사랑의 이야기가 점점 사람들의 마음을 휘어잡게 될 것이고, 이혼율이 높아지게 될 수밖에 없던 결혼 제도나 의식도 변화되어 진정으로 아름다운 부부애와 그것을 바탕으로 화목한 가정을 이루려는 사람들의 바람이 새로운 문화를 이루게 될 것이다. 형태적으로 보면 과거의 문화와 비슷하게 보이는 경우도 있겠지만, 여기에는 근본적으로 다른 점이 있다. 그것은 이미 진화해온 인간 내면의 자유도를 바탕으로 한 새로운 문화일 것이다.

대체로 이상의 세 가지를 바탕으로 공동체주의 사회의 전망을 열어갈 수 있다고 생각한다.

에고로부터의 자유와 욕구의 질의 변화(근대의 의식화가 사회적 억압과 착취, 차별과 불평등을 자각하고 그것을 변혁하려는 과정이었다면 이것은 현대의 의식화라고 할 수 있다)는 사람들간의 관계를 대립, 경쟁의 관계로부터 상생, 협력의 관계로 변화시키는 데 결정적 역할을 하게 된다. 사회를 유지하고 변화시키는 에너지가 공포와 분노로부터 사랑으로 바뀌게 된다.

에고로부터의 자유는 사실을 인간의 감정으로부터 분리해서 볼 수 있게 하는 과학의 발전과 떼어놓고 생각할 수 없다는 것이 중요하다. 사실을 제대로 볼 수 있을 때 진정한 따뜻함이 나온다. 자기의 감정을 바탕으로 한 따뜻함과 질이 다른 것이다. 변하기 쉬운 자신의 감정에 바탕을 둔 자기중심적 사랑이 아니라, 사람과 사물을 있는 그대로 보고 그 모든 것이 하나의 우주를 이루고 있는 그 사실의 세계에서 진정한 사랑이 나오는 것이다.

사람들은 점차 자기 안에 있는 진정한 사랑의 에너지를 막고 있는 것이 근본적으로 자신의 에고라는 것을 자각하게 된다. 또 점차 진정한 사랑의 에너지를 맛보게 되면 자신의 에고가 점점 엷어져가고 점점 자유롭고 풍요로워지는 것을 느끼게 된다. 이것이 서로 상승작용을 하면서 좋은 것 위에 더 좋은 것을 바라는 인간 의식의 고양이 이루어진다. 한사람 한사람의 변화가 이와 같은 사회적 환경과 공기 속에서 보다 쉽게 이루어진다. 이것이 내가 그리는 공동체주의 사회이다.

근래 새로운 인간, 새로운 사회, 새로운 문명을 지향하는 사람들의 마음과 사회운동들이 점점 폭넓게 이루어지고 있다. 동일한 이론, 방법, 조직을 생각하는 것은 전시대적이다. 이제 자유롭고 다양한 네트워크가 이루어지고 있다. 한사람 한사람의 자각과 실천이 이 네트워크의 고리가 되고 있다. 그런데 가장 중요한 것은 그 자각과 실천이 일체(一體)를 우주 자연의 리(理)로 보는 관점과 연관되어 있다는 것이다.

야마기시즘도 그러한 자각과 실천의 하나라고 생각한다. 야마기시즘이 사회운동으로 제안하고 있는 무소유 일체 사회(돈이 필요 없는, 사이좋은, 즐거운 사회 만들기 운동)도 그러한 보편적 운동의 흐름 속에서 조금이라도 기여할 수 있다면 좋은 일이라고 생각한다.

공동체주의가 자본주의를 넘어서는 새로운 이념으로 되기 위해서는 의식의 전환과 함께 새로운 사회에 대한 구체적 전망들이 그려져야 한다. 그러한 전망들을 실천하는 사회 운동이 하나의 큰 흐름을 이루기 위해 우리는 어떤 일을 할 것인가가 지금부터의 과제라고 하겠다.

마치며

지금까지 새로운 시대정신은 자본주의(소유)와 종교(아집)를 넘어서 새로운 인간, 새로운 사회, 새로운 문명을 향해서 나아가는 것이라는 이야기를 했다. 이를 요약하자면 다음과 같다.

첫째, 인간의 의식을 변혁하는 것이다. 그 근본은 자기중심의 사고를 극복하는 것이다. 그 자기 중심 사고의 연장인 집단, 민족, 국가주의를 넘어서는 것이며, 인류라고 하는 종의 이기주의까지도 넘어서는 것이다. 결국은 자기 중심 사고의 범위를 벗어나지 못하는 수신, 수양, 인격의 도야 같은 것이 아니라, 어떤 개별 단위의 번영도 그 혼자만의 이익을 추구하는 것으로는 결코 이루어질 수 없다는 세상의 이치를 자각하고 그러한 과학적 세계관 위에서 사회애(社會愛) 정신을 실천하는 것이다.

둘째, 사회의 모든 분야에서 돈이 아니라 인간의 마음이 우선하는 시스템을 창조하고 확대해가는 것이다. 생산자협동운동, 소비자협동운동, 생활협동운동, 지역화폐운동, 자활운동, 환경생태운동, 자원봉사운동, 공동육아, 공동체, 새로운 학교 운동 등 다양한 분야에서 그 목적과 방향을 분명히 하고 연대를 확대해가는 것이 아주 중요하다고 생각한다. 시민운동이나 지역 주민운동의 분야에서도 감시, 비판하는 역할로부터 점차 새로운 사회를 지향하는 내용들이 발전하는 방향으로 나아가게 될 것이다. 이러한 분야에서의 운동들은 비록 전체 사회의 관점에서 미미하게 보일지 몰라도 새로운 사회, 새로운 문명을 창조해가는 거대한 운동, 전체 사회를 움직일 수 있는 시동력(始動力)으로 될 수 있다고 생각한다.

셋째, 과거와 같은 조직적 방법이라기보다 새로운 시대정신에 부합하는 방법이 발전하게 될 것이라고 생각한다. 서로 연구하고 실천하면서 발달하리라고 보지만, 그 목적과 지향에 일치하는 방법이 되어야 한다고 생각한다. 집단주의적, 획일적, 개인주의적 경향을 넘어서는 방법으로서 사람들 간의 네트워크가 중요하다고 생각한다.

　무폭력과 무타협을 자신의 행동원칙으로 하는 사람들의 인적 네트워크가 형성되고 사회의 여러 분야에서 영향력이 큰 사람들이 이에 참여한다면 대단히 큰 발걸음으로 나아갈 수도 있다고 생각한다. 기능적, 수단적 연대와 협력이 이루어질 수 있기 위해서는 그 이전에 보다 근본적으로 진리 실천을 서원하는 사람들의 네트워크(서원자의 자각을 가진 자립적인 사람들의 네트워크)가 이루어지는 것이 중요하다고 생각한다.

　지금은 큰 변화의 시기다. 여러가지 면에서 산업사회 이후의 사회로 이행하고 있다. 구조조정으로 야기되는 사회적 갈등을 통해 우리 사회의 현실이 그대로 투영되고 있다. 국제화, 지식정보 사회와 같은 말들은 아직까지는 세계자본주의의 바탕에서 사용되고 있다. 무한경쟁이라는 말이 그것을 잘 나타내고 있다. 그러나 이러한 변화들이 결국은 자본주의를 넘어서는 새로운 세계로 이행하는 과정이라고 생각한다.

　우리의 현실에서 세계자본주의의 흐름 속에 살아남기 위한 구조조정은 꼭 필요한 일이다. 그러나 보다 근본적인 진정한 구조조정은 자본주의를 넘어서는 새로운 문명을 예비하는 구조조정이 되어야 한다고 생각한다. 남북관계의 진전과 북미관계의 긴장 등을 통해 세계의 현실에 직면하고 있고, 자유와 자주의 오래된 긴장이 바르게 해결되기를 기다리고 있다. 대국의 패권주의로부터의 자주와 사회 내부의 자유가 서로 모순, 긴장, 대립되는 관계로부터 서로 분리할 수 없는 하나라는 것이 분명하게 드러나야 한다고 생각한다.

미, 일을 비롯한 패권주의, 제국주의를 넘어서려는 노력과 남북을 통틀어 우리 사회의 자유도를 높이려는 노력이 통일적으로 이루어져야 한다. 자유가 없는 자주나 자주가 없는 자유가 다 공허한 것이지만, 그동안의 인류사의 과정과 축적에서 보면 자유가 보다 선차적인 가치가 아닌가 한다.

일본의 교과서 왜곡과 우익의 발호는 지금의 세계화의 현실이나 사람들의 의식 수준이 여전히 매우 낮음을 보여준다. 공세적 민족주의와 방어적 민족주의, 국제주의와 민족주의의 해묵은 갈등에 빠져드는 악순환을 넘어서 새로운 세계를 향한 진보의 지평을 보다 명백하게 할 때라고 생각한다. 대단히 복잡하고 혼란스러워 보이는 현실 속에서 전진하고 있는 진화와 진보의 큰 줄기를 확신성 있게 내다보는 세계관과 사회적 실천이 요구되고 있다. 우리가 하려고 하는 것이 이러한 요구에 부응하는 것이라고 생각한다.

종적 사회에서 횡적 사회로[*]

큰 변화의 물결

현대를 살고 있는 우리는 좁게는 개인의 삶에서 넓게는 세계의 현실에
이르기까지 거대한 변화의 물결에 휩싸여 있음을 피부로 느끼고 있습
니다. 이 물결이 어디로 향하는지에 대해 다양한 설명이 있겠지만, 저는
이를 종적 사회로부터 횡적 사회로의 전환이라는 시각에서 살펴보려
합니다. 여기서 종적 사회란 불평등이 구조화된 사회로서 지배, 예속,
투쟁이 불가피하게 나타나는 그런 사회를 의미하며, 횡적 사회란 자유
로운 개성의 신장을 바탕으로 한 평등사회로서 주로 연대, 공존, 상생의
상호작용이 내용으로 되는 그런 사회를 의미합니다.

장구한 인류 역사를 되돌아볼 때 그 큰 획으로 된 것은 전문명(前文明)
의 원시적 수평사회에서 수직적 분화가 이루어져 소유제도와 계급제도

---

* 한국불교사회연구소,《서원과 연대》, 1994년 10월호 게재

에 바탕을 둔 종적 사회로의 전환이었습니다. 이러한 전환은 인간 존재의 특성인 그의 인식능력 및 행위능력의 발달에 기초한 생산력의 비약(신석기혁명)으로부터 초래된 것으로 생각됩니다. 따라서 이러한 전환이 없었다면 인간은 행복했을 거라는 생각이나 전문명적 수평 사회로 돌아가자는 생각들은 인간 존재와 그 역사 전개의 특성을 제대로 파악하지 못한 것으로, 옳지 않다고 봅니다.

인류 역사의 특성은 한편으로 불평등이 체계화된 종적 사회를 심화시키고 다른 한편에서는 역사의 매시기마다 이를 극복하는 횡적 사회를 추구하는 노력을 쉬지 않고 해왔다는 것입니다. 그것은 의미 있는 인류 역사의 모든 페이지가 자유와 평등의 확대를 위한 장엄한 투쟁과 연대의 이야기들로 수놓아져왔음을 보면 확실해집니다.

오늘 이루어지고 있는 대단히 불확실하게 보이는 변화의 물결 속에서 필자는 과거 역사의 축적을 토대로 과거보다 훨씬 큰 폭과 현실성을 가지고, 종적 사회의 붕괴와 횡적 사회의 여명을 감지합니다. 물론 여기서 말하는 횡적 사회는 악평등(惡平等)이나 전문명적 수평 사회로의 복귀를 결코 의미하지 않습니다. 불평등이 구조화된 이래 인류사를 관철하는 최선의 노력들은 자유와 평등을 추구하는 것이었지만, 그러한 노력이 체계적이고 전면적으로 추구될 수 있었던 것은 산업혁명 이후 의식적, 물적 토대가 갖춰지면서부터였다고 생각합니다.

이 체계적이고 전면적인 노력을 넓은 의미로 사회주의라고 불러도 되지 않을까요. 세계사를 통해 근대 이후의 사회주의의 전개과정은 하나의 거대한 실험이었습니다. 그런데 이 실험은 실패한 것으로 보입니다. 이러한 현실에 접하여 많은 사람들이 진정한 횡적 사회는 이 지상에서 실현되기 힘든 유토피아에 불과하다고 생각하는 것 같습니다. 그러나 관점을 달리하면 횡적 사회를 향한 이상의 좌절이 아니라 오히려 그러한 이상의 실현을 저해하고 있던 근본 장애를 넘어서서, 보다 참다운 횡적 사회를 향해 새로운 지평이 열리는 것으로 보는 것이 옳지 않을까요. 종적 사회에서 벗어나지 못한 사람들이 종적 틀을 통해 횡적 사회를 이루려고 한 그 자체에 이미 실패의 씨앗이 있었으며, 이 씨앗이 자라 마침내 거대한 장애로 된 것이라 생각합니다.

그 단적인 예가 소위 민주집중제라 할 수 있습니다. 그 전개과정에서 민주화라는 횡적인 틀보다 집중이라는 종적인 틀이 우세하게 되는 것을 막지 못함으로써, 악성의 관료제도로 나아갔고, 사회주의의 체제원리를 제대로 실현시키지 못한 채 한낱 국가자본주의의 변형된 형태로 되어 결국 붕괴의 운명을 피할 수 없었던 것이 아닌가 합니다.

그에 비하면 선진자본주의 사회는 그 종적 본질에도 불구하고 오히려 사회주의적 요소를 대폭 도입하여 체제의 결함을 보완하였을 뿐 아니라, 자유민주주의라는 횡적 틀의 정치 제도와 결합함으로서, 비록 종적 본질의 사회일지라도 횡적 틀과 횡적 의식의 발전을 가능케 하는 체제원리를 갖춤으로써 존속할 수 있었다고 생각됩니다.

많은 사람들이 횡적 의식을 가지게 되고 민주주의라는 횡적 틀이 발전하게 되면, 그것은 사회의 종적 본질을 변화시키는 참된 힘이 될 것입니다. 따라서 우리는 세계사적 대변화의 흐름 속에서 횡적 사회를 지향하는 이상의 좌절을 보는 것이 아니라 오히려 참된 횡적 사회를 향한 조건들이 성숙되는 위대한 전환기로 오늘의 세계를 파악하는 것이 옳다고 하겠습니다.

횡적 사회의 이상은 인간의 본성에 맞지 않는 것인가

원시적 수평사회로부터 수직적 분화가 이루어진 지금까지 평등사회의 이상은 실현된 적이 없었는데, 이는 이러한 이상이 인간의 본성에 맞지 않기 때문이라는 지적들이 많습니다. 즉 인간의 본성은 이기적 동기에 뿌리박고 있기 때문에 희소가치를 둘러싼 경쟁과 투쟁의 과정에서 수직적 질서는 불가피하며, 이러한 구조가 사회 성원들로 하여금 최선을 다하게 하는 사회적 기제로 작용하여 개인과 사회를 발전시켜나간다는 것입니다. 따라서 이러한 인간의 본성에 배치되는 횡적 사회에의 이상은 실현 불가능한 공상에 불과하며, 20세기의 거대한 역사적 실험을 통해 증명되어버렸다고 합니다.

이러한 주장은 일견 대단한 설득력을 갖는 것처럼 보이지만, 시각을 달리해서 살펴본다면 반드시 그런 것만은 아닙니다. 이기심을 인간의 본성이라고 한다면 역사를 통해 끊임없이 존재해온 완전한 자유와 평등을 추구하는 횡적 사회에의 끌림은 인간의 또 다른 본성의 하나가 아닐까요. 또 모든 이상들은 다 실패했다고 하나, 다른 각도에서 보면 완전히 실패한 이상은 결코 없었으며, 비록 실패한 것이었다고 할지라도 사실은 역사 속에 축적되어 횡적 사회를 지향하는 흐름을 더욱 풍부하게 하여왔다고 보는 것이 옳지 않을까요.

필자는 이기심을 인간의 본성이라고 한다면 이익을 초월하려는 동기도 인간의 본성의 하나로 인정해야 한다고 생각합니다. 사실은 이 둘의 병존이 인간의 실상이 아닐까요. 이 두 가지 중에서 어떤 것이 더 본질적이고 인간적인 것인가에 대해 단정적으로 말하는 것은 옳지 않다고 봅니다.

그토록 인간의 본성이라고 주장되는 이기심에 대해 그 바탕이 되는 소유의식과 차별의식이 발생하게 된 배경을 한번 생각해봅시다. 소유의식과 차별의식은 소유제도와 불평등구조가 체계화됨에 따라 나타난 것인데, 이는 인류 역사의 긴 페이지에서 본다면 인간에게 특유한 소유의식에 바탕을 둔 이기심을 영속하고 불변하는 인간의 속성이라고 보는 것은 옳지 않습니다. 이기심을 인간의 본성이라고 보는 견해는 끊임없이 존재해온 횡적 사회를 추구하는 노력들도 인간의 본성에 토대하고 있다는 견해보다 결코 더 옳은 것이라고 말할 수 없습니다.

특히 인간의 고도한 행위능력(그 직접적 표현으로서의 생산력)이 기존의 이기적 가치이념체계가 변화되지 않는 한 이제 발전의 조건이 아니라 질곡으로 작용할 수밖에 없는 현대의 상황 속에서는 사정은 과거와 크게 달라지고 있습니다. 횡적 사회에의 이상과 그것을 뒷받침하는 이익을 초월하는 인간의 동기는 이제 소수 이상주의자들의 환상 속에서가 아니라, 살아남아서 행복하기 위한 보통 사람들의 가슴 속에 점점 더 폭넓게 자리잡아갈 것입니다. 왜냐하면 우리의 생존을 위협하고 고통스럽게 만드는 구체적 사실들이 많은 사람들로 하여금 횡적 사회로의 전환만이 인류 생존과 자신의 행복의 조건으로 되고 있다는 점을 인식하게 하기 때문입니다. 이제 물신의 지배 아래 놓인 인간의 근본적 소외가 하루하루 목을 조여오는 생태환경의 위기에 직면하여 많은 사람들이 기존의 가치이념체계를 근본적으로 전환하지 않으면 안 되겠다는 생각을 하게 될 것입니다.

문명 이후의 세계에서 사상 초유로 이익을 위해서가 아니라 이익을 넘어서려는 노력이 진정한 행복과 자유를 가져다주는 조건으로 되는 그런 시점에 우리는 도달하고 있습니다. 이제 비로소 이익을 추구하는 인간의 경향과 이익을 초월하려는 인간 경향 간의 불균형이 역전되어야 하고 역전될 수밖에 없는 시점에 이르렀다고 생각합니다. 횡적 사회에의 이상은 결코 인간의 본성과 어긋나는 것이 아니며, 오히려 인간의 마음 깊숙이 뿌리박고 있을 뿐만 아니라, 앞으로 더욱 발전할 수밖에 없는 인간적 특징입니다.

새로운 진보 운동이 통과해야 할 터널

위에서 말한 내용들은 요즈음의 사회적 변화 속에 그 구체적 근거들을 가지고 있습니다. 나라마다 그 발전 단계와 문화적, 역사적 조건이 다르기 때문에 일률적으로 말하기는 어렵지만, 어떻든 변화의 밑바탕에는 다원화, 민주화의 보편적 흐름이 존재합니다. 이러한 보편적 경향 위에서 특히 횡적 사회를 추구하는 여러 형태의 자율적이고 자각적인 운동이 대단히 활발하게 발전하고 있음에 주목하여야 합니다. 현대사회의 조건에서 진보 운동은 바로 이러한 자율성과 자각성에 바탕을 둘 수밖에 없을 것입니다.

우리는 과거 역사의 경험으로부터 횡적 사회를 목적으로 하는 운동은 그 방법과 절차 또한 횡적 질서에 바탕을 두어야 하며, 더욱 중요한 것은 바로 운동가들의 의식과 동기가 완전히 새로워져야 한다는 교훈을 배웠다고 생각합니다. 이러한 운동의 대표적인 형태를 광범한 의미에서 시민운동이라고 말한다면, 시민운동의 고양은 기왕의 전통적인 정치운동, 노동운동을 비롯한 사회운동들과 서로 영향을 주고받으면서 사회의 질적 변화를 위한 운동의 새로운 지평을 열어갈 것입니다. 특히 우리는 요즈음 참여와 지지가 확산되고 있는 각종 협동운동, 환경생태운동, 시민경제운동, 시민정치운동 등이 앞으로의 진정한 사회 발전, 즉 횡적 사회로의 이행에 대단히 중요한 역할을 하리라는 기대를 가집니다.

이상의 여러 운동들이 자기의 역할을 제대로 하기 위해서는 그 구체

242

적 목표와 방향뿐 아니라 운동체 내부의 질서까지가 새로운 사회의 요구에 부응해야 하겠지만 여기서는 새로운 운동의 참여자, 특히 적극적인 추진자들에게 공통되게 요구된다고 생각하는 과제에 대해서만 언급하려고 합니다. 필자는 새로운 운동가들이 반드시 통과하지 않으면 안될 터널이 있다고 생각합니다.

그것은 오래된 종적 사회에 알게 모르게 훈습되어 있는 뿌리 깊은 종적 의식의 터널입니다. 소유의식과 차별의식에 바탕을 둔 종적 의식에서 벗어나지 못한다면 새로운 운동의 근본지향과 운동가의 성향이 근원에서 모순을 일으키게 되어 운동은 실패하거나 이상한 모습으로 왜곡될 수밖에 없을 것입니다.

예컨대 어떤 노동자가 주눅 든 상태에서 벗어나 당당한 노동운동가로 변신하였다 할지라도, 그가 노동운동(조합)내의 헤게모니나 동료와의 경쟁에 마음을 빼앗기고 있다면 그는 아직 동료들을 배반할 가능성을 그의 심성 깊숙이 가지고 있다고 말할 수 있습니다. 이것은 협동운동이나 시민운동을 전개하는 사람들에게는 더욱 절실한 문제로 됩니다. 본질에 있어 횡적 사회를 추구하는 이러한 운동의 주도자, 참여자들이 종적 의식의 포로가 되어 있는 한 운동은 제대로 발전할 수 없을 것입니다. '옷만 바꿔 입고 몸은 변하지 않은 사람들'이 주도하는 운동은 광범한 사람들의 마음속에 뿌리를 내리지 못할 것입니다.

새로운 운동의 승패 여부는 운동가 자신이 먼저 자신을 새로운 인간으로 변화시킬 수 있느냐에 달려 있습니다. 그런데 이러한 새로운 인간은 산속에서 수행한 사람들이 내려오거나, 어느날 갑자기 생각을 바꿔서 이루어지는 것은 아닙니다. 자신 속에 끈끈하게 남아 있는 종적 의식의 잔재들을 일상생활과 운동 속에서 털어내려는 치열한 노력이 그를 점차 새롭게 변모하게 할 것입니다.

필자는 이러한 노력이 개인적 차원에서 이루어질 수도 있겠지만, 뜻을 같이하는 사람들이 '함께 하는' 방식으로 한다면 더 효과적이고 광범하게 이루어질 수 있는 것이 아닌가 하는 생각을 가져왔습니다. 우리나라처럼 여러가지 갈등, 여러가지 사상, 여러가지 신앙들이 혼재, 공존하고 있는 조건에서 이러한 방식을 찾아내는 것은 쉬운 일이 아니지만, 바로 그렇기 때문에 모두의 지혜와 의지를 모아 노력하는 것이 중요하다고 생각합니다. 원심 작용으로 치닫는 우리의 여러가지 악조건들을 극복하여 참다운 구심력을 이룰 수 있는 것도 바로 이런 노력이 결실을 거둘 때만 가능할 것입니다.

진리실천 운동을 제안하며

이러한 관점을 우리는 불교적 표현으로 '서원(誓願) 실천 운동'이라 제의한 바 있거니와, 이것을 보편적으로 이야기한다면 진리실천 운동이 될 것입니다. 그 구체적 내용과 형태는 앞으로 많은 뜻있는 사람들의 진지한 노력 속에서 나타나고 발전해갈 것입니다. 다만 이 운동은 사람의 가치이념체계, 그의 삶의 동기와 생활양식을 바로 직접적으로 변화시키는 것을 그 핵심으로 할 것이며, 그러한 내용에 맞는 완전히 새로운 운동의 형식을 갖춰야 한다는 점에 대해서는 우리가 공유해야 하는 전제라고 생각합니다.

이 운동은 점점 더 많은 사람들이 필요에 의해서 공감대를 넓혀가리라는 믿음을 갖습니다. 왜냐하면 점점 더 많은 사람들이 그의 사회적 위치가 무엇이든 상관없이 지금까지의 종적 사고체계와 생활양식으로부터 고통을 느끼고 있기 때문입니다. 따라서 이 운동은 그 구체적인 틀이 어떻게 전개되어가든, 지금까지의 소유와 차별에서 무소유와 무차별을 지향하는 의식으로 전환하고, 그에 적합한 생활양식으로 변화시키는 과정에서 진정한 행복과 자유를 발견하는 사람들의 대오로 이루어질 것입니다.

유구한 역사를 통하여 비록 전면적으로 개화할 수 없었다 할지라도 연면하게 숨쉬며 살아왔던 인간의 선의지를 자기가 서 있는 바로 그 자리에서 지금 실현하려는 생동하는 운동체, 이는 어느 누구의 고통이나 희생을 수반하는 것도 아니며, 특정의 지역, 당파, 종교, 사상 등에 근거지가 세워지는 것이 아니라, 모든 사람들의 마음 속 깊숙이 간직되어 있는 선의지 속에 그 근거지를 마련해갈 것입니다. 물신의 지배와 이기의 늪에서 과감히 벗어나 지금까지의 관점에서 보면 이익을 초월하는, 어떻게 보면 진정한 자유와 행복이라는 가장 큰 이익을 목적으로 하는 사람들이 정치, 경제, 사회운동의 여러 분야에 많아질 때만 우리 민족이 당면한 현실적 문제들을 제대로 풀어갈 수도 있고, 나아가서는 인간의 질적 진화를 가능하게 할 것입니다.

이러한 생각을 실제 현실과 대단히 동떨어진 공상으로 비난하는 사람들도 있겠지만, 주어진 상황을 냉철하게 본다면, 민족 공동체의 생존 번영이나 더 심하게는 인간이라는 종 자체의 존속이 이러한 노력의 성공 여부에 달려 있다는 결론에 도달할 것입니다. 특히 우리 민족은 평등 의식이 강한 민족의 특성을 잘 살리지 못했던 지금까지의 역사적 조건 때문에 개인적으로는 우수하지만 모아놓으면 모래알 같다는 평가를 받아왔지만, 이 땅에서 진리실천운동이 뿌리내릴 수만 있다면, 앞으로 전개될 세계사에 새로운 문명의 주역으로 등장할 것입니다. 이것만이 고난과 희생으로 점철된 역사 속에서도 결코 잃어본 적이 없는 우리 선조들의 비원(悲願)을 적극적으로 실현해가는 길이라고 생각합니다.

오늘의 세계를 보면 낙관적인 요소와 비관적인 요소, 긍정적 측면과 부정적 측면이 뒤엉켜 있어서 과연 미래에 대한 희망을 가질 수 있는지 회의가 생기는 것을 부정할 수는 없습니다. 특히 큰 전환기에는 이런 현상이 더욱 심하게 나타납니다. 그러나 지나온 역사를 통해 세계가 움직이는 방향과 힘을 통찰한다면 무엇이 성장하는 요소이고 무엇이 쇠퇴하는 요소인지를 알 수 있다고 생각합니다.

많은 우여곡절에도 불구하고 성장하는 것은 횡적 사회의 요소이며, 쇠퇴하는 것은 종적 사회의 요소입니다. 무소유와 무차별을 지향하는 사람들이 확산되는 것(한 사람의 내부에서도 마찬가지로)이야말로 횡적 사회를 위한 핵심요소입니다. 불교의 인생관과 세계관은 바로 이런 측면에 잘 부합됩니다. 현대의 한국 불교가 인간과 세계의 거대한 전환에 어떤 역할과 책임을 해야 하는지 깊이 생각하고, 참회하고 실천합시다. 우리는 오늘에 와서 비로소 다음의 명제가 구체적 전망을 띠고 다가옴을 실감합니다. 즉 "자기 완성과 세계 완성은 둘이 아닌 하나다"라는 명제 말입니다.

🌿 진보의 길

과학의 발달에 의해 인간의 인식 범위
가 넓어지고 깊어짐에 따라 인간의 문제를 우주와의 관련 속에서 파악
하는 것이 이제는 일반적인 것으로 되고 있다. 근원적으로 우주의 생성
과 변화 등 우주의 운동양식, 우주는 진화하는 것인가, 진화한다면 그
도달점은 어디인가 하는 의문은 특별한 종교나 철학적 명제에 그치는
것이 아니라, 인간의 자유와 사회진보를 추구하는 광범한 사람들의 관
심사로 되고 있다. 우주의 목적이나 도달점에 대해서는 앞으로 더욱 밝
혀져가겠지만 아직 모르는 것에 대해서는 무리하게 추측하거나 단정하
지 않고 지금의 견해들을 어디까지나 가설로 해서 앞으로의 탐구에 맡
겨두는 것이 좋다고 생각한다. 우리는 다만 지금까지 이루어져온 사실
을 바탕으로 이야기하는 것이 무리가 없는 사고방식이라고 생각한다.

지금까지 인류는 끊임없이 자유를 확대하는 길을 걸어왔다. 누구나
쉽게 느낄 수 있는 것은 자연적 제약으로부터 자유를 넓혀온 것이다. 인
간은 자연의 법칙이나 원리를 인식하여 그것을 인간을 위해 응용하는

데서 탁월한 능력을 발휘해왔다. 전기, 원자력 같은 에너지의 개발, 교통, 통신수단의 비약적 발달에 의한 거리와 시간 개념의 혁명적 변화, 게놈프로젝트(Genome Project) 등에 의한 생명공학의 발달, 우주과학의 발전에 따른 새로운 지평의 확대 등, 인간의 능력은 가장 괄목할 만한 것이다. 이제는 핸드폰이나 인터넷을 아무런 신비감 없이 일반적으로 사용하고 있다. 전에는 상상도 할 수 없던 일들이 이제는 보통의 일상생활로 되고 있는 것이다. 이제는 화상을 통해 서로 얼굴을 보면서 이야기하게까지 되었다. 예전 같으면 신통력에 해당하는 것이 인간의 과학적 능력에 의해 현실화되고 있는 것이다.

물론 인간이 자유를 확대하는 과정에서 오히려 인간의 생존의 바탕을 허물어버리는 우를 범하고 있지 않는가 하는 비판이 절박한 위기의식으로 제기되고 있는 것도 사실이지만, 이것은 별도의 테마로 검토하는 것이 좋지 않을까 생각한다.

다음으로는 사회적 자유를 넓혀온 것이다. 갈등과 대립, 투쟁의 과정을 통과하면서도 실제로 진전되어온 것은 사람들이 서로 사이좋게 협력하며 살아갈 수 있는 사회적 환경을 개선하여 온 것이 사실이 아닌가. 지금의 사회적 자유도와 사회적 평등도를 과거와 비교해본다면 큰 흐름으로 진화되어온 것이 사실이라고 생각한다. 사회가 진보했다고 하지만 오히려 인정이 풍부했던 옛날이 더 좋았지 않는가 하고 생각하는 사람도 있지만, 잘 보면 이렇게 생각하는 사고방식에는 서로 다른 테마들이 혼동되어 있는 것을 알 수 있다.

노예제도나 봉건적 신분제도의 해체는 자유와 평등의 새로운 지평을 여는 것이다. 그 다음 단계로 등장한 자본주의의 단계에서 인간소외의 문제라든가 인정의 결핍 등이 진정한 행복을 원하는 인류에게 테마로 되고 있고, 지금은 이것을 해결하기 위해 노력하고 있는 것이다. 인류는 진전된 역사의 바탕 위에서 진정으로 자유로운 사회를 만들기 위해 끊임없이 앞으로 나아가고 있다고 생각한다. 보통의 사람들은 과거보다 훨씬 좋은 사회적 환경에서 인간으로서의 삶을 영위하며 더 진전된 사회를 향해 나아가고 있는 것이다.

다음으로는 인간의 마음의 세계에서 과연 자유가 진전되어왔는가 하는 점인데, 이것이야말로 객관적으로 측정하기가 어려운 분야이지만 다른 두 분야와 마찬가지로 자유를 넓혀온 과정이라고 말할 수 있다.

과거 성현들이 살았던 시대보다 오히려 인간의 마음이 퇴보한 것이 아닌가 생각하는 사람도 있지만, 나는 그렇지 않다고 생각한다. 성현들은 인간이 지혜롭게 자신의 관념을 변혁함으로써 완전한 자유에 도달할 수 있다는 선례를 남겼고, 그것이 총체적 진화의 큰 자산이 되었다. 이러한 자산도 중요한 요소로 해서 사람들의 마음의 세계에서 자유도가 보편적으로 높아져왔다고 생각한다. 인간의 의식의 진화 또한 하나의 사실의 세계가 아닐까. 어떤 시대 어떤 사회의 사회제도든 그 시대 그 사회의 총체적인 의식의 상태를 반영한다고 생각한다. 다시 말하면 봉건적 신분제도나 전제정치(신권이든 절대왕권이든 일당지배든 유일사상체계이든)를 채택하고 있는 사회보다 민주주의 제도를 채택하고 있는 사회의 전체적인 의식의 상태가 진화했다고 말할 수 있다. 전반적 의식의 진화도 사회제도나 과학기술의 발전단계와 상호 작용하면서 진행되는 것으로 보인다. 실제로 신세대의 자유도가 대단히 높아질 수 있었던 데는 근대 이후의 과학기술 혁명이나 사회변혁에 의한 물질적, 사회적 환경의 변화를 빼놓고는 말할 수 없는 것이 아닐까.

지금 많은 사람들이 이제는 마음의 변혁이라고 하고 있는데 이것이야말로 인간이 총체적인 진보의 길을 가고 있는 증거라고 생각한다. 인간이 자연을 개조, 변화시키는 분야와 사회를 변혁, 개조하는 분야에서의 능력이나 진화의 속도에 비해 인간의 의식을 변화시키는 분야가 뒤떨어진다는 자각에서 출발하여 세 분야의 균형적인 발전을 추구하는 것을 통해 새로운 단계의 역사가 전개될 것이다. 이런 점에서 진보의 세 가지 방법에 대해 말해 보겠다.

진보의 세 가지 방법

그 첫째는 그 한계를 정하고 서로 그 선을 넘지 않는 것이다.

이것은 이른바 사회구조나 제도, 각종 규범을 정비하는 것을 말한다. 다른 사람을 침범하지 않도록 각종의 장치와 그것을 침범했을 때 감수해야 할 불이익을 분명하게 하는 것이다. 근래 병원이나 은행에 가보면 과거에 비해 마음 편하게 대기할 수 있게 되었는데, 그것은 새치기나

'나 먼저' 하는 의식이 변해서이기도 하겠지만, 차례를 제도화해놓은 것이 가장 큰 이유라고 생각한다. 컴퓨터 시스템을 바탕으로 한 이러한 시스템의 도입은 사람들이 서로 노려봄 없이 사이좋게 할 수 있도록 해준다. 지금까지 인류 역사에서 역사적 진보를 이루어온 과정에는 이와 같은 사회제도의 변혁이 커다란 역할을 하여왔고, 지금도 또 미래도 그 역할은 사라지지 않을 것이다.

다만 이러한 제도의 변혁만으로는 해결하기 힘든 한계가 있음을 우리는 비싼 수업료를 내고 배워왔다고 생각한다. 불평등하고 부자유한 사회제도를 변혁하는 과정에서 수많은 혁명과 전쟁들을 겪었지만 아직도 진정한 이상사회는 오지 않았다. 문제는 지금까지의 사회변혁이 언제나 새로운 변혁을 그 시초부터 잉태한 채 진행되어온 불완전한 것이었다는 점이다.

이해관계가 대립하는 사회구조에서 대립이나 투쟁에 의해 힘을 바탕으로 이루어진 변혁은 예외 없이 새로운 변혁을 예고하는 것이다. 더이상 갈등이나 대립투쟁을 필요로 하지 않는 근원적인 변혁을 누구나 마음으로부터 바라고 있다고 생각하는데, 이것이야말로 서로 협력하며 사이좋게 살고 싶어하는 인간 본래의 지향이 아닐까.

한 가지 더 생각하고 싶은 것은 사회를 유지하기 위해 불가결한 것으로 생각되는 규범이 갖는 속성에 대해서이다. 법과 같은 강제규범은 물론이고 도덕(애국심, 집단에 대한 헌신, 사명감 등)과 같은 비강제 규범이라고 알려져 있는 것까지도 사실은 내면의 부자유를 동반한다는 것이다.

규범은 자유를 지향하는 인간본성과 그 깊은 심층에서 모순되는 것이 있다고 생각한다. 이제 이러한 규범이 내포하고 있는 심층의 부자유로부터 자유로워지고 싶은 그런 단계를 거치고 있는 것처럼 보인다. 지난 올림픽 때 야구선수들이 카지노 게임을 즐겼다는 보도에 접했을 때 보인 사람들의 반응은 여러가지를 생각하게 한다. 지구촌의 축제, 특히 젊은 사람들의 축제인 올림픽에서 어떤 공기가 자라는 것일까. 승부에 대한 집착, 국가주의, 엄숙주의나 경건주의 같은 지금까지의 관념 속에 있는 심층의 부자유를 넘어서고 있는 세계 젊은이들의 모습이 느껴지지 않는가. 카지노를 출입하거나 술을 마시는 행위가 좋은가 아닌가와는 별도로, 심층의 부자유를 넘어서려는 시대적 테마를 잘 보아야 한다고 생각한다.

가장 선진적인 사회, 예컨대 무소유의 사회를 하나의 제도로서 만든다 할지라도 그것을 유지하기 위해 무언가 마음의 세계에 '하지 않으면 안 되는' 규범 같은 것이 작용한다면 그것은 진정한 무소유 사회로 되기 힘들다. 인간의 심층의식에 부자유가 있다면 그것은 무소유사회라는 사회 시스템과는 서로 어울리지 않는다. 그런 상태에서 형태적으로 사회 시스템을 도입한다고 할 때는 무리가 따르게 되어 있다. 인류가 그리는 궁극적인 이상은 규범에 의해 유지되는 사회가 아니라 자유의지에 바탕을 둔 사회라고 생각한다.

두 번째의 방법은 남아돌아갈 정도로 보유해서 가지고 있는 것이 쓸데없고 귀찮게 될 정도로 모든 물자를 넓게 풍부하게 하는 것이다. 사실 따지고 보면 지금까지의 사회문제, 세계문제는 그 핵심이 경제문제에 있고 그것은 흔히 말하는 희소성에 기인한다고 해도 크게 틀린 말은 아닐 것이다. 이것을 해결하기 위해서 여러가지 방법이 있지만 그 하나는 재화를 무한에 가까울 정도로 많이 생산하는 것이다. 실제로 이런 점에서 인간은 엄청난 힘을 발휘해왔다. 재화의 생산을 늘림으로써 희소성의 문제를 해결하려는 사고방식은 근대 이후의 일반적이며 보편화된 사고로서, 자본주의든 사회주의든 공통적인 것이다. 이것은 분명히 하나의 방법으로서 그것을 부정하거나 무시하는 것은 현실적이지 않다.

그런데 현대에 와서 이러한 해결방식은 인류의 존속 그 자체를 위협하는 근본적인 문제와 만나게 되었는데 그것은 바로 자연과의 모순이다. 현대의 생산력이나 생산 규모는 자원고갈과 생태계 파괴라는 문제를 심각하게 제기하고 있는 것이다. 이것을 해결하기 위해서 여러 가지 견해가 있는데, 근대 이후의 산업문명을 거부하는 생태주의에서부터 과학기술에 의해 해결 가능하다는 입장에 이르기까지 수많은 사고법의 스펙트럼이 있다. 어떤 입장이 절대로 옳다는 것보다 지금 인간이 당면하고 있는 문제를 어떻게 풀어갈 것인가 지혜를 모아가야 할 때라고 생각한다.

다만 중요한 것은 어떤 삶의 방식을 선택하더라도 그것이 자발적 자유의지에 의한 선택(마음으로부터 흔쾌히 받아들이는 선택)이 되어야 한다는 것이다. 그렇지 않다면 진정한 행복과는 거리가 있게 된다. 가령 소비를 적게 하면서 사는 생활방식일지라도 그것을 영위하는 마음의 상태는 크게 다를 수 있다. 살아남기 위해서 뭔가 욕망을 억제하고 참아야 한다는 심정 속에는 심층의 부자유가 있어 즐거운 삶이라고 볼 수 없지 않을까. 외형적으로 비슷한 정도의 소비규모나 생활정도라도 그 삶을 움직이는 것이 무엇인지가 중요하다고 생각한다.

욕망을 억제하는 것이 아니라 욕구의 질을 변화시키는 것이 인간이 지향할 방향이 아닐까 생각한다. 심층에 부자유가 없고 물질적 욕구 이상의 가치에 마음이 더 가는 상태라면 그 마음의 상태는 청빈이나 검약으로 표현되는 것보다는 오히려 풍요함이라고 할 수 있지 않을까. 우리들 인간의 삶은 이런 풍요함을 지향하는 것이 좋다고 생각한다.

세 번째는 타(他)를 침범하는 것의 천박함과 어리석음을 깨닫는 것이다. 즉 필요 이상으로 폭을 넓히는 부끄러움을 깨닫고 남에게 양보하고 싶게 되는 것이다. 그리하여 다른 사람이나 자연의 몫까지도 홀로 차지하고 있는 것을 스스로 못 견뎌 하는 마음의 상태가 되는 것 것이다. 이것은 인간의 의식을 변혁하는 것으로서, 전자의 두 가지 방법과 병용해야 하는 것이지만 인간의 진보에서 가장 중요하고 핵심적인 요소라고 생각한다.

인간의 자유욕구는 궁극적으로는 자신의 관념 안에 있는 근원적 부자유, 즉 자기중심성(아집, 에고)으로부터 자유스러워질 때 더 높게 실현될 수 있는 것이다. 이러한 것은 지금까지는 일부 성현이나 의식이 높은 사람들에게 해당하는 이야기이고 대부분의 사람들은 좋지만 어려운 세계, 나는 하고 싶어도 상대가 움직여주지 않아서 할 수 없는 것, 또는 관넋론자들의 넋두리로 비웃음까지 당하는 정도였다고 생각된다.

그러나 이제 인간의 자기중심성의 극복은 인간 생존을 위한 테마(자연 생태계와의 관계에서나 중무장하고 있는 인간 상호간의 관계에서 볼 때)로 되고 있다.

다른 말로 하면 자신의 가치관을 변혁하지 않으면 멸망할지 모른다는 위기에 대한 절박한 인식이 어쩌면 인간의 심층의 자유를 추구하는 욕구보다 더 현실적으로 의식 변혁의 토양으로 되고 있는 것이다. 실제로 인간의 고도한 행위능력에 비추어볼 때 자기중심주의는 결국 인간이 우주 자연계에서의 암세포와 같은 역할을 하게 될 것이라는 자각이 현실적인 위기감을 바탕으로 커지고 있다. 이러한 위기를 바탕으로 한 자각과 인간의 끝없이 자유를 추구하는 숭고품성, 그리고 인간의 과학적 능력이 서로 상승작용을 하여 인간의 심층의식의 변혁을 보편화하게 될 것이라는 희망을 가져본다.

근원적으로 보면 우주가 하나의 생명단위라고 할 수 있겠지만 그 가운데 인류도 하나의 부분 단위로서 총체적으로 보면 하나의 운동체라고 볼 수 있다. 이러한 인류라고 하는 운동체의 내적 요구로부터 근본적 변혁, 즉 인간의 의식혁명이 진행되고 있다고 생각한다.

생산력 수준이 낮고 사회제도가 지극히 불완전했던 시대에는 자기 몫을 제대로 찾는 것(뺏기지 않는 것)이 시대적 테마였다고 말할 수 있다. 물론 지금도 이것이 중요한 테마로 되어 있는 경우가 많다는 것을 부인할 생각은 없다. 그러나 지금은 자기 것을 챙기려는 것이 결국 자신의 폭을 넓혀 다른 사람을 침범하는 것으로 되고 마는 사회제도와 풍조가 점점 핵심 테마로 되고 있다. 이제 내 것을 챙기겠다는 것이 우주 자연계와 인간 사회의 자연스러운 순환을 막는 최대 장애로 되고 있는 것이다. 경쟁과 독점의 근저에는 자기의 폭을 넓혀 결과적으로 타를 침범하게 되는 사고방식이 자리잡고 있다. 이러한 사고방식에 대한 자각과 그것을 부끄러워하는 사고로의 전환이야말로 의식 변혁의 출발이 아닐까 생각한다.

"지키는 사람 열이라도 도둑 하나 막기 어렵다"는 말이 있듯이, 아무리 제도나 규범을 바꾼다 해도 사람들의 사고방식이 바뀌지 않으면 근본적인 변화는 어렵다. 입시제도나 과외정책을 아무리 바꾼다 해도 학부모나 학생들의 이기심과 경쟁에 바탕을 둔 사고방식이 바뀌지 않는한, 어떤 문제를 잡으려면 다른 문제가 발생하고 그것을 해결하려면 다시 원점으로 돌아오는 악순환을 반복하는 것처럼 보인다.

오늘 우리 사회의 한 단면을 여실히 보여주는 의약분업의 시행과정에서 나타나고 있는 현실은 무엇이 핵심 테마인지를 분명하게 보여주고 있다고 생각한다.

흔히 말하는 희소가치, 즉 부, 권력, 명예 등의 소유를 둘러싸고 자기의 폭을 넓혀 타를 침범하는 것은 비교적 쉽게 인지된다. 그런데 사실은 우리가 일상적으로 별 의식 없이 타를 침범하고 있는 실태에 눈을 돌릴수 있어야 한다. 그것은 자신의 생각과 때로는 정서까지도 다른 사람에게 강요하는 것이다. 일상에서 다반사로 하고 있는 이런 현상에 대해서 부끄러움을 느끼는 것이 자신의 실태에 눈 떠가는 출발이 아닐까 생각한다. 마음에서 진정으로 부끄러움을 안다는 것은 결코 가르치거나 강요해서 될 수 있는 것은 아니다. 자신이 자각해야 가능한 것이다.

독점에 견딜 수 없는 사람으로 서로 되어가는 그런 사회는 어떻게 하면 만들 수 있을까. 그런 사회적 공기는 어떻게 형성될 수 있을까.

요즈음 마음의 변혁을 추구하는 노력들(그 형태는 달라도 진실한 자아를 찾는다는 것이 결국 에고를 넘어서는 것이라는 점에서는 공통된다고 생각한다)이 일반 대중의 의식의 수준에 부응하며 또는 과학의 성과를 도입하여 활발하게 이루어지고 있는 것은 이 시대의 특징이라고 생각한다. 여기에는 근원적으로 경쟁이나 배타성이 없다. 만일 경쟁하거나 독점하려는 생각이 있다면 그 바탕이 잘못되어 있다고 생각한다.

무아집에 이르는 경로는 다양하지만 도달하는 마음의 세계는 보편의 세계가 아닐까. 여러가지 경로로 무아집을 향해 나아가는 사람들이 정말로 진실한 새로운 세계, 새로운 사회를 만들어가는 모습이 아름답게 그려지지 않는가. 개인도, 사회도, 세계도 나아가 우주 자연계도 진화한다고 생각한다. 인간이 보다 잘 조화된 새로운 세계를 위해 자신의 능력을 사용해간다는 것, 그것을 향해 인간의 마음이 움직여간다는 것이야말로 우주적 진화의 정수라고 생각한다.

의식의 변혁을 추구하는 사람들이 개인의 영역에 머물지 않고 새로운 사회, 새로운 공기를 만들어가는 데 서로 협력하는 것이야말로 개인의 변혁을 검증하는 길이기도 하다. 혼자서는 깨달았다고 생각해도 다른 사람들과 정말 사이좋게 할 수 없다면 한번쯤 자신의 방향이 제대로 되어 있는가를 반성해볼 일이다. 서로 힘과 지혜 그리고 마음을 모아 진정한 진보의 길을 함께 가보자.

🌿 자유에 대하여

인간은 우주 자연계에서 여러 모로 특이한 존재이다. 나는 인간이 다른 존재와 달리 능동적으로 환경(자연환경과 사회환경)을 이용하고 개조하여 자신의 자유를 확대해간다는 바로 그 점에 가장 큰 특색이 있다고 생각한다. 그리고 이것을 가능케 한 것은 인간의 자유욕구와 지적 능력이라고 생각한다.

인간의 자유욕구는 끝이 없어 보인다. 아마도 모두가 지복(至福)을 느끼게 되는 순간까지 멈추지 않을 것 같다. 이 자유욕구와 지능이 결합하여 자유를 확대해온 것이 지금까지의 인류 역사라고 본다. 그런데 이 자유욕구는 크게 세 가지 방향으로 작동하여왔다고 생각된다.

첫째는 자연의 제약으로부터 자유로워지는 것이다. 이 분야에서의 성과는 정말 괄목할 만한 것이다. 불을 이용하고 간단한 도구를 사용하면서 걸음마를 시작한 인류가 얼마 안 되는 짧은 기간(우주의 생성은 말할 것도 없고 영장류의 출현에만 비해 보아도 짧은 기간이라고밖에 생각할 수 없다)에 달성한 이 어마어마한 성과는 인간의 능력을 실감케 한다.

둘째는 사회적 제약으로부터 자유로워지는 것이다. 동물 일반의 생존법칙에서 크게 다르지 않은 원시공동체 사회로부터 사유재산, 계급, 국가 등이 발생하고 사람에 의한 사람의 지배가 제도화되면서 사람에 의한 사람의 착취나 억압에 반대하여 사회적 자유를 확대하려는 인류의 노력이 끊임없이 이루어져왔다. 그래서 지금은 상당한 수준의 사회적 자유를 획득하고 있다. 개별 국가 수준의 민주주의로부터 '세계 민주화'로 나아가고 있다. 우리나라 역시 최근 20여 년간 이 분야에서 괄목할 만한 진보를 보여왔다.

셋째는 인간의 관념이 갖는 제약으로부터 자유스러워지는 것이다. 이것은 첫째와 둘째의 발전과 관계가 있는 면도 있고, 그다지 관계가 없어 보이는 면도 있다.

일반적으로 그 사회의 GNP와 민주화 정도는 그 사회의 민도나 자유도에 큰 영향을 준다. 또 물질적 궁핍이나 사회적 억압에서 벗어날 때 비로소 관념계의 부자유를 인식할 수 있게 되는 것이 일반적이다. 그런가 하면 물질적 생산력이나 사회적 자유에서 지금보다 훨씬 뒤처진 시대의 선각자들의 가르침이 여전히 이 분야, 즉 마음의 세계에서는 높은 목표로 되고 있다.

이 마음의 세계는 인간의 의식이 출현한 이래 독자적인 영역으로(물질이나 사회 조건과 관계없이) 존재하는 면이 있는 것 같이 생각도 되고, 또는 더 길게 더 근원적으로 보면 종(種)으로서의 인간의 진화라는 점에서 살펴볼 수도 있을 것 같다.

인간이 관념의 제약으로부터 자유로워진다고 하는 것은 동물 일반의 자기중심성으로부터 자유로워진다고 하는 것인데, 이것은 의식의 질적 진화라고 할 수 있다. 의식의 출현과 맞먹는, 또는 의식을 훨씬 능가하는 진화의 단계가 아닐까 생각도 된다. 석가, 예수, 공자 등 2천여 년 전의 선구자들은 이러한 종으로서의 새로운 인간의 모습을 구현했던 분들이 아닐까.

그러나 이것이 인류 전반의 진화로 이어지기 위해서는 첫째와 둘째의 발전을 반드시 필요로 하는 것 같다.

요즘 굉장한 부자나 권력자, 자연과학자들이 자살하거나 몰락하고 인격적 파탄자로 되는 것을 보면서, 또는 수천 년간 지속되는 종교를 보면서, 물질적 생산력과 사회제도 등이 마음의 세계와 별 관계가 없지 않느냐, 자유나 행복과는 무관하지 않느냐는 생각을 하는 사람도 있는 것 같다. 그러나 잘 보면 이 세 가지는 서로 깊이 결합되어 있다. 이 세 분야를 이끌어가는 인간의 자유욕구는 같은 것이고, 그것을 확대해가는 인간의 능력도 같은 것이다. 다만 그 지능의 사용 방향에 대한 불균형이 지금의 인간과 세계의 여러 가지 모순을 심화시키고 있는 것이다.

인간이 물질적 제약으로부터 자유로워지는 과정도, 인간이 사회적 제약으로부터 자유로워지는 과정도, 그 자유욕구가 동기로 되고 그 지능이 추진력이 되어왔다면, 인간이 관념의 제약으로부터 자유스러워지는 과정 역시 그 자유욕구가 동기가 되고 그 지능이 추진력으로 될 것이다.

1) 자연의 제약을 넘어서

인류가 이 짧은 기간에 이룩해낸 진보가 인간의 가장 큰 특징을 잘 보여주고 있다. 간단한 도구나 불 정도를 이용할 줄 알던 수준에서 이제는 우주의 생성과 생명 탄생의 비밀까지 알아내어 생명복제는 물론 죽음에 도전하여 불사(不死)의 경계까지 나아가고 있다. 물질적 생산력은 전 인류의 수요를 충족하고 남을 정도에 이미 도달하였다. 이 모든 것이 끝없는 인간의 자유욕구와 지능 덕분이다.

그러나 이러한 한 면의 진보가 인간의 자유를 그만큼 확대하지는 못하고 오히려 자유를 위협하는 요인으로 작용하고 있기도 하다. 이것은 불균형 때문이다.

자기중심성을 넘어서지 못한 채 이루어지는 이러한 진보는 필연적으로 모순을 일으키게 된다. 아무리 민주주의와 공정한 게임의 룰을 발전시켜도 동물 일반의 자기중심성을 넘어서지 못하면 약육강식의 질서는 불가피한 것으로 보인다. 총체적 풍요와 다수 약자의 빈곤이라는 모순을 피할 길이 없다.

생산력이나 과학기술을 발전시키는 동기가 아리아욕(我利我慾)인 한, 여러가지 노력은 근본적인 해결과 거리가 멀 수밖에 없다.

인간의 자기중심성은 개인적, 집단적 차원에서도 나타나며, 나아가 인간이라는 종의 차원에서도 나타난다. 생태계 안에서 조화되는 생명 일반의 자기중심성과 달리 고도로 능력을 발전시킨 인간의 자기중심성은 마치 암세포처럼 타자(타인, 타집단, 자연)를 침범하고 결국 자신까지도 파멸에 이르게 한다. 소수가 부유하게 되고 다수가 가난하게 되어 마침내는 그 소수의 행복도 보장되지 못하는 상태로 나아가게 된다.

인간의 생산력이 자연 생태계를 파괴하고, 인류를 절멸의 위기로까지 몰고갈 핵전쟁의 위협 앞에 노출시킴으로써 인간의 자유가 근본적으로 위협받게 된다. 이런 것을 자각하지 못하는 것은 아니지만 그 분야에서는 아직 미약하다. 이 불균형은 인간의 자유욕구에 역행하는 것이다.

요즘 생명과학 분야에서 윤리 문제가 큰 관심사로 되고 있지만, 그 윤리는 과거의 도덕이나 윤리와 달리 자기중심성을 넘어서는 동기의 혁명이 있어야 그 기술과 조화를 이루게 될 것이다. 지금처럼 아리아욕의 동기 그대로 생명과학을 발전시킨다는 것은 거대한 재앙으로 될 가능성이 있다.

아직은 미미하지만 인간의 자유욕구와 지능은 이러한 불균형을 해결하는 방향으로 움직이고 있다. 과거에는 소수의 성현이나 선각자들에 의해 이루어졌다면 이제는 위기를 절실하게 느낄 수밖에 없는 대다수의 보통 사람들에게 점점 더 절실한 과제로 인식되고 있다.

자연의 제약을 넘어서기 위한 인간의 자유욕구가 발전시킨 과학기술의 발달은 보편적 인류가 종적으로 한 단계 진화할 수밖에 없는 계기를 그 위기를 통해 주고 있다고 말할 수 있다. 이것은 역설의 희망이다.

자원봉사와 기부 등 나눔의 실천이 공정한 게임의 룰의 차가운 질서를 넘어서는 운동으로 발전할 것이라는 전망을 갖는 것이나, 환경운동이나 생태주의 운동 등이 궁극적으로 자기중심성을 넘어서는 의식의 근본혁명으로 발전할 것이라는 전망을 갖는 것은 인간의 자유욕구와 그 지능을 믿기 때문이다.

2) 사회적 제약을 넘어서

인간은 사회적 존재다. 사람은 다른 사람과 사회적 상호작용을 지속적으로 하면서 살아갈 수밖에 없는 존재다. 이 말은, 사람은 누구나 좋든 싫든 일정한 사회구조 속에서 태어나 일정한 문화를 향유하며 제도화된 틀 속에서 살 수밖에 없는 존재임을 뜻한다.

물자가 부족한 사회는 부자유하고 불평등한 제도를 만들어내기 쉽게 되어 있다. 부족한 재화를 둘러싸고 약육강식의 질서가 생긴다. 인간의 자유욕구는 노예제나 봉건제와 같은 신분제도나 신권정치, 절대주의, 전체주의, 독재와 같은 집단적 억압으로부터 스스로를 해방하는 쪽으로 그 능력을 발휘해왔다. 그 결과 사회적 제약으로부터 개인을 해방시키는 점에서 거대한 진보를 이룩했다. 물론 이것은 물질적 생산력의 진보와 궤를 같이 할 수밖에 없다. 그것이 인간의 조건이다.

지금 도달하고 있는 지점이 자유시장경제와 자유민주주의이다. 이것은 대단한 진보이다. 그러나 인간의 자유욕구는 그 단계에서 머물러 있을 수 없다. 왜냐하면 이러한 개인중심주의, 자기중심주의는 과거에 비해 자유가 신장된 것은 사실이지만 또 다른 부자유를 낳기 때문이다.

개인 중심의 이윤 동기는 경쟁을 필연적인 것으로 하고 갈등을 일으키는 원인으로 된다. 개인 중심의 자유시장 경제질서는 최상의 장치라고 해도 공정거래 이상으로 나아가기 힘들다. 아무리 게임의 룰을 공정하게 하더라도 그것은 차가울 수밖에 없다. 강자는 더 강해지고 약자는 더 약해지는 것을 피할 수 없다. 이른바 양극화 현상이 심화된다. 부자의 행복과 자유도 위협을 받게 된다.

그래서 사회복지제도를 확대하는 등 국가가 개입하지만 이것으로 문제가 근본적으로 해결되는 것은 아니다. 사회복지제도와 이윤동기에 의한 생산력이 모순을 일으키기 때문이다.

자원봉사나 기부 등의 자발적 실천 등은 그것이 전체 경제에서 차지하는 비중으로 보면 미미하기 짝이 없을지 모르지만, 동기의 변화를 일으킨다는 점에서는 그 경제적 크기와 관계없이 대단히 중요하다. 우리가 주목해야 할 것은 그것이 비록 미미하더라도 근본적 변화의 씨앗을 내포하는 것이냐 하는 것이다. 이웃(사람, 집단, 국가)에 대한 사랑이야말로 자기중심주의의 한계를 넘어서기 위한 실천의 길이다. 이윤이 아닌 사회애가 동기로 될 때 비로소 사람은 온전한 사회적 자유를 얻게 된다. 이것이 인간의 자유욕구의 발전이다.

한 사회가 전반적으로 이렇게 이행하고 있느냐하는 것을 판단할 수 있는 지표는 이윤동기에 의한 생산력보다 사회애의 동기에 의한 생산력이 앞서느냐의 여부이다. 아직까지 큰 단위의 사회에서 이것이 성공한 사례는 일시적인 경우를 제외하고는 없었다. 그렇다고 이것이 불가능한 것이라고 단정할 수는 없다. 나는 인간의 자유욕구와 그 지적 능력이 이러한 사회를 반드시 이루어낼 것이라고 확신한다.

3) 관념계의 부자유를 넘어, 에고를 넘어

인간은 의식을 가진 존재라는 점에서 다른 동물과 구분되지만 동시에 관념의 지배를 받는 존재이기도 하다. 따라서 관념으로부터 오는 부자유야말로 사람에게 있어 태생적인 숙명이기도 하다.

관념을 변화시켜 근본적인 부자유로부터 해방되고자 하는 노력은 물질적 생산력이나 사회제도와 관계없이 오래 전부터 있어왔다. 성인(聖人)의 세계가 그것이고, 종교의 세계가 그것이다. 그러나 물질적 부자유와 사회적 부자유가 심한 시대에는 보통 사람의 자유욕구가 이 관념계의 부자유를 넘어서려는 데까지는 이르지 못한다.

사회적 부자유나 물질적 부자유가 심한 사회에서는 성인의 세계나 종교의 세계도 왜곡되기 쉽다. 종교가 사회적 모순이나 집단간의 갈등을 왜곡, 호도한 과거의 역사가 그것을 잘 말해준다. 한때 종교가 '아편'이라고까지 일컬어진 데는 그만한 이유가 있었던 것이다. 지금도 여전히 종교가 집단적인 아집으로 작용하여 세계의 가장 해결하기 힘든 갈등을 일으키고 있긴 하지만, 전반적으로 과거와는 다른 단계로 들어서고 있다.

물질적 자유와 사회적 자유를 상당히 달성한 인간의 지적 능력은 이제 과거에는 성현과 종교의 세계였던 것을 보편의 세계로 확대하고 있다. 무지의 안개에서 빠져나오게 되면 종교도 그 원래의 모습을 나타내게 된다. 예를 든다면 과학의 눈으로 있는 그대로의 우주 자연과 인간의 실태를 보게 되면 성현들이 말씀하신 세계의 실상을 볼 수 있게 된다.

종교와 과학이 모순을 일으키지 않게 되는 것이다. 오히려 참다운 보완 관계로 발전하게 된다.

과학의 눈으로 보면 온전한 생명단위는 우주 하나이다. '나'라고 하는 고정되고 독립된 실체는 없다. 이것은 모든 종교의 성인들이 일찍이 갈파하신 것이다. 그러나 '나'라고 하는 관념(실제와 다른)이 너무 오래 지배해왔기 때문에 과학적인 인식으로 '나'라고 하는 고정불변의 독립된 실체가 없다는 것을 이해한다고 하더라도 그 관념에서 벗어나기 힘들다. 우리가 일상적으로 느끼는 감정들을 살펴보자. 화, 미움, 질투, 우열감 등은 우리를 얼마나 부자유스럽게 하는가. 보통 사람들이 부러워하는 부나 명예나 지위를 가진 사람들이 절망하고 자살까지 하는 예를 보는 것이 그렇게 귀한 것이 아니다. 도덕이나 윤리의 이름으로, 때로는 진리의 이름으로 자신을 묶고 다른 사람을 묶는 경우도 지금까지 얼마나 많았는가. 이 모든 부자유의 원인이 사실의 세계가 아닌 아집, 자의식 등의 관념이라는 것을 이제 특정한 종교가 아니라도 이해할 수 있는 정도로 인지(人智)는 나아왔다.

그러나 그런 관념으로부터 벗어나는 길에 대한 탐구는 과학의 역사에서 그다지 오래 되지 않았다. 다른 말로 하면 이 분야에 대해서는 인간의 지적 능력이 별로 쓰이지 않은 것이다. 주로 외부세계, 즉 물질계와 사회를 변화시키는 데는 놀라운 성과를 이루었지만 자신의 관념을 정상화시키는 쪽으로는 그다지 진보를 이루지 못했다. 여기에는 여러 원인이 있다고 생각하지만, 어떻든 지금은 이 불균형을 극복하는 것이 인간의 행복추구 욕구, 자유욕구의 당면한 목표로 되고 있다.

자신의 관념을 제대로 보고, 그것을 정상화시키는 노하우는 지금까지 종교가 발전시켜 온 것이 많다. 이제 이러한 노하우가 과학과 결합함으로써 더욱 풍성하게 발전할 수 있다고 생각한다.

예를 든다면 분노가 일어나는 원인, 분노가 우리의 몸과 마음에 일으키는 작용 등은 사실에 바탕을 두고 과학적으로 탐구하면 이해하는 것이 그다지 어렵지 않다. 그러나 실제로 분노로부터 자유롭게 되는 것은 그 과학적 인식과는 별개일 때가 많다.

많은 사람들이 명상이나 기도, 참선과 같은 방식을 써서 마음의 평화, 마음의 자유를 얻는다. 이것은 대단히 좋은 일이다. 과학과 전혀 모순을 일으키지 않는다. 오히려 과학과 조화되면 더욱 풍성해지고 보편화할 수 있다.

사실의 세계에 대한 과학적 인식과 자신의 관념을 정상화하는 (이것을 마음을 다루는 것이라고 말하기도 하지만) 종교의 방법을 조화시키는 것은 지금까지 분리되어왔던 과학과 종교의 세계를 하나로 통합하는 방향으로 나가게 할 것이다. 처음에는 각각의 세계를 더욱 풍성하게 하겠지만 종국에는 하나로 통합될 것이다.

요즘 '마음의 세계'에서 자유를 얻으려고 하는 노력이 대단히 넓어져가는 것은 우연한 일이 아니다. 이것은 인간의 자유욕구가 나아가는 필연적인 도정이 아닌가 한다. 다만 이러한 욕구가 불투명한 미래나 잘 풀리지 않는 사람과의 관계에서 '마음의 편안함'을 얻는 것을 목표로 하게 되면 일시적인 위안에 그쳐버릴 수가 있다고 생각한다. 어디까지나 과학적이고 실사구시적인 방향에서 추구할 일이다.

　우리 인간 한사람 한사람은 우주적 존재이고, 사회적 존재이다. 나의 관념이 진정으로 자유로워지려면 모두가 자유로워져야 한다. 따라서 우리의 자유욕구는 나와 세계의 변혁을 통합하는 데까지 나가지 않으면 안 될 것이다. 이것이 마음의 세계에서 자유를 추구하는 것이 세계의 자유를 추구하는 사회적 실천과 결합되어야 할 이유라고 생각한다.

✿ 평등에 대하여

1) 불평등

사람은 누구나 행복을 추구한다. 행복을 위해서 물질적, 사회적, 정신적 조건들을 충족시키려 한다. 이 과정에서 자신의 능력을 억압받지 않고 자신을 위해서 발휘하고 싶어하는 것이 인간의 자유욕구이다.

그런데 지금까지는 인류 전체로 보아, 욕망하는 것보다 재화가 많이 부족했기 때문에 이 부족한 재화를 둘러싸고 불평등한 사회가 이루어질 수밖에 없었다. 누구나 자유욕구를 갖고 있지만 부족한 재화를 쟁탈하는 과정에서 힘이 강한 자가 힘이 약한 자를 침범하게 된다. 강한 자의 자유는 충족되지만 약한 자의 자유는 억압된다. 이 힘의 관계가 가계를 통해서 세습되고 신분을 통해 세습되게 되면서 불평등한 사회구조가 정착되게 된다. 이렇게 되면 개인의 능력과 관계없이 그 출신에 의해 그 희소가치의 배분이 결정된다.

노예나 농노의 자식으로 태어나면 자신의 능력을 자신을 위해 발휘할 수 있는 기회가 원천적으로 봉쇄된다. '왕후장상의 씨가 따로 있느

제3부. 우리 시대의 진보 271

냐' 하며 반란을 일으키기도 하지만, 그 불평등한 제도를 무너뜨리기에
는 역부족인 오랜 세월을 살아와야 했다.

그러나 아무리 불평등한 사회 속에서도 인간의 자유욕구는 사라지지
않는다. 생산력이 발달하고 지식이 넓어지면서 점차 불평등한 사회구조
가 변혁되어왔다는 것이야말로 인간의 가장 큰 특징이라고 생각한다. 이
런 역사를 보면 인간에 대한 근본적인 신뢰를 하지 않을 수 없는 것이다.

지금까지 불평등을 극복하려는 인간의 노력은 개인의 능력과 자유욕
구를 해방하려는 것이었다. 신분의 철폐는 근대 최대의 변혁이라고 할
수 있다. 자본주의와 민주주의는 이렇게 등장한 것이다. 그러나 아직 개
인의 능력과 자유욕구가 완전히 해방된 것은 아니었다. 형식적인 불평
등은 철폐되었지만 이제 신분 대신에 '돈'과 그 세습에 의한 실질적 불
평등이 심하게 나타나게 된다.

형식적으로는 누구나 고급 레스토랑에 갈 수 있는 평등한 세상이 되
었지만 '돈'이 없으면 실제로는 갈 수 없다. 노동자도 자유롭게 노동을
선택하고 그만둘 수 있는 자유를 획득하였지만, '생계'라는 철쇄에 의해
불공정한 계약을 '자유롭게' 하지 않으면 안 된다.

이런 불평등을 해소하기 위해 인류는 근대 이래로 피나는 노력을 해
왔다. 기본권으로서 사회권(가장 대표적인 것이 노동권)이 강조되고, 자본
과 노동 사이에 공정한 게임의 룰을 위한 오랜 동안의 줄다리기 끝에 선
진 국가의 모범들이 나타난다. 이런 면에서의 진보와 함께 개인의 능력
과 자유욕구를 태어나면서부터 불평등하게 억압하는 요소로 작용하는

'가난의 대물림'을 어떻게 해결할 것인가가 큰 테마로 된다.

가난한 집에 태어나면 교육과 건강 면에서 대단히 불리한 조건을 감수해야 하고, 특출한 사람이 아니면 가난을 대물림받게 된다. 이런 점에서 불평등을 해소하기 위한 노력이 현대 국가의 큰 과제로 되고 있는 것이다. 교육과 건강에 대한 국가의 지원과 상속제도의 개선이 그것이라고 하겠다.

이런 노력들은 근대 이후의 지속적인 평등에 대한 지향을 보여주는 것이다. 그것은 개인의 능력과 자유욕구가 여러 사회적 조건들에 의해 방해받거나 침범 당하지 않도록 하겠다는 것이다. 이런 노력이 상당히 성과를 거두게 되면 그것만으로도 새로운 사회, 상생사회를 위한 조건들이 성숙하게 된다고 말할 수 있다.

그러나 그것만으로는 충분하지 않다. 그것은 개개인의 능력에 차이가 있기 때문이다. 아무리 기회를 균등하게 주고 사회적 제약을 없앤다고 하여도 개개인의 타고난 능력의 차이 때문에 배분의 차이가 이루어진다.

이것은 어쩔 수 없는 일이라고 치부해버릴 수도 있겠지만 사회 전체가 '대단히 자유로운 경쟁과 능력의 발휘'라는 분위기 속에서 뒤쳐지는 사람이나 집단에 대한 따뜻한 배려가 없다면 결코 모두가 행복한 그런 사회로 되기는 어렵다. 또 이러한 배려가 그저 시혜를 베푸는 것에 머무는 것도 결국 진정한 행복으로 되지는 않을 것 같다. 이 테마가 현대 이후의 테마로 될 것 같다.

2) 악평등

사람들의 자유 욕구는 아직은 자기중심성을 벗어나지 못한 상태이기 때문에 다른 사람의 자유를 침범하기 쉽게 되어 있다. 그래서 불평등도 나타나지만 악평등도 나타난다.

불평등은 자기를 신장시키기 위해 남을 억압하는 것이고, 그 억압당하는 쪽이 자기를 해방하려는 노력 속에서 불평등이 해결되는 것이라고 말할 수 있다면, 악평등은 평등에 대한 요구가 지나쳐 신장하는 자를 억제함으로써 다른 사람의 자유를 침범하는 것이라고 말할 수 있을 것 같다. 자본주의의 불평등에 대한 처방으로 나왔던 사회주의의 악평등이 세계적 범위에서 보여준 그 실례라는 생각이 든다.

신장하려는 사람이나 그 에너지를 억제하게 되면 생산력이 떨어질 수밖에 없다. 그렇게 되면 아무리 평등을 이야기해도 사람의 행복과는 너무 거리가 멀게 된다. 물질적인 면에서 가난의 평균화가 행복과 거리가 먼 것처럼 사회의 분위기가 생동감을 잃고 사람들의 자유 욕구가 근본적으로 억압당하게 된다. 요즘 성장과 분배에 대한 논의는 이런 점에서 살펴볼 수 있다.

또 악평등을 강요하는 것은 의식하지 못한 상태로 나타나는 경우가 많다. 같은 크기의 집이라든가, 같은 양의 식사라든가 같은 옷 등은 누구에게나 쉽게 인지되는 악평등이지만, 자신과 같은 사고방식을 강요하는 것 같은 것은 의식되지 못하는 경우가 많다. 개인의 능력을 신장시킬 수 없게 하는 불평등을 해소하는 것이 중요한 만큼 신장하려는 자를 억제하는 악평등도 해소해야 한다.

　지금 우리 사회는 아직 불평등 문제를 해결하지 못한 부분이 많아서 그것에 관심이 더 많이 가는 것은 사실이지만, 그동안 평등을 위한 생각이나 노력이 지나쳐 악평등의 폐해가 나타나는 면이 있다. 각종 규제나 평준화 등에 이 악평등의 요소는 없는 것인지를 잘 보아야 한다고 생각한다. 여러가지 제도 면에서 살펴보는 것도 중요하지만 더 근본적인 것은 우리 자신 안에 악평등을 강요하는 그런 마인드에 너무 익숙해져 있는 것은 아닌지 보아야 한다고 생각한다. 이런 마인드가 있는 한 악평등의 폐단은 언제나 나타날 수밖에 없다고 생각한다.

　우리가 원하는 새로운 세상은 불평등도 악평등도 없는 그런 세상이라고 생각한다. 입으로 자유, 평등, 행복에 대하여 아무리 말하여도 이것을 행동으로 나타내지 않는다면 무슨 소용이 있겠는가.

상생사회를 향하여
국가, 정치, 민족은 어떻게 변화해가는가

1) 국가

지금까지 국가는 시대정신을 가장 종합적이고 현실적으로 실현하는 가장 강력한 집단이다. 국가가 어떻게 변화되어왔는가를 보면 인류가 어떻게 변화되어왔는지를 가장 잘 알 수 있다. 따라서 인류가 상생사회를 향하여 진화하고 있다고 할 때 그것이 현실로 되기 위해서는 국가가 진화하는 것을 핵심적 내용으로 거론하지 않으면 안 될 것이다. 과거의 전체주의, 독재, 집단주의 사회에 비하면 많이 축소되고 약화되었지만, 그래도 오늘날 국가의 위상과 역할은 여전히 막강하기 때문이다.

궁극적으로 우리가 이상으로 생각하는 자유로운 사회를 생각하면 국가는 아예 소멸하거나 혹은 있더라도 지금과는 전혀 다른 성격으로 변하리라고 생각하지만, 가까운 미래에까지는 역시 국가가 사회의 변화에 가장 큰 역할을 할 수밖에 없을 것이다.

주지하다시피 그 사회의 질이나 내용이 어떠한가를 불문하고 국가의 기능에는 공통된 것이 있다. 안전보장과 질서유지의 기능이 그렇다. 대립과 투쟁의 시대를 살아온 인간의 역사 속에서 이러한 국가의 필요는 절대적이었다고 할 수 있다.

외부의 침략으로부터 자기 나라를 보호하고 나라 안의 질서를 유지할 수 있는 최고권력을 갖는 것은 인간 사회의 속성상 어떤 시대에도 필수적이다.

그러나 그 사회의 성격이 어떠냐에 따라서 안전보장과 질서유지라는 일반적 기능의 내용은 달라지고, 국가 집단의 보위와 내부의 질서유지라는 두 기능 사이에 모순이 나타나게 된다. 예컨대 독재나 수탈이 바탕이 되는 사회에서는 '누구를 위한 국가의 보위인가' 하는 근본적 의문이 결국 나올 수밖에 없는 것이다.

인간 사회의 속성상 집단 사이의 갈등이 발생하면 집단 내부의 갈등은 2차적인 것이 되지만, 그것이 해결되는 것은 아니다. 국가와 국가 사이의 투쟁과 갈등, 국가 내부에서의 여러 갈등들이 사람들의 자유와 행복을 증진시키는 같은 방향에서 이루어질 때만 국가의 안전보장과 질서유지라는 두 개의 기능이 서로 모순을 일으키지 않고 이루어질 수 있다. 민주주의 질서를 유지하는 것과 전체주의나 패권주의 국가의 침략으로부터 자국을 보위하는 것은 그 기능 사이에 모순이 없는 것이다.

현대 국가는 이것을 지향한다. 이것이 지금까지 국가가 진화해 온 결과를 가장 잘 나타내고 있다고 생각한다. 우리 헌법도 가장 진화된 국가의 기능을 잘 나타내고 있다. 국가의 자주와 국민의 자유는 같은 방향에 있는 것이다.

현대 국가의 기능을 이야기할 때 공공의 복리라는 것을 더하는 경우가 있지만, 넓게 보면 더 진화된 질서를 이루어가려는 것으로 볼 수 있다. 그러나 그 내용을 그 지향에 부합하도록 해가는 데는 무수한 어려움이 있는 것이 사실이다. 아직 사람들의 실태, 나아가 국가들의 실태는 여전히 자기중심성을 벗어나지 못하고 과거의 인습이나 행동양식에서 나아가지 못한 것이 많다.

내가 시골에 와서 새로운 일을 하려고 해보니 국가의 행정이 아직도 사람은 이기적이고 자기 이익을 위해서는 부정이나 부조리를 저지르기 쉬운 존재라는 바탕에서 이루어지고 있는 것을 느낄 수 있었다. 주로 그런 것을 막으려고 하는 데 초점이 맞춰져 있다 보니 과거의 관료주의나 권위주의가 쉽게 사라지지 않는다. 규제 중심에서 공공의 서비스라는 방향으로 진화하는 것이 결코 쉽지 않다는 것을 실감하게 된다.

이것을 공무원들에게만 책임을 돌릴 수 없다는 것도 실감하게 된다. 일반의 이기주의나 요령, 편법주의 등이 함께 맞물려 있다.

독도를 둘러싼 한일 간의 갈등을 보면서도 지금의 실태를 느낄 수 있다. 해묵은 민족주의나 애국주의가 언제라도 사람들의 의식을 혼미하게 만들 수 있는 소지가 많은 것이다. 소위 '우경화'라는 말 속에서 과거의 망령을 떠올리게 되는 것도 기우만은 아닌 것으로 생각된다.

이런 어려움이 있음에도 불구하고 나는 세계화, 민주화, 물질적 진보, 인류의식의 성장 등은 막을 수 없는 추세이기 때문에 국가의 기능이나 위상은 변화해가지 않을 수 없다고 생각한다.

세계의 민주화(당연히 국가 내부의 민주화를 바탕으로 한)가 이루어지는 것만큼 국가의 기능은 축소되고 국가의 위상은 상대적이 되어갈 것이다. 이것이 미래 사회를 향한 국가의 진화 방향이 아닐까 한다. 지금의 실태를 경시하지 않고 그러면서도 미래의 전망을 분명하게 갖는 태도가 필요하다.

여기서 국가를 현실적으로 변화시키는 두 가지를 이야기하려 한다.

하나는 시장이다.

시장의 자율성을 증대시키려 하는 쪽을 보수라고 하고 시장에 대한 국가의 규제를 강화시키려는 쪽을 진보라고 생각하는 것은 전혀 근거가 없다. 시장이 인간의 적나라한 이기주의와 탐욕을 키워서 그냥 놔두면 불평등과 실질적 부자유 그리고 경제적 공황을 야기하기 때문에(흔히 이것을 '시장의 실패'라고 부른다) 국가의 개입이 불가피하고 그러한 개입에 의해 '공정한 게임의 룰'이 발전한 것은 사실이지만, 그것에 고정해서 생각하는 것은 진정한 진보가 아니다.

현실적으로는 공정한 게임의 룰을 발전시키기 위한 국가의 개입을 진보라고 할 수 있을지 몰라도 궁극적으로는 시장의 자율을 확대하는 것이야말로 진보가 아닐까 한다.

이제 과거의 사고방식에서 벗어나 사람과 사회의 진정한 진보가 무엇인지를 보아야 할 때라고 생각한다. 국가의 규제가 아니라 시민 사회의 성숙과 인간 의식의 진화가 시장의 인간화, 시장의 민주화를 이끄는 동력으로 되는 시대를 맞고 있는 것이다.

이렇게 시장이 발전하면 공무원의 행동양식도 근본적으로 변할 수밖에 없다. 국가의 규제가 아니라 시장에서 옥석이 가려지고 우수한 것은 더욱 신장되고, 부정과 부패, 부조리는 시장을 통해 걸러지게 된다. 공무원도 시장에서 한 단위로 되어 민간 서비스와 질적으로 경쟁을 하게 될 것이다. 그렇게 해서 공공 서비스가 민간 서비스를 능가하게 되면 비로소 새로운 질의 국가가 나타날 수 있게 될 것이다.

지금 바로 그렇게 하자고 하면 지나친 이상주의로 되고 말겠지만 그 속도를 현실에 맞게 잘 조정하면서(국가의 기능을 현실에 맞지 않게 축소하는 것은 더 큰 후퇴를 가져올 수 있다) 방향만은 분명한 것이 좋다고 생각한다.

지금의 신자유주의적 세계화가 모순이 많은 것은 사실이지만 세계화는 막을 수 없는 경향이다. 신자유주의적 세계화의 모순을 시정하는 것도 결국은 우리 국민을 비롯한 세계 시민의 성숙이지 국가가 하기 힘든 시대를 살고 있다는 자각이 절실하다는 생각이 든다.

어떻게 보면 상생사회를 지향하는 사람들의 의식과 생활양식의 진보야말로 점점 더 지금의 세계에서 진정한 세계화를 이루게 하는 큰 힘으로 될 것이다. 예를 들어 신자유주의의 가장 큰 피해자로 되고 있는 농민을 살리는 것도 국가의 지원 못지않게 아니 앞으로는 소비자인 국민이 시장에서 가격법칙을 넘어서는 선택을 함으로써 가능하지 않을까 생각되는 것이다. '마음의 경제'라고 할까. 이것이 시장에서 가격법칙과 공존하면서 시장의 인간화를 이루어 가지 않을까. 세계의 시장을 거부할 수도 국가가 사람의 마음을 규제할 수도 없는 현실을 직시해야 할 것이다.

다른 하나는 지방화이다.

민주주의가 고도로 발전하면 결국 자율과 자치의 확대로 나타난다. 그런 점에서 세계화, 세계의 민주화는 지방화와 서로 통하는 것이다.

지방화를 하나의 지역적 단위로 생각하기 쉽지만 나는 그 범위보다는 자율과 자치의 심화라는 질적 진보를 의미하는 말로 이해한다(실제로 지방권력이라는 말을 잘 보면 규모나 범위만 줄어들었지 과거 국가권력의 폐해를 고스란히 반복하는 것을 볼 수 있다). 이것은 시장과 함께 국가를 변화시키는 가장 큰 동력의 하나이다.

지금 우리의 경우 만족할 만한 수준은 아니고 아직은 그 형식을 넓혀가는 정도이지만 무수히 많은 시행착오 속에서도 자율과 자치를 배우고 연습하는 장이 될 것은 분명하다. 여기서 중요한 것은 시민운동이 지방자치, 주민자치와 결합하는 것이다. 과거 권위주의 시대의 시민운동과 달리 이제부터는 시민운동이 적극적이고 능동적으로 지방화를 추동해야 한다고 생각한다. 함께 변화해갈 것이다. 이른바 '시민이 있는 시민운동'이란 무엇이겠는가. 결국은 지방자치, 주민자치로 이어지는 것이 아닐까. 지금의 현실을 무시하는 것은 아니지만 어디에선가는 새로운 전형들이 이루어져야 하지 않을까 한다.

노동과 자본의 새로운 관계도 이 전형 속에 핵심적 내용의 하나가 될 것이다. 환경정책이나 치안도, 교육이나 문화도, 점점 이런 방향으로 되어가지 않겠는가. 시장과 지방화는 국가의 기능과 위상을 변화시켜갈 것이다. 결국은 우리 모두가 바라는 자유로운 사회를 향해 국가는 진보해갈 것이라고 생각한다.

2) 정치

국가의 의사를 결정하고 그것을 실현하는 과정을 정치라고 한다면 그 구체적 담당자인 정치권력을 획득하고 그 권력을 행사함으로써 국가를 운영하는 핵심적 역할을 하는 것이 정치라고 할 수 있을 것이다. 그런데 이런 국가의 의사라고 하는 것은 그 국가의 성격에 따라서 달라진다.

신권정치에서는 특정한 종교의 수장의 의사가 국가의사로 될 것이고, 군주제에서는 왕의 의지가, 신분제 사회에서는 비록 지금의 민주주의와 유사한 모습을 보이더라도 지배계급의 의사가 국가 의사로 될 것이다. 민주주의가 뿌리내리고서 비로소 국민의 총의가 국가 의사로 되는 이른바 주권재민의 시대가 열리게 된다.

그런데 국민의 총의라고 하는 것은 대단히 추상적인 것이어서, 실제로는 다양한 집단의 이해관계가 충돌하는 속에서 국가의 의사를 구체적으로 결정할 수밖에 없기 때문에, 주권재민이라고 하더라도 정치권력의 획득과 그 행사를 둘러싸고 치열한 경쟁이 나타날 수밖에 없다. 그 정치권력을 획득하기 위한 경쟁이 불공정하게 이루어지면 심각한 갈등으로 나타날 수밖에 없는데, 그 가장 대표적인 것이 독재라고 할 수 있다. 따라서 공공연한 독재 또는 교묘한 독재와의 투쟁을 거치면서 '공정한 룰'을 확립해가게 된다. 즉 절차상의 민주주의가 발전해감으로써 주권재민의 민주주의 원칙을 실제로 실현할 수 있게 되는 것이다.

국가의 기능과 위상은 역사가 발전하면서 변화한다. 현대에 오면 더욱 상대화해서 점점 다원화가 진행된다. 다원화된 사회에서는 과거 국가가 수행하던 많은 역할들을 다양한 집단이 하게 된다. 이렇게 되면 국가의 작용을 정치라고 생각했던 과거와 달리 정치의 영역이 실제적으로 더 보편화하게 된다. 다양한 집단 안에서 그 집단의 의사를 결정하고 실현하는 과정까지도 넓은 의미의 정치라고 할 수 있게 되는 것이다.

그런데 이런 변화가 이루어지고 있음에도 불구하고 정치에 대한 낡은 관념은 쉽게 없어지지 않고 있는 것 같다. 과거 왕권 시대부터 정치권력을 쟁탈의 대상으로 보는 관점이 민주주의 시대가 되었어도 여전히 의식 속에 많이 남아 있는 것이다.

물론 민주주의라 하더라도 다양한 이해집단이 서로 경쟁하고 갈등하기 때문에, 또 아직은 전반적으로 이기주의적 속성이 강하기 때문에, 민주주의라 하더라도 권력쟁탈의 양상을 띨 수밖에 없는 측면이 있는 것도 사실이다. 그러나 전체적 사회의 변화나 문화, 의식의 발달에 비해 정치가 후진적이라면 그것은 정치권력을 쟁탈의 대상으로 보던 특권 사회의 낡은 관념과 행동양식의 포로가 되고 있다는 것을 말하는 것이다.

민주주의에서는 정치권력은 쟁탈의 대상이 아니다. 즉 정치권력은 특권을 얻는 것이 아닌 것이다. 우리나라에서도 비교적 짧은 기간에 이 점에서 상당한 진보를 이루고 있다고 생각한다. 전통적인 국가정치뿐만 아니라 다양한 집단 안에서 진정한 민주주의가 뿌리내리는 것이 상생

사회를 향한 발전과정이라고 생각한다. 이제 정치는 '다양한 이해관계를 조정하고 조화시켜 사람들을 자유롭고 행복하게 하는 기술(예술)'로 되어야 한다. 이것이 상생의 정치라고 생각한다.

현실적으로 국가 정치의 영역에서 전반적으로 변화하는 것이 어렵다면 지방 정치에서 먼저 실현해보는 것은 어떨까. 이것은 시대의 추세와도 맞는 것이다. 이를 위해서 '새로운 강령과 행동양식'을 갖는 지역 정당을 만드는 것에 대해 적극적으로 생각해볼 때가 되지 않았을까. 인류 사회의 보편적 이상을 강령으로 하면서 지역에 구체적으로 뿌리내린 새로운 정당, 권력쟁탈이 목적이 아닌 상생사회를 위한 '조화의 예술'로써 정치를 하려는 사람들의 새로운 결사를 이제 해봄직하지 않을까.

언젠가는 전반적으로 정치 문화가 바뀔 것이라고 확신하지만, 그렇게 되기까지는 상생사회를 지향하는 진취적인 사람들에 의해서 이러한 새로운 시도가 뿌리내리는 과정이 반드시 필요하다고 생각한다.

3) 민족

우리는 오랫동안 단일 민족국가를 이루어왔다. 그러다 보니 민족과 국가가 구분되지 않는 경우도 많았고, 주권을 상실했던 때나 나라가 분열되었던 시기에는 민족이라는 기치가 독립과 통일의 구심체로 된다. 그러다 보니 우리에게 민족은 국가보다 더 사람들의 마음을 움직이는 가치로 되고, 어떤 것보다도 더 정치적인 요소로 되어왔다. 세계가 변하고, 제도나 문화가 바뀌어도 이런 심층의 정서는 지금도 여전히 강한 것 같다.

개인이 존경받는 사람이 되고 싶은 것은 좋은 것이다. 가족이, 또는 가문이 존경받는 존재로 되고 싶은 것 또한 당연히 아름다운 인간의 꿈이다. 더 나아가 인류 집단 속에서 자기 민족이 세계인들로부터 사랑받고 존경받게 되는 꿈을 민족 구성원들이 공유하는 것은 대단히 좋다고 생각한다.

그러나 그렇게 되기 위해서는 자유와 행복을 추구하는 인류의 보편적 지향과 합치하는 방향에 서 있어야 한다. 개인이 자기 이익만을 추구한다면 그는 존경받는 사람으로 될 수 없다. 가족이 자기 가족만의 이익을 추구한다면 존경받을 수 없다. 일시적으로는 성공한 사람이나 가문으로 될지 모르지만 결국은 지탄받는 대상으로 되는 것을 우리는 수 없이 보아왔다. 민족도 마찬가지다. 세계 인류가 지향하는 세상을 향해 올바로 설 때만 존경받고 사랑받는 민족으로 될 수 있다.

주권을 상실했던 어려운 시기에 제국주의 열강의 억압과 수탈로부터 해방을 이루는 데 민족 해방의 대의는 세계를 진보시키는 큰 역할을 하였다. 이것은 아름다운 일이고, 세계로부터 존경받는 일이었다. 우리 민족도 그 어려웠던 역사 속에서 당당하게 서고, 존경받는 민족으로 살고 싶어 하는 오랜 비원(悲願)을 간직하며 살아왔다. 나는 우리 민족의 이런 비원이 오늘에 와서 실제로 실현될 수 있는 시대로 되었다고 생각한다. 객관적인 지표들(민주화, , 경제력, 문화 등)이 그것을 나타내고 있다. 이제 그런 지표들과 조화되는 의식의 발전이 절실히 필요한 때가 되었다. 과거의 정서에 붙들려 있다면 우리의 아름다운 꿈을 이루는 데 방해가

될 것이다. 왜냐하면 세계화와 민주화라는 세계사의 진운(進運)에 부합

하지 않게 되기 때문이다. 세계 인류는 우여곡절에도 불구하고 상생의

세상을 향해 나아가고 있다.

나는 우리 민족이 이런 세상을 만들어가는 데 선구적인 민족으로 되

어 세계로부터 사랑받는 민족이 되었으면 하는 염원을 누구 못지않게

강하게 갖고 있다. 그러기 위해서는 큰 전환이 필요하다.

첫째는 순혈주의가 바탕에 깔려 있는 단일민족의 환상이나 민족지상

주의에서 과감하게 벗어나야 한다. 이런 것은 과학적으로, 역사적으로

근거가 없을 뿐 아니라 지금의 세계와 전혀 어울리지 않는 것이다. 이런

정서가 생겨날 수밖에 없었던 과거를 인정하는 것과 우리의 민족에 대

한 꿈을 올바로 하는 것은 뚜렷하게 구분되어야 한다.

민족지상주의는 민족적 열등감, 민족적 허무주의와 정반대의 것으로

보이지만 그 뿌리는 같은 것이다. 민족적인 열등감이나 우월감 모두로

부터 자유로워져야 한다.

나는 요즘 국제결혼, 특히 동남아 여성과의 국제결혼이 많아지는 것

을 보면서, 조용한 혁명이 일어나고 있다고 생각한다. 어떻게 보면 우리

민족이 성숙한 민족으로 될 수 있는가에 대한 시험대로 되고 있다고 생

각된다. 대단히 좋은 기회로 되고 있는 것이다. 그동안의 피해의식을 공

유한 저항적 민족주의의 오랜 정서로부터 새로운 세계인의 의식으로

전환하는 계기의 하나로 되고 있는 것이다.

둘째는 이런 세계의 흐름 속에서 우리의 가치가 민족 단위보다는 국

가 단위로 자연스럽게 이행하는 것이 중요하다. 단일 민족이라고 하는 것보다는 우리 국가 안에서 다양한 인종, 민족이 함께 생활 공동체, 문화 공동체를 만들어 의식이 보편화되어야 한다.

단일민족주의는 그 속성상 배타적이 되기 쉽다. 이런 배타성은 지금의 세상에서는 누구에게도 도움이 되지 않는다. 오히려 민족에 대한 아름다운 꿈이 있다면 우리가 만들어가는 이 국가 공동체(언젠가는 그것마저 세계 공동체로 변해가겠지만) 속에서 정말로 아름다운 질서를 만들어가는 것이다. 민족지상주의나 순혈주의적 관념들이 민주주의나 세계화에 장애가 되지 않도록 변화해간다면 과거의 우리 민족이 일관되게 가져왔던 염원, 즉 당당하게 인류가 상생의 세계로 나아가는 데 기여하는 꿈을 실현하게 될 것이다. 스스로 낡은 민족의 관념을 벗어남으로써 오히려 민족을 잘 살릴 수 있게 될 것이다.

제4부

협동운동과
인문운동

협동조합과
에너지자립마을만들기
🌿 순천시 🌿 그린순천21추진협의회

"
요즘 불고 있는 협동조합 바람은
지금까지와는 다른 전망을 보여주고 있다.
즉 협동조합운동이 지금의 경쟁 위주의 이기적이고
물신 지배의 천박한 경제질서와 생활양식으로부터 벗어나
뿌리로부터 자본주의의 폐단을 극복할 수 있는
좋은 대안으로 떠오르고 있는 것이다.
"

❀ 새로운 세상을 위해 무엇을 할 것인가?[*]

오늘의 세계는 지구적·인류적 범위에서 미증유의 위기를 통과하고 있다. 이제 세계자본주의는 그 비인간적인 양극화의 모순은 차치하고라도 과연 그나마 지속가능한 체제인지에 대한 본질적 의문 앞에 점점 더 직면하고 있고, 사라지지 않는 전쟁에의 끌림은 그 가공할 파괴력(핵무기와 운반수단) 때문에, 그리고 생태계와 지구환경의 파멸적 악화는 지극히 위험한 상황을 연출하고 있다.

이제 인간과 세계를 인식하고 변혁하는 패러다임이 근본적으로 달라지지 않으면, 우리가 지금까지 알기로는 우주에서 유일하게 고귀한 품성과 능력을 지닌 인류라는 종(種)은 자신을 제대로 살리지도 못한 채 사라질지도 모른다. 이렇게 말하는 것은 위기를 강조하거나 겁에 질린 비명을 지르기 위해서가 아니다. 오히려 이런 현실을 실사구시 하여 인류가 그토록 염원해온 이상세계를 건설할 수 있다는 희망을 이야기하

---

[*] 이 글은 《모심과 살림》 1호(2013. 7)에 게재된 글임.

기 위해서다. 실사구시는 인류역사에 대한 대긍정을 바탕으로 현대 세계의 모순과 그 해결방법을 탐구하는 태도를 의미한다.

대긍정이란 인류의 자유를 위한 대장정을 그 숱한 모순과 실패의 경험까지를 포함하여 받아들인다는 의미다. 돌이킬 수 없는 과거에 대한 회한이나 비현실적인 과거로의 회귀가 아니라 현재의 자리에서 미래를 바라보는 적극적인 태도를 말한다. 이제 우리는 인간과 사회의 근본적 변화를 내용으로 하는 문명전환기에 서 있다. 대증적·국부적 해결이 아니라 근본적이고 통섭적으로 문제를 인식하고 그 해결책을 강구해야 하는 것이다. 구시대로부터 물려받은 사회적 모순들 ― 예를 들면 민족문제나 계급문제 같은 것 ― 도 새로운 패러다임과 전망 속에서 올바른 해결의 길을 갈 수가 있는 것이다. 특히 우리나라처럼 모순이 중층구조를 이루고 있는 곳에서, 새로운 문명이 싹틀 수 있는 소지가 역설적으로 크다고 본다.

요즘 협동조합이나 마을운동이 큰 바람으로 일어나는 것을 일시적 현상이나 거품으로 보지 않고, 또 그렇게 흘러가게 만들지 않고, 문명전환을 위한 하나의 표징으로 보고 싶고, 또 그렇게 만들고 싶은 것은 비단 필자만의 희망이 아니라고 본다. 이를 위해 다소라도 도움이 되었으면 하는 마음으로 평소의 생각을 말씀드리고자 한다.

1. 모순의 다층 구조와 중심모순의 변화 : 중심모순의 변화가 세계진화의 과정인가?

우리가 지금까지 알고 있는 범위 내에서 인간은 높은 자유욕구와 그 것을 실현할 수 있는 지적 능력을 갖춘 우주에서 유일한 생명체다. 이 두 가지의 결합과 모순이 역사를 움직여온 동력이라고 말해도 크게 틀리지는 않을 것이다.

일률적으로 말할 수는 없는 것이지만, 인류가 처음 당면해야 했던 자유의 과제는 자연과의 모순을 해결하는 일이었다. 불과 도구의 사용에서부터 시작된 생존을 위한 물질적 조건, 즉 생산력을 높이는 것이 이 모순의 해결 방법이었다. 그 점에서 인류는 엄청난 능력을 발휘했다. 특히 근대 이후 과학기술의 발달은 마침내 1970년대 후반 인류적 범위에서 총수요를 넘어서는 총공급을 가능하게 했다. 이 사실은 그 자체로 대단한 것이지만, 그것이 불러일으킨 물신의 지배, 생태계의 파괴, 심각한 양극화, 가공할 무기체계 등 새로운 모순들에 가려져 빛이 흐려졌다.

이러한 생산력은 개인의 해방을 추구하는 인류의 보편적 자유욕구와 맞물린 자본주의에 의해 달성됐는데, 점차 중심모순의 변화를 가져오는 원인을 그 자체 안에 내포하고 있었다고 볼 수 있다. 그러나 새로운 모순을 야기했다고 해서 과학기술과 생산력의 발전을 그 주된 원인으로 보고 그것을 부정하는 것은 지나치게 극단적인 사고라고 생각한다.

다음으로, 인간의 자유욕구는 개인을 억압하고 착취하는 사회제도를 변혁하기 위한 부문 즉 신분적·계급적·민족적(국가간)·가부장제적(성적 차별 포함) 모순을 해결하는 데서 특히 근대 이후 놀라운 성과를 이루었다. 이러한 사회적 자유를 확대하는 과정을 세계 민주화라고 부를 수 있을 것이다. 이 과정은 근대의 주도 세력으로 된 부르주아와 사회주의적 이상을 목표로 한 노동계급 — 실제로는 사회주의자(공산주의 포함)들 — 에 의해 추진되었는데, 전자는 정치적 민주주의(자유)에 주력하고 후자는 경제적 민주주의(평등)에 주력했다. 부르주아는 일정한 성과를 거두었지만, 사회주의는 실패했다(물론 자본주의에 큰 변화를 준 것을 생각하면 전적으로 실패라고만 할 수는 없지만).

특히 부르주아가 주도한 절차적 민주주의는 한때 사회주의 등 '진보' 세력에게 위장된 부르주아 독재라는 비난을 받았지만, 사실은 인류가 사회적 자유를 획득하는 데서 달성한 큰 성과라고 보는 것이 타당하다고 생각한다. 그러나 오늘날 상당한 수준으로 민주주의가 제도화했음에도 이기적이고 차가운 사회로 되고 있어서, 진정으로 인간의 자유와 행복을 증진시키는 것인지에 대한 근본적인 질문이 제기되고 있다. 그 원인을 근원에서 살펴보면 사회주의가 실패한 원인과 사실은 그 뿌리에 있어 동질의 것이라는 것을 알게 된다. 그것은 인간의 보편적 의식이 자기중심성을 넘어서지 못했다는 것과 관련이 있다.

근대 이후 높은 과학기술과 생산력 수준, 그리고 상당한 수준의 세계 민주화에도 불구하고, 인류는 그 존속 자체가 위협을 받을 정도의 위험한 상황에 처하고 있다. 이러한 위험을 야기한 현대의 중심모순은 무엇일까?

나는 그것을 '인간의 고도한 행위능력과 그다지 변치 않은 자기중심적 가치체계 사이의 모순'이라는 저명한 물리학자 장회익 선생의 견해에 대체적으로 동의한다. 이것은 근대적 모순들을 해결하는 과정에서 상당한 자유를 획득했음에도 성격이 다른 모순들을 잉태하는 근본원인으로 작동하여왔다. 그렇다고 과거에 달성한 성과들이 '없었어야 할 것'이라는 말을 하려는 것이 아니다. 어쩌면 그것은 거쳐야 할 과정이라고 보는 것이 타당하기 때문이다.

동물은 '자기중심성'을 당연한 속성으로 갖는다. 그런데 왜 인간만이 자기중심성을 넘어서야 하는가? 그것은 인간이 갖는 특성에 기인한다.

첫째는 인간의 고도한 행위능력(인간의 지적 능력에 속하지만, 자신의 내면 의식을 변화시키는 능력과 구별되는, 외부를 변화시키는 능력) 때문에, 동물 일반의 자기중심성을 그대로 유지하면 핵전쟁, 생태계 교란, 극심한 양극화 등에 의해 마치 '암세포'처럼 결국 세계와 자신을 파멸시키게 되기 때문이다.

둘째는 인간의 높은 자유욕구가 자기중심성의 지양을 향해 나아가기 때문이다. 물질계로부터 생존의 자유와 사회적 억압으로부터 자유로워져도, 인간의 자유욕구는 그치지 않는다. 결국 관념계의 자유까지 나아간다. 관념계 안에 갇혀 있는 자아를 해방시키는 데까지 나아가는 것이다. 자기중심성을 넘어선다고 하면 마치 자아를 부정당하는 듯 생각하는 사람도 있지만, 그것은 근본적 오해다. 자아를 부정하고 배격하는 게 아니라 자아를 확장하는 것이요, 아집에 갇혀 있는 자아를 해방하는 것이다. 아집의 집(執)이야말로 자아의 감옥이기 때문이다.

현대는 이 두 가지가 함께 혼재한다. 나는 후자가 본질적이며, 전자는 그 본질을 더 잘 나타나게 하는 조건이나 배경이라고 생각한다. 위기를 탈출하기 위한 몸부림에서가 아니라, 인간의 궁극적 자유와 행복을 위해, 즉 우주생명계와의 진정한 합일을 위해 자기중심성을 넘어서는 것이다(이것이 바뀌면 '새로운 독재', 예컨대 생태독재나 전체주의로의 회귀 같은 것이 나타날 수 있다).

일찍이 인류의 선구자들은 이것을 자각하고 실천했다. 그러나 이러한 자유가 보통 인간의 보편적 욕구로 되기 위해서는 2500년의 세월이 필요했던 게 아닐까? 생존을 위한 물질계로부터의 자유와 억압과 수탈로부터의 사회적 자유는 관념계의 자유로 나아가기 위한 필요한 과정이었다고 생각한다. 이것이 내가 인류사를 자유 확대의 역사로 보는 이유다. 즉 중심모순의 변화가 어쩌면 인류의 진화를 반영하는 것이 아닐까? 위기와 함께…….

2. 토대와 상부구조

새로운 세상을 꿈꾸던 사람들, 특히 근대 이후 자본주의를 넘어선 사회를 꿈꾸고 그를 위해 세상을 변혁하려던 사람들에게 큰 영향을 준 것은 '존재가 의식을 결정한다'는 이른바 세계관이었다. 이 관점에 일면적인 진실은 분명 있다. 그러나 그것을 고정된 불변의 진리로 단정하는 것이야말로 과학에서 멀어지는 것이다. 예컨대 우리는 공자에게서 그 시대를 뛰어넘는 정치적·경제적·문화적 상상력을 기대할 수는 없다. 그러나 또한 2500여 년의 시대와 사회를 뛰어넘는 '보편적 의식'이 있고, 그것이 새로운 사회를 건설하려는 사람들에게 영감의 원천이 되는 것 또한 사실이다.

생산양식이라는 토대를 바꾸면 의식과 문화를 비롯한 상부구조가 바뀌리라는 전망(물론 마르크스도 그 역방향의 영향을 부정하지는 않았지만, 성급한 사람들이나 권력지향적인 사람·집단은 이런 전망을 강하게 믿고 싶어했다)은 20세기 세계적 범위의 실험을 통해서 사실과는 거리가 멀다는 것이 증명되었다.

사적 소유를 폐기해도, 이윤동기를 대체하는 의식이 출현하지 않았던 것이다. 사회주의 초기의 높은 생산성은 '일시적 혁명적 열기'에 의한 것이었을 뿐 사회주의를 운영할 새로운 인간을 보편적으로 탄생시키지 못했던 것이다. 사실은 자본주의의 태내에서 새로운 사회로 넘어갈 물적 토대뿐만 아니라, 새로운 의식이 준비되어야 하는 것이었다. 요즘의 일부 이상주의자들에 의한 공동체 실험들도 그 실패들을 통해 무엇이 토대인지에 대한 견해들을 검토하게 한다. 그렇다고 의식과 문화가 시스템이나 제도보다 더 우선한다고 단정하는 것도 옳은 것은 아니다. 다만 그 시대, 그 사회의 발전 수준이나 지향하는 세상의 성격에 따라 어느 것에 상대적으로 더 비중을 두는 것이 옳은가 하는 차이가 있을 뿐이라고 생각한다.

나는 근래 '꿈(?)을 잃은 진보주의자'들을 보면서, 고정된 사고가 가져오는 폐단을 실감할 때가 많다. 자본주의를 넘어서는 제도를 만들려면 '자기중심성을 넘어 확장된 자아로 진화한 사람들'이 준비되어야 한다는 것이 현시대의 요구라고 생각한다.

인간의 자기중심성은 다른 동물과 달리 고도로 관념화되어 더욱 강화된다. 그것이 '소유관념'과 '아집관념'이다. 이제 인간의 지적 능력은 이런 관념들이 우주 자연의 리(理)와 맞지 않다는 것을 점점 더 깨닫고 있다. 이런 관념이 모든 갈등과 대립의 근원임을, 부자유의 원천임을 알아가고 있는 것이다.

나는 '아집관념과 소유관념에서 벗어나 일체(一體)를 자각한 사람'을 지식인이라고 부르고, 이런 사람들에 의한 혁명을 지적 혁명이라고 부른다. 혁명의 시대는 끝난 게 아니라 오히려 이제 시작되고 있다. 그 동안 혁명이라고 불렸던 것은 사실 진정한 혁명을 위한 예고편이었다고 생각한다. 그런 의미에서 과거의 혁명들도 대긍정되는 것이다. 폭력혁명이나 계급혁명 등은 낡은 것이며, 따라서 현실적이지 않다. 지금의 세상을 바꾸고 싶은 사람이나 계급·민중·국가가 진정으로 그것을 원한다면 먼저 앞에서 얘기한 '지식인'이 되어야 한다. 이 운동을 나는 '인문운동'이라고 생각하며, 그 일에 기쁘게 참여하고 있다.

3. 협동운동의 시대적 위상, 그리고 현실적 테마들

요즘 우리 사회에 마을운동·협동조합 운동들이 매우 활발하게 일어나고 있다. 오랫동안 협동운동을 생각해온 필자에게는 정말 반가운 일이 아닐 수 없다. 다만 내적 준비가 많이 이루어지지 않은 상황이어서, 일시적 거품으로 끝나지 않도록 하는데, 무엇을 해야 하는지, 미력이라도 도울 일을 찾고 있다. 그 운동에 참여하는 사람들은 여러 동기에서 출발할 것이다. 그러나 의식하든 못하든 우리 사회가 문명전환기에 반응하는 대표적인 모습이라고 생각한다. 어쩌면 남과 북의 상이한 경제 시스템을 이어주는 가교 역할을 할 수도 있을 것이다.

마침 존경하는 벗과 편지를 주고받은 것으로 그 현실적 테마에 대한 제 생각을 말씀드린다.

K형께

보내주신 편지 잘 받아 보았습니다.

이제 이 곳 산골도 봄이 완연합니다. 장독대에 반짝이는 봄 햇살하며, 졸졸 흐르는 시냇물소리, 곧 터질 것 같은 새잎들, 농사 준비하는 농부들의 바빠진 움직임들이 봄의 생명력을 느끼게 합니다.

평생을 농촌과 협동을 위해 살아오신 K형께서 편지에서 말씀하신 것처럼 요즘처럼 협동조합 바람(?)이 분 적이 없었던 것 같습니다. 그러다 보니 감회가 남다르면서도 감탄만 할 수 없는 형의 심경에 저도 동감합니다.

줄탁동시(啐啄同時)라는 말이 있듯이, 병아리가 알을 깨고 나오려는 내부역량과 때맞추어 어미닭의 쪼아줌이라는 외부조건이 동시에 이루어져야 하는데, 확실히 지금은 줄(啐)보다는 탁(啄)이 주도하는 것처럼 보이기 때문입니다.

실제로 어려운 조건 속에서도 협동조합운동을 해오신 분들은 이것을 많이 걱정하고 있습니다. 내부역량이 성숙하지 못한 상태에서 부는 바람이 혹시 일시적인 거품으로 끝나, 오히려 진정한 협동조합의 발전에 장애요소로 작용하지는 않을까 우려하는 것이지요. 자활이나 사회적 기업과 같이 관이 지원하는 '협동조합과는 무관한 이상한 형태'로 되어버리지는 않을지 걱정이 되는 것이지요. 이런 생각들은 충분히 근거가 있다고 봅니다. 줄(啐)과 탁(啄)의 갭이 너무 크기 때문이지요.

지금 협동조합을 하려는 사람이나 단체들, 정부관료, 지방자치단체들이 많이 견학을 하러 가는 유럽 등 협동조합의 선진국들은 150여 년의 전통을 가지고 있습니다. 발전된 시스템과 함께 그것을 가능케 하는 문화가 축적되어 있습니다. 외형적인 시스템이나 규약·원칙 등은 쉽게 볼 수 있지만, 그것을 가능케 하는 의식·문화·생활 등은 겉으로만 봐서는 알기가 쉽지 않습니다. 설사 머리로 이해한다 하더라도 그것을 체득하는 것과는 다를 수밖에 없습니다. 그런데 사실 눈에 안 보이는 부분이 눈에 보이는 부분을 있게 하는 것 아닌가요?

우리 역사에는 협동조합이라는 말이 들어오기 훨씬 전에 상당히 우수하고 정교한 시스템인 두레나 계(契)와 같은 민중에 의한 자발적인 전통이 있었습니다. 우리 민족이 원래 협동을 잘하지 못하는 국민성을 가지고 있다는 것은 사실이 아닌 것이지요. 그런데 왜 우리는 이런 전통을 발전시키지 못했을까요?

그것은 결국 나라를 군국주의 일본에 식민지로 강점당했던 역사와 해방이 분단으로 이어지는 극심한 좌우대립이 지배하면서 이런 전통들이 발전할 수 없는 환경을 만났기 때문이라고 생각합니다. 그 단절의 역사가 너무 오래 됐습니다. 거의 한 세기 가까우니까요. 그것을 선조들에게서 물려받은 DNA 속에서 꺼내 현재에 살린다는 것이 결코 녹록한 작업은 아니라고 생각합니다.

그래도 이런 말씀을 드리는 것은 '우리는 원래 개별주체성이 강해서 협동에는 안 맞아!' 하는 부정적이고 비관적 관념이 근거 없는 것이라는 것을 자각하는 것이 필요하다고 생각하기 때문입니다.

사실 저는 요즘 국내외 정세, 특히 남북관계를 보면서 그 질기게 변치 않는 대립적 사고의 완고함에 많이 실망할 때가 있습니다. 그러면서 사실 요즘의 협동조합 바람이 북쪽은 우리가 어떻게 할 수 없으니까 남쪽에서만이라도 그 완고한 사고방식들이 근저에서 변화하는 신호로 볼수 있지 않을까 생각할 때가 있습니다. 잘 아시다시피 그간의 완고하고 교조적인 이념대립은 모든 창조성들이 싹을 트지 못하게 한 주된 원인의 하나였지요.

협동조합을 보더라도, 이익에 눈먼 사람들이나 문화 속에서는 협동조합은 돈벌이 수단으로 왜곡되어버리고, 자본주의에 대한 투쟁을 최고의 가치로 인식하는 사람들에게는 협동조합은 개량주의 즉 근본적인 변혁을 방해하는 요소로 취급되었던 것이지요. 자본주의의 위기가 여기저기서 노정되는 지금, 양극화와 저성장, 그리고 고용 없는 성장 등을 해결하기 위해서 노력하는 양심적인 우파에게도 협동조합이 다시 보이기 시작하고 있습니다. 또 사회주의의 실패가 여실히 보여주듯 제도를 변혁하더라도 그것을 운영할 수 있는 사람들이 준비되지 못한다면 반대만 하지 결국은 낡은 체제 속에서 살아갈 수밖에 없는 현실을 직시하는 합리적인 좌파들에게도 협동조합은 새롭게 보이기 시작하고 있습니다(저는 좌우라는 말을 쓰고 싶지 않지만, 적당한 말도 없고, 지금도 그런 말로 구분하는 것이 오히려 진정한 소통을 위해 현실적이라는 생각도 있어서 이 말을 쓰고 있음을 이해해 주십시오).

대단한 정치적 이슈는 아니지만, 저는 오히려 그렇기 때문에 조용히 우리의 경직된 과거의 사고틀에서 벗어나 새로운 세계를 향한 진정한 좌우 소통과 창조의 계기라고 생각하고 있었습니다. 그런데 형의 편지에서 얼핏 스치듯 말씀하신 가운데, 협동조합운동을 둘러싸고 좌우 대립의 기미가 보인다는 말씀을 듣고 약간 충격을 받았습니다. 서로 관점이 다른 면은 있겠지요. 또 하루아침에 생각의 틀이 바뀔 수 있는 것도 아니겠지요. 또 지금의 협동조합 바람이 앞서 말씀드린 것처럼 밝은 것만도 아니고요. 또 협동조합이 우리의 문제를 해결하는 만능의 해결책으로 되는 것도 아닌 것이고요.

다만 우파에게는 천박한 자본주의의 격을 높이는 데 상당히 좋은 영향을 줄 수 있다는 점에서, 그리고 좌파에게는 새로운 사회를 운영할 수 있는 사람들이 양성되고 여러 가지 현실적 시스템들을 실험할 수 있는 좋은 기회라는 점에서, 저는 대립보다는 협력할 수 있는 분야가 더 많다고 생각합니다. 이런 점에서 한국의 좌우가 협력할 수 있다면, 비록 전체적으로는 미미하게 보일지 몰라도 대단히 뜻깊은 창조의 장을 시작할 수도 있다고 생각합니다.

저는 지금 가장 중요한 과제는 일단 벌어져 있는 줄(啐)과 탁(啄)의 갭을 해결하는 것이라고 생각합니다. 어떤 이유에서든 좋아진 외부여건을 제대로 살리기 위해서 할 수 있는 일은 내부 역량을 키우는 일입니다. 눈에 보이는 것은 빨리 할 수 있을 것입니다. 원체 빠른 국민이니까요. 하하.

그러나 눈에 안 보이는 것, 즉 협동조합의 원칙과 시스템을 운영할 수 있는 사람들의 의식과 문화를 만드는 일은 그렇게 빨리 할 수는 없을 것입니다. 많은 시행착오를 겪으면서 실패하거나 왜곡되는 모습들도 많이 나타나겠지요. 그 과정에서 좋은 모델들이 나오는 것이 중요하다고 생각합니다. 다섯 개가 실패하더라도 제대로 된 하나의 모델이 중요하다고 생각합니다. 그리고 그것이 넓어져가는 것이지요.

저도 제 건강이 허락하는 한 다소라도 도움이 될 일을 하려고 하고 있습니다. 특히 눈에 안 보이는 영역, 그 의식과 문화를 형성하는 일에 미력이라도 힘을 보탤까 합니다. 협동운동과 인문운동의 접합점을 어떻게 실천할지 고심하고 있습니다. 그래서 지금 준비하고 있는 것은 '협동조합을 위한 맞춤형 인문(연찬) 프로그램'입니다.

잘 될지 어떨지는 모르겠지만, 많은 분들과 함께 다듬어가면서 협동조합 안에 내장(內藏)할 수 있는 방향으로 발전했으면 하는 심정입니다. 형이나 저나 이제 나이가 만만치 않지만, 특히 저보다 연상이신 형께서 아직도 정열이 젊은이 못지않은 것을 뵈면서 저도 힘을 얻습니다.

노욕(老慾)으로 되지 않도록 마음을 쓰고는 있습니다. 무필(毋必)의 심정으로 최선을 다해 볼 생각입니다. 꿈결 같이 지나는 인생이라지만, 이 기적 같이 만나는 순간들 속으로 들어가 보십시다.

늘 건강하소서!

2013. 3. 12
南谷 올림

협동운동을 풍요롭게 하는 인문운동
협동조합의 소통과 의사결정

　요즘 불고 있는 협동조합 바람은 지금까지와는 다른 전망을 보여주고 있다. 즉 협동조합운동이 지금의 경쟁 위주의 이기적이고 물신 지배의 천박한 경제질서와 생활양식으로부터 벗어나 뿌리로부터 자본주의의 폐단을 극복할 수 있는 좋은 대안으로 떠오르고 있는 것이다. 우리는 반세기의 짧은 기간에 최빈국으로부터 세계경제 10위권의 나라로, 독재국가로부터 평화적 정권교체가 정착하고 있는 민주화된 나라로 변모했다. 사실 이런 성과들은 그야말로 대단한 것이다. 그럼에도 국민들의 행복도는 OECD 국가 가운데서는 최하위권, 전세계적으로는 100위권을 하회하고 있다.

　그 원인이나 배경에 대해서는 여러 가지로 말할 수 있겠지만, 양극화의 심화와 상대적 빈곤감, 천민자본주의의 물신지배, 경쟁이 주는 스트레스, 개인중심의 민주주의가 나타내는 이기주의의 차가움 등을 이야기할 수 있을 것이다.

어떤 학자는 '우리 공동체에는 지금 세계 최고 수준의 경제지표와 기술지표, 세계 최악 수준의 인간존엄과 인간지표가 병존하는 것이다. 인류 역사상 이런 공동체는 한국이 거의 유일하다'라고 냉소적으로 이야기하고 있다.

이것은 세월호의 참극으로 더욱 분명해졌다.

잠시나마 하나로 되었던 '거룩한 마음'이 편가름의 블랙홀에 빠져 안개 속으로 묻히는 것 같아 안타깝다. 새로운 사회, 새로운 나라를 만들 수 있는 동력이 생기지 않으면 나라가 망할지도 모른다.

정부에게만 맡겨 둘 수 없다. 어쩌면 현대의 의병(義兵)을 기대해야 하는지도 모른다. 협동운동을 비롯한 사회적경제의 주체도 그 하나라고 생각된다. 그러나 이 의병은 신식 병기로 무장한 외래 침략자에 구식무기를 들고 목숨으로 항거해야 했던 구한말의 의병과 다르다. 오늘날의 의병은 '돈이 지배하는 차가운 사회'를 '사람이 중심이 되는 따뜻한 사회'로 바꾸기 위한 의병이고, '무기는 사랑이요, 용기의 원천은 기쁨인' 사람들의 대오(隊伍)다.

협동운동이 뿌리내리고 성공하기 위해서는 큰 딜레마를 해결해야 한다. 경제적 동기와 경제외적 동기(사회적 인문적)가 조화를 이루어야 한다는 점이다. 즉 사회경제적 약자가 경제문제를 해결하기 위해 협동조합을 선택하지만, 협동조합은 대단히 높은 정신적 · 사회적 의식의 뒷받침이 있어야 건강하게 뿌리내릴 수 있다는 점이다. '사이좋게 의사를 결정할 수 있는 능력'과 '정신적 가치가 생산력으로 전화(轉化)될 수 있어야 하는 것이다.

1) 사이좋게 의사결정하기

소통과 민주적 의사결정은 사회적경제 주체에게는 양날의 칼이다.

정부경제나 시장의 사적 경제에 비해 경제주체들의 자발성과 주체성이 가장 잘 보장된다는 점에 그 가장 큰 장점이 있지만, 제대로 소통이 이루어지지 않을 때 갈등 또한 커져 협동조합의 정체성을 위협할 수도 있는 위험성이 있다. 그만큼 대단히 성숙한 의사결정 방식이 요청된다.

테크닉도 중요하지만, 더 본질적인 것을 이야기하려 한다. '소통'이나 '경청(傾聽)'을 아무리 강조해도 스스로의 사고방식을 변화시키지 않으면 제대로 하기 어렵다.

협동조합은 모두가 주인이다. 특히 소규모의 창업적인 협동조합은 평소 사이가 좋던 사람이나 어떤 가치지향을 같이 하는 경우가 많다. 그런데 막상 이 주인들이 어떻게 의사결정을 하고 그것을 집행할 것인가를 구체적으로 진행하다 보면, 어려움을 겪게 되는 경우가 많다. 그래서 좋던 사이마저 멀어져 버린다면, 끝장이다. 같이 하다보면 서로의 아집이 드러난다. 이것은 마치, 연애할 때는 안 보이던 문제점이 결혼 후엔 보이는 것과 비슷하다.

파커 파머의 말로 기억한다. 사람들이 모이면 갈등은 있게 마련인데, 선택은 결국 둘 중 하나라는 것이다. '부서져 흩어지느냐, 아니면 깨어 열리느냐?'라는 선택 말이다. 이 깨어 열리는 길이 사이좋게 의사결정하는 길이다. 서로 비비고 부딪치면서 자신의 아집이 엷어져, 상대를 향해 마음이 열리는 상태로 가는 것, 그것이 중심의 문화로 자리 잡는 것이야말로 협동조합이 성공할 수 있는 바탕이 되는 것이다.

그러면 어떻게 해야 이렇게 될 수 있을까? 자신과 생각이나 이해득실과 다를 때, 사이좋음과 일치를 위해서 무조건 양보하고 참아야 할까? 참고 양보하는 것도 때로는 필요하겠지만, 그러나 참는 것은 한계가 있다. 참는 것은 일종의 독(毒)이다. 이 독이 처음에는 약처럼 보일지 몰라도 저절로 약으로 변하지는 않는다. 마음의 진화가 있어야 하는 것이다. 아무리 상대를 경청하고 상대를 배려하려고 해도 자신의 마음속에 '내 생각이 틀림없다, 내가 옳다'는 생각이 깔려 있는 한, 잘 될 수가 없다. 이 뿌리를 검토해서 이 바탕의 사고방식에 변화가 일어나야 한다. 워낙 오랜 동안 단정지음의 문화 속에 살아와서 이것도 쉬운 것은 아니지만 그래도 여기서 출발하는 것이 근본에서 시작하는 것이다.

사실은 어떨까?

나는 여기에서, 즉 '사실은 어떤가?'에서 시작해야 한다고 생각한다. 참아서 양보하는 것이 아니라 이러한 자각을 일상화하는 것이다. 고전에서도 많은 도움을 받을 수 있다. 요즘은 과학이 발전해서 훨씬 고전을 잘 읽을 수 있다.

공자의 "내가 아는 것이 있겠는가? 아는 것이 없다"(吾有知乎哉? 無知也)라는 무지의 선언이나 "모르는 것을 자각하는 것이 참된 앎의 시작"이라는 소크라테스의 말, "오직 모를 뿐(Only don't know)"을 화두로 서구 사회에 한국불교를 널리 알린 숭산 선사 등이 그 좋은 예가 될 것이다. 현대과학으로 인식의 메커니즘을 이해하면 이 말들은 훨씬 잘 다가온다.

"우리가 아는 것은 각자의 서로 다른 감각기관과 서로 다른 저장된 정보가 만나서 판단하는 것일 뿐, 사실이나 실제와는 다른(별개의) 것"이라는 것을 일상적으로 자각하는 것이다. 이 무지의 자각이 출발점이다.

캄캄한 무지의 나락으로 떨어지거나 회의(懷疑)에 사로잡히는 것이 아니라 진정한 탐구와 소통의 시작으로 되는 것이다. 자기의 지식이나 경험, 가치관이나 신념을 버리라는 말이 전혀 아니다. 그런 것을 통하지 않고 어떻게 탐구하고 소통하겠는가? 당당하고 적극적으로 자신의 생각을 말하고 제안을 한다. 다만 '내가 생각하는 것이 틀림없다, 사실이다'라는 것만 내려놓으면 된다. 내려놓으려고 애쓸 필요도 없다. '이 생각은 내 감각과 내 판단일 뿐'이라는 자각만 유지하면 된다.

사람들은 자기의 지식이나 경험 또는 이상(理想) 등을 그것이 틀림없다는 단정지음을 기반으로 사용하는 데 익숙해져 있다. 이제부터는 딱딱한 단정보다 유연함이 훨씬 자기를 잘 표현하고 상대를 잘 들을 수 있다는 것을 연습하고, 그런 문화를 만들어가야 한다.

물론 머리로 자각한다고 해서 자신과 다른 사람의 말이나 생각이 잘 이해되고 사이가 나빠지지 않는다고 기대할 수는 없다. 오랫동안 "내 생각이 틀림없어" 하고 훈습된 상태가 빨리 변하지는 않기 때문이다. 그러나 늘 의식하고, 특히 다른 생각을 만나 힘들 때 이 자각을 연습하는 기회로 한다면 '가랑비에 옷 젖듯' 변해갈 것이다. 처음에는 참는 마음으로 하는 경우가 많겠지만 점차 참는 것(인[忍]이라는 독)에서 그대로 받아들이는(서[恕]라는 약) 마음의 진화가 일어날 것이다. 이것이야말로 협동조합을 비롯한 사회적 경제의 주체들이 개인적·집단적으로 연습해야 할 가장 중요한 테마라고 생각한다. 상당히 어려운 과제임에는 틀림없지만, 이것은 사회적경제의 성공적 뿌리내리기를 넘어서 우리 사회 전체를 한 단계 업그레이드시키는 데 큰 기여를 하게 될 것이다.

2) 자기실현의 즐거운 노동에 의한 적절한 생산력

마음은 생산력으로 전화(轉化)되어야 진실한 것이다.

협동조합이 아무리 좋은 취지로 시작하더라도 망해버리면 그만이다. 내부적으로는 경쟁과 이기주의를 넘어서는 동기를 발전시키는 게 협동조합의 본령이지만, 외부적으로는 시장 안에서 경쟁력을 가져야 한다. 특히 일반적으로 이윤과 경쟁을 동력으로 하는 다른 사업체들과의 경쟁에서 살아남아야 더 큰 비전을 그리며 앞으로 나아갈 수 있다.

사실 지금의 높은 생산력과 소비수준의 근저에는 '경쟁'이 있다. 사람은 혼자서는 살 수 없다. 누군가와는 같이 해야 한다. 그런데 오랜 세월 늘 부족한 재화를 놓고 다투다 보니 이 '경쟁'이 지배적인 인간 행위의 바탕처럼 되어버렸다. 이제는 재화가 풍부해졌는데도 이 경쟁의식은 변하지 않고, 더 많은 물질에 대한 욕구와 결합하여 '무한경쟁'을 찬미하는 지경에 왔다.

그런데 '경쟁'으로는 결코 행복할 수 없다. 이것을 점점 더 많은 사람들이 자각하고 있다. 이것을 자각하고 삶 자체를 바꾸는 결단을 내리는 과정으로 협동조합을 선택하는 분들이 적지 않다(사실 나는 이런 동기에서 협동조합으로 전환하는 중견기업들이 출현하기를 고대하고 있다).

그런데 문제는 '이제는 협동하자!'고 해서 경쟁을 넘어서지는 게 아니라는 데 있다. 협동할 수 있는 사람, 즉 협동할 수 있는 마음의 상태로 되는 것이 먼저 되어야 비로소 협동할 수 있게 되는 것이다. 즉 협동이 즐거워야 생산력도 떨어지지 않게 된다.

그렇게 되려면 무엇이 필요할까?

우선 자기와 다른 방식으로 일하는 다른 사람을 그대로 받아들일 수 있는 마음이 먼저 되어야 한다. 그래야 자기 일에 자발적으로 전념할 수 있게 된다. 공자는 이것을 충(忠)이라 부르고, 15세기의 에크하르트는 이것을 '거룩함'이라고 불렀다. 무엇이라 부르건 이 두 상태가 만나는 것이 협동할 수 있는 마음이라고 생각한다.

강제적인 협동, 부자유한 협동은 있을 수 없는 것이다. 좋아서 즐거워서 하는 협동이 아니면, 마치 주인 없는 공사처럼 생산력이 떨어지게 된다. 이 마음을 연습하고 그것을 진척시키는 게 협동조합의 생산력과 직결되는 것이다.

'자유로운 자기실현의 노동'이 '경쟁에 내몰려 쥐어 짜내지는 노동'보다 즐거운 것은 당연하지만 생산력이 나올 수 있을까? 이것은 지난 한 세기가 실험했지만, 만족스러운 해답을 얻지 못한 과제다. 아무리 이상적인 시스템을 만들더라도 생산력이 나오지 못하면 실패할 수밖에 없다. 이 생산력은 '마음'으로부터 나오는 것이다.

"요즘 여행도 많이 하고, 남자들끼리만 살다 보니 식당을 많이 가는 편이다. 그러다보니 처음 가보는 식당이라도 잘 될지 어떨지가 대강 알 것 같은 느낌이다. 어제 설렁탕집에서도 처음 신경 쓰인 것이 그 젊은 청년의 태도였다. 아들인 것 같은데, 자신의 일로 받아들이고, 그 일에 붙고 있는가였다. 처음에는 좀 걱정스러웠는데, 나중에 마음이 놓였었다. 받아들이는 것이 '서(恕)'이고, 붙는 것이 '충(忠)'이다. 공자가 일이관지(一以貫之, 하나로 꿰뚫음)하였다는 서와 충이 어려운 관념이 아니다. 아버지와 아들이 서로 그 상대를 그대로 받아들이는 것이 '서'이고, 자기 역할에 즐겁게 전념하는 것이 '충'이다. 음식에 정성이 묻어난다. 밑반찬이 좋다. 맛이 있다. 이런 것들은 그 결과 나타나는 현상이다. 그리고 그 식당은 성공한다. ㅎㅎ 아침의 단상……"(필자의 페이스북에 올렸던 글)

"어떤 사람이 어떤 일을 잘하지 못할 때는 일반적인 자본주의 기업에서는 불이익을 당하는 것으로 끝난다. 그는 비난받거나 왕따당하거나 해고된다. 그에게 애정이 있는 사람이나 집단이라면, 그 일이 그가 하고 싶지 않은 일이거나 적성에 맞지 않는 일이라서 그가 힘들어하는 데 마음이 간다.

어떻게 하면 그가 적성에 맞고 편하게 할 수 있을까. 알맞은 일도 알아보고, 노동조직이나 분업도 바꿔보는 방향으로 마음이 나간다. 이런 마음이 서로 작용하는 곳이라야 자본주의의 결함을 넘어설 수 있다. 협동조합이나 사회적 경제는 책임이 약하고 느슨해서 생산성이 떨어지는 곳이 아니라, 이런 마음이 사회적 공기로 작용하는 곳이라고 생각한다."

(필자의 페이스북에 올렸던 글)

3) 정신과 물질의 조화 : 마음도 물질도 풍요로운 삶

함께 하다보면, 특히 경제적 사업의 경우 '저 사람은 너무 물욕이 강해!' 또는 '저 사람은 지나치게 마음만 강조해!' 하는 생각들이 서로를 불편하게 할 경우가 있다. 특히 물질생활이나 소비 욕구 같은 것에 대해서 서로의 생각이나 감각이 다르기 때문에 협동조합 구성원 사이에, 또는 협동조합 간에 갈등이 일어날 수 있다. 사업체로서의 기능과 결사체로서의 기능을 둘러싼 협동조합의 정체성에 대한 논의로 전개될 수도 있다. 그래서 이 부분에 대한 올바른 견해가 무엇일까를 함께 찾아가는 것이 필요하다.

인간의 첫 번째 생존 조건은 물질의 확보다.

물질생활은 인간의 행복을 위한 필수조건이다. 이것을 무시하거나 경시하면 협동조합 역시 존립기반이 없어진다. 그런데 이것이 역전되어 물질이 인간을 지배하게 되면 그것은 진정한 행복과는 거리가 멀어진다. 자본주의의 최대 기여는 인간의 물질적 수요를 충족하게 하는 생산을 가능하게 한 것이지만 최대의 문제는 인간소외인 것이다. 즉 물질이 인간을 지배하는 역전현상이 일어난 것이다. 이것을 제대로 돌려놓지 못하면 개개인의 행복은 물론 인류의 생존이, 아니 인류의 존속 그 자체가 위험해진다. 이런 측면에서도 협동조합의 역할이 기대되는 것이다.

요즘 '단순소박한 삶'이 하나의 화두처럼 떠오른다. 공생공빈(共生共貧, 같이 살고 함께 가난하기)이나 '자발적 가난'이라는 말도 이런 취지에서 나오는 말이라고 생각한다. 다만 너무 극단적이 되거나 진정한 자발성에서 나오지 않게 되면 보편화하기 힘든 주장으로 비쳐지기 쉽다고 생각한다. 예전부터 안빈낙도(安貧樂道)라는 말이 있다. 나는 이것을 현대적으로 음미하는 것이 좋다고 생각한다. 가난을 즐기는 게 아니라, 도(道)를 즐기는 것이다.

오늘날 이 도란 무엇일까? 나는 그것이 정신적·예술적·영적 욕구로부터 나오는 진정한 '인간의 즐거움'이라고 생각한다. 여기서 '인간'이란 동물계로부터 한 단계 나아간 존재를 말하는 것이다. 이런 욕구들이 커지면, 자연스럽게 물질에 대한 욕구는 감소하게 된다. 나는 이렇게 욕구의 질이 변해서 이루어지는 '단순소박한 삶'이 진정한 행복이라고 생각한다. '자발적 풍요'인 것이다.

아마 자발적 가난이란 표현도 그 뜻이 같겠지만, 자칫하면 참아내야 하는 부자유가 섞일 수 있어서 현대인들의 높은 자유도(自由度)를 생각하면 '자발적 풍요'라는 표현이 어떨지…… 이렇게 어떤 극단이나 강제도 없이 새로운 '(소비)생활문화'가 협동체 안에 이루어진다면 이것은 비단 구성원들의 삶의 풍요뿐만 아니라, 새로운 문명전환을 위한 인류의 노력에 기여하는 바가 적지 않을 것이다.

✤ 시민운동, 그 새로운 상상*

우리는 반세기의 짧은 기간에 최빈국으로부터 세계경제 10위권의 나라로, 독재국가로부터 평화적 정권교체가 정착하고 있는 민주화된 나라로 발전했다.

사실 이런 성과들은 그야말로 대단한 것이다. 그럼에도 국민들의 행복도(幸福度)는 OECD 국가 가운데서는 최하위권이고, 여러 가지 최악 수준의 인간존엄지수가 그것을 객관적으로 뒷받침하고 있다.

그 원인이나 배경에 대해서는 여러 가지로 말할 수 있겠지만, 양극화의 심화와 실업, 천민자본주의의 물신지배, 경쟁이 주는 스트레스, 개인중심의 민주주의가 나타내는 이기주의의 차가움 등을 이야기할 수 있을 것이다.

정치경제의 민주화, 복지제도의 확충, 물질적 수단의 확보 등이 요청되는 것은 말할 나위가 없지만, 그것만으로는 충분치 않다는 것 또한 명

---

* 이 글은 전북여성단체연합회 초청강연의 내용이다.

백해 보인다. 사람들의 의식과 생활양식이 바뀌지 않으면 '따뜻한 사회'
로 되기는 힘들어 보인다.

그 핵심은 반(反)생명적 문명을 변혁하는 것이다. 이것은 세월호의 참
극으로 더욱 분명해졌다. 초기에 하나로 되었던 '거룩한 마음'이 편가름
의 블랙홀에 빠져 안개 속으로 묻히는 것 같아 안타깝다. 새로운 사회,
새로운 나라를 만들 수 있는 동력이 생기지 않으면 나라가 망할지도 모
른다.

사회를 지탱하는 세 개의 기둥이 있다. 국가(정치), 시장, 시민사회가
그것이다. 그런데 정부나 시장에 맡겨서는 불안하다. 이제 현대의 의병
(義兵)이 출현해야 할 것 같다. 다만 구한말의 의병이 망국의 위기에 신
식병기로 무장한 외부침략자들에게 열악한 무장으로 목숨 바쳐 싸웠다
면, 현대의 '의병'은 '돈이 지배하는 차가운 사회'를 '사람이 중심이 되
는 따뜻한 사회'로 나라의 기틀을 바꾸는 사람들이다. 이 의병의 무기는
'사랑'이며, 이 의병의 용기는 '기쁨'이다. 시민운동이 의병을 일으키는
운동으로 될 수는 없는 것일까? 현대의 의병은 저항을 넘어 주체로 되
는 운동이다. 시민운동에 대한 몇 가지 제안을 해본다.

1. 저항 – 독재와 부패, 특권과 차별에 대한 저항

우리 민주화 과정의 특징 중 하나는 제도로서의 민주주의를 수입하

였다는 것이다. 사실 근대화를 주체적으로 이루지 못한 조건에서 수입된 민주주의가 그나마 1960년 4월과 1987년 6월을 거치면서 평화적 정권교체를 뿌리내렸다는 것은 실로 대단한 것이다.

이 시기에 결정적 역할을 한 것이 '저항 주체로서의 시민'의 형성이다. 그러나 그것은 독재·부패·특권·차별 등에 대해 저항하는, 즉 국가 대 국민이라는 수직적 관계를 전제로 한 것이다. 근대 민주주의의 발상지인 유럽의 경우 오랜 과정을 통해 '시민'이 형성되었지만, 우리의 경우는 진정한 주체로서의 '시민'이 형성되기에는 너무 빠른 역사의 진행이었다고 볼 수 있다. 이것은 우리 민주주의가 풀어야 할 과제로 되고 있다.

'저항 주체'로서의 시민은 지금까지의 제도의 민주화와 인권의 신장에는 대단히 중요한 기여를 하였지만, 문화로서의 민주주의나 자치능력을 갖는 데는 역부족이라는 것을 보여주고 있다. 수직사회로부터 수평사회로 이행하는 데, 그 하드웨어는 많이 나아갔지만 소프트웨어는 그다지 나아가지 못한 것이 우리의 현실이고 그 괴리(일종의 문화지체)가 많은 문제들을 나타내고 있다.

저항 주체로서의 시민 또는 시민운동은 여전히 중요하다. 민주주의를 어떤 선 아래로 후퇴시키는 것을 막을 수 있기 때문이다. 그러나 여기에 머물러 있어서는 앞으로 나아가기 힘들다. 앞으로 나아가지 못하면 침체하거나 후퇴하기 쉽고, 계속 저항의 형태로만 오르락내리락 할 가능성이 높다. 진정한 시민 주체로 되기 위해 다음과 같은 면에서 진전이 있어야 한다.

2. 책임 : 진정한 주체

제도는 수평사회로 이행하고 있음에도 의식은 여전히 수직사회의 그 것으로 있다.

자신이 갑을(甲乙) 관계에서 을이라는 의식이 강하다. 그런데 잘 보면 자기보다 약한 대상에게는 의식적·무의식적으로 갑 노릇을 한다.

늘 피해자의식이나 약자 의식을 갖는다. 자신이 책임 있는 사람의 하나라는 것을 잊어버리고, 모든 책임을 특정한 타자에게 투사해 버린다. 사실과는 맞지 않는 관념이다.

이것이 수평사회를 만들기 힘든 원인의 하나이다. 작년 세월호의 비극을 겪고 나서, 한때 '잘못했다. 용서해라'라는 마음으로 하나가 되었던 적이 있다. 이 마음속에는 그렇게 만든 사회의 일원인 자신의 책임도 통감하는 심정이 있었다. 그러나 우여곡절을 겪으면서 이런 마음은 옅어지고 말았다. 물론 책임의 경중은 있을 수 있다. 부패와 부정을 직접 행하지 않았다 하더라도 물신 지배의 차가운 사회를 만들어온 데는 책임이 있는 것이다.

특정 대상에 대한 증오와 분노로 투사해 버리고, 자신의 책임을 전혀 느끼지 못하는 것은 또 다른 '유체이탈적 사고'다. '나'가 빠져 있는 것이다. 주체임을 포기하는 것이다. 우리 스스로가 어떤 시스템을 띄우고 있는 물이다. 시민의식이 이제 책임의식을 가져야 한다. 그것이 진정한 주체로 되는 길이다.

3. 관용 : 수평적 관계

저항의식은 억압이나 수탈에 대항하는 데 대단히 중요한 의식이지만, 수평사회를 만들어가는 데는 부족하다. 수평관계에서 소통하고 의사결정을 해가며, 다수의 결정을 자발적으로 수용하는 것이야말로 자치의 능력이다. 이런 의식들이 성숙할 기회를 그다지 갖지 못했다.

모든 분야에서 이 자치능력이 자라지 못하면, 여러 가지 제도적 장치들은 내용이 빈약하거나 왜곡된 모습을 띨 수밖에 없다. '대립'이나 '저항'에 익숙하다 보니, 수평사회를 운영하는 데 반드시 필요한 '관용'이 잘 안 된다. '편가르기'가 유독 심했던 역사가 그 배경으로 작용하기도 하지만, 이제 이것을 넘어서지 않으면 성숙한 민주 사회로 되기 힘들다. 그 바탕에는 '내 생각이 틀림없다'는 아무 근거 없는 비과학적 아집이 도사리고 있다.

흔히 똘레랑스라고도 하지만, 우리에게는 '서(恕)'라고 하는 오래된 덕목이 있다. 이것이 수평사회를 만드는 데 가장 핵심적인 시민의식으로 보편화되어야 한다고 생각한다. 특히 여성성은 이 '서(恕)'와 통하는 점이 크다고 본다. 양보와 배려의 문화가 일상의 삶과 사회적 실천 속에 뿌리내리게 하는 데 시민운동이 큰 역할을 해야 한다고 생각한다.

4. 공공성

식당·목욕탕·공원·거리 등 공공장소에서 제멋대로 행동하는 아이들을 자주 본다. 그런데 그 부모들은 자식의 기(氣)를 길러준다는 명목으로 그런 행동을 방임하곤 한다. 그러다보니 아이들이 공공성을 모르고 자란다.

기를 키워서 자유로운 아이들을 만든다고 생각하지만, 사실은 공공성이 결여된 극히 부자유한 아이들을 만들고 있는 것이다. 권리는 주장하지만 책임은 회피하고, 저항은 하지만 주위는 배려하지 않는 사람으로 자라는 것이다.

이제 그 바탕을 바꾸는 운동이 확산되어야 한다. 알게 모르게 우리는 공공성으로부터 멀어진 '자기중심적' 사고방식과 삶의 방식에 물들어 있다. 차를 운전하는 사람이라면, 자신이 어떤 문화에 익숙해 있는지 돌아보면 금방 알 수 있다. 일정한 속도를 지키고, 차간 거리를 유지하며, 경적을 울리지 않는 운전 습관만 가지게 되어도 그 속에서 공공성이 신장될 것이다.

특히 아이들 이야기를 꺼낸 이유는, 아이들이 우리 사회의 심층을 나타내는 단면이기 때문이다. 교육, 특히 아이들을 학교에 보내기 전의 부모들에 의한 '공공성'을 신장시키는 것, 그것이 학교와 지역사회의 교육과 이어지는 것이 중요하다. 나는 이것이 시민운동의 중요한 영역의 하나라고 생각한다.

5. 세계시민

우리 사회도 다문화 사회로 되고 있다. 지금도 나타나지만, 아마도 머지않아 이민자가 많은 사회에서 발생하는 문제들이 심각하게 될 것이다. 타민족이나 타문화에 대한 배타적인 의식이 변화하지 않으면 대단히 우려할 만한 사태로 될 수도 있다. 지금부터 시민운동이 이 분야에서 심도 있게 진행되어야 한다.

사실 '우월감'이나 '열등감'은 동전의 앞뒷면 같은 것이다. 이것을 넘어서는 것이 세계시민의식이다. 얼마 전 노르웨이에서 아랍인에 의한 테러가 발생했을 때, 노르웨이 사람들의 태도는 높은 시민의식이 어떤 것인가를 감동적으로 보여주었다. 그것이 세계시민의식이다.

우리가 일본의 군국주의나 패권주의에 반대하지만, 일본의 시민과는 하나의 세계시민이다. 일본의 반성 없는 우경화에 한국과 일본의 세계시민들이 함께 연대하고 함께 반대하며, 새로운 동북아 질서를 만들어가는 것이다. 중국과 동남아시아인과 미국과 전세계의 세계시민들이 새로운 세계를 만들어가는 것이다. 이제 시민운동은 세계시민으로 성숙하는 운동을 자신의 중요한 역할로 받아들여야 한다.

✿ 마을운동

지역을 기반으로 한 운동에 대해 내가 애정과 관심을 가지고 교류도 하고 있는 모델의 하나가 일본의 작은 도시(인구 20만 정도)인 스즈카에서 이루어지고 있는 방식이다. 그 중심 동력이 과거 야마기시 실현지 출신자들이다.

야마기시 실현지는 '돈이 필요 없는, 사이좋은, 즐거운 마을'이라는 목표를 아예 마을 입구에 크게 표지판으로 만들어놓았다. 이 목표는 대단히 축약되어 있지만, 자본주의 이후의 사회를 간명하게 표현한 것으로 대단히 선구적이라고 생각한다.

실현지라는 테두리와 집단주의적 문화의 고리에서 벗어나 더 자유롭고 보편적인 운동으로 이 목표에 접근하려는 사람들이 야마기시를 나와 스즈카라는 도시에서 복합적인 지역 운동을 하고 있다.

애즈원 커뮤니티(As One Community)를 비롯한 여러 사업도 있지만, 결국 사람이 중심이 되어 있다. 이 사람이 커가는 여러 프로그램을 운영하고 있는데, 이것이 그 정신적 바탕으로 되고 있다. 나도 야마기시를 경험한 사람이라 다른 사람에 비해서는 여기서 하려고 하는 일을 이해하고 있다고 생각한다.

지난 금요일 장수의 '우리동네'(일종의 살롱)에서 강위원 선생이 영광의 '여민동락' 공동체를 소개하는 강연을 했다. 강 선생은 한총련 위원장을 지낸 이른바 '운동권' 출신이다. 영광에서 10여 년 동안 무척 많은 일들을 했다. 짧은 시간 들은 것으로는 잘 이해한다고 말할 수 없겠지만, 내가 그날 들으면서, 이것은 하나의 모델, 특히 면 단위 농촌의 모델이 될 수 있겠다는 느낌이 들었다. 작은 테두리를 가진 공동체가 아니라 면 단위를 공동체로 생각하는 열린 조직으로 다가왔다. 이것은 보편적인 모델이 될 만하다.

처음 세 가족이 서로 흩어지지 않고, 튼튼한 동맹(아마 강 선생의 표현)으로 발전했고, 그들이 대중친화력이 뛰어나고, 운동의 실마리를 풀 수 있는 통찰력과 강한 추진력을 갖춘 사람들이라는 조건이 이런 모델을 만들어가고 있게 한다는 생각이 들었다. 현실의 테마는 보편적 모델이 되기 위해서는 이런 활동가들이 넓게 배출되어야 한다는 것이다.

강 선생은 '튼튼한 활동가가 1%(20명)만 있으면, 2천 명 정도의 면(面)은 변화할 수 있다'고 하였다. 이 말에서 호연지기가 느껴졌다. 이런 활동가들이 어떻게 육성될 것인가? 지혜와 힘을 모을 곳이다. 스즈카와 영광은 여러모로 다른 점이 많지만, 나에게는 서로 배울 수 있는 여러 그림으로 다가온다.

❀ 따복공동체에 보낸 글

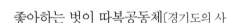

　　좋아하는 벗이 따복공동체(경기도의 사회경제 정책인 '따뜻하고 복된 공동체'를 줄인 말)에서 일하게 된 인연으로, 이렇게 글로나마 인사를 드리게 되었다. 작년의 세월호 참극은 우리 국민 모두가 '거룩한 반성'으로 마음이 하나가 되게 만들었었다. 돈이 지배하는 차가운 사회를 만들어온 것을 반성하고, 그런 세상을 더 이상 물려주어서는 안 되겠다는 마음들을 다졌지만, 새로운 사회와 새로운 나라를 만드는 지속적 동력으로 만드는 데 이르지 못하였다.

　　나와 같은 해방둥이에게는 지금의 물질적 풍요와 민주화의 진전이 감격스러울 때가 있다. 그런데 이런 밑천을 제대로 쓰지 못하고 나라가 침체의 늪에 빠져들고 만다면 아마도 천추의 한이 될 것이다. 따복공동체를 소개하는 내용을 보니 그 이상과 목표가 크고 뚜렷하며, 여러 실천 방향도 현실적이고 구체적이다.

　　우리 사회의 근저를 바꾸는 운동으로 뿌리내리기를 진심으로 응원하며, 인문운동가로서 평소 생각해 왔던 몇 가지를 말씀드린다.

첫째, 요즘 마을운동이나 사회적 경제운동들은 이 시대의 요구를 반영하고 있다는 것이다. 이기주의의 차가움, 원자화되고 고립된 개인을 넘어서서 인정이 흐르는 공동체를 지향하는 것은 당연한 욕구다. 그런데 내가 전에 공동체에 관심을 가지고, 또 실제로 공동체 생활을 하면서 느꼈던 의문의 하나가 있다. '왜 대단히 높은 가치를 추구하는데, 아집이 강한 사람들이 많을까?'가 그것이다.

대단히 순수하고 열정도 많은 것 같은데, 그래서 공동체를 시도하지만, 실제로는 공동체에 그 스스로가 가장 부적합한 일들이, 아이러니가 발생할까? 여러 이유들이 있겠지만, 나는 꽤 많은 경우가 그 '집단주의적 성향'이라는 생각이 들었다.

이 성향을 가지면, '모두', '함께'라는 의미가 알게 모르게 집단주의적으로 다가온다. '무언가를 하지 않으면 안 되는' 규율과 규제의 사고방식이 있기 쉽다. 개인주의와 자유주의의 세례를 받은 사람들이 점점 많아진 지금의 실태와 맞지 않는다. 다른 사람들을 부자유하게 하고, 자신도 결국 부자유스러워진다.

현대적 공동체성은 '자유'에 바탕을 두는 것이다. 집단주의와 고립된 개인주의를 넘어서는 것이다. 지금은 섞여 있어서 스스로도 구분이 안 될 때가 많지만, 집단주의로의 회귀는 공동체 지향하는 운동에서 가장 피해야할 일의 하나다. '자발'과 '자율', '협동'과 '연대' 등의 가치들이 이런 관점에서 읽혀지기를 바란다.

둘째, 민주적 운영의 실력은 새로운 공동체 운동의 성패의 요인인 동시에 우리 사회가 새로운 운동에 바라는 것이기도 하다. 시민이 진정한 주체로 되기 위해서는 그 동안의 민주화 과정에서 저항주체로 보여주었던 실력을 넘어서야 한다. 수직 사회에서의 저항 주체로부터 수평 사회의 책임 있는 주체로 되어야 하는 것이다.

나는 우리 사회가 그 전환의 과정에 있다고 보지만 아직은 취약하다고 본다. 수평사회에서의 소통과 민주 운영의 실력이 없이는 새로운 공동체 운동의 정체성을 살리기 어렵다. 민주적 운영에 대한 오해가 있다.

매사를 회의에서 토론하고 다수결로 결정하는 것을 민주라고 생각하는 정도로는 이 운동을 하는 것이 엄청 피곤해진다. 회의의 절차가 중요한 것이 아니라, 민주적 운영을 할 수 있는 능력이 관건이다. 늘 싸우듯이 주장토론하고 다수결로 결정하는 방식은 이 운동의 생명력을 훼손한다. 능력이란 자신의 사고방식을 객관적으로 검토할 수 있거나, 자신의 아집을 볼 수 있고, 상대를 배려할 수 있는 것을 말한다.

절차보다는 능력과 태도가 중요하다. 다수결을 넘어서는 지향이 없다면, 공동체 운동은 무리다.

셋째, 공동체운동의 정체성을 살리면서, 여러 사업 특히 사회적 경제의 자립을 하는 것도 만만치 않다. 공동체 내부에서는 경쟁이 아니어야 하지만, 전체 시장 안에서는 경쟁에 살아남아야 하기 때문이다. 좋은 일자리는 내부에서는 비인간적 경쟁에 내몰리지 않고, 밖으로는 튼튼한 경쟁력을 갖추는 것이다. 이렇게 될 때, 공동체적 사업이 성공한다는 그 자체가 사회에 대한 기여로 되는 것이다. 내부의 생산력이 어떻게 자본주의적 경쟁을 넘어 자기실현의 노동에 의해 가능할 것인가? 이것은 우리 시대의 고민을 해결하는 최전선이다.

이것이 가능하기 위해서는 구성원의 경제적 사회적 문화적 필요와 욕구의 질을 신장시킬 수 있는가의 여부에 달려 있다. 경제적 동기(이익)로 출발하는 경우가 많지만, 그 동기만으로는 성공할 수 없는 것이 마을이나 사회적 경제이기 때문이다. 사회적 문화적 필요와 욕구가 경제적 필요와 욕구와 어떻게 조화될 수 있는가가 생명선이라는 생각이 든다. 물신지배의 차가운 사회에서 이것이 가능하다면 그것이야말로 사회에 대한 최대 기여로 될 것이다.

❧ 지역사회에 대한 협동조합의 기여에 관하여

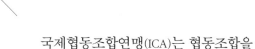

국제협동조합연맹(ICA)는 협동조합을 '공동으로 소유되고 민주적으로 운영되는 사업체를 통하여 공통의 경제적, 사회적, 문화적 필요와 욕구를 충족시키고자 하는 사람들이 자발적으로 결성한 자율적인 조직'이라고 정의하고 있다. 이 짧은 말 속에 세계협동조합의 역사가 집약되어 있다. ICA의 7원칙도 그 역사 위에서 발전한 것이다.

역사가 짧고, 그나마도 협동조합의 이름이 왜곡되게 사용된 경우가 많았던 한국에서 '협동조합의 새로운 역사'가 만들어지고 있다. 후발의 이익을 살릴 수 있을지, 역사적 축적의 빈곤 때문에 어려움을 겪을지 그 선택 앞에 직면하고 있기도 하다.

실태를 잘 보고 이상을 추구해야 한다. 나는 ICA의 정의 가운데, 민주적 운영의 실력, 사업체의 자립, 경제적 사회적 문화적 필요와 욕구의 질 이 세 가지가 관건이라는 생각이 든다.

민주적 운영의 실력은 협동조합 성패의 요인인 동시에 우리 사회가 협동조합에 바라는 것이기도 하다. 시민이 진정한 주체로 되기 위해서는 그 동안의 민주화 과정에서 저항 주체로 보여주었던 실력을 넘어서야 한다. 수직 사회에서의 저항 주체로부터 수평 사회의 책임 있는 주체로 되어야 하는 것이다. 나는 우리 사회가 그 전환의 과정에 있다고 보지만 아직은 취약하다고 본다. 수평사회에서의 소통과 민주 운영의 실력이 없이는 협동조합의 정체성을 살리기 어렵다. 협동조합이 그 실력을 쌓을 수 있다면, 그것만으로도 우리 사회에 대한 큰 기여로 될 것이다. 사회적 연대와 협동을 견인할 수 있게 된다.

협동조합의 정체성을 살리면서 사업체의 자립을 하는 것도 만만치 않다. 협동조합 내부에서는 경쟁이 아니어야 하지만, 전체 시장 안에서는 경쟁에 살아남아야 하기 때문이다. 좋은 일자리는 내부에서는 비인간적 경쟁에 내몰리지 않고, 밖으로는 튼튼한 경쟁력을 갖추는 것이다. 이렇게 될 때, 협동조합이 사업적으로 성공한다는 그 자체가 사회에 대한 기여로 되는 것이다. 내부의 생산력이 어떻게 자본주의적 경쟁을 넘어 자기실현의 노동에 의해 가능할 것인가? 이것은 우리 시대의 고민을 해결하는 최전선이다.

조합원의 경제적 사회적 문화적 필요와 욕구의 질을 어떻게 신장시킬 수 있는가? 대부분 경제적 동기(이익)로 출발하지만, 그 동기만으로는 성공할 수 없는 것이 협동조합이다. 사회적 문화적 필요와 욕구가 경제적 필요와 욕구와 어떻게 조화될 수 있는가가 생명선이라는 생각이 든다. 물신지배의 차가운 사회에서 이것이 가능하다면 그것이야말로 사회에 대한 최대 기여로 될 것이다.

　나는 인문운동가로서 인문운동의 관점에서 활동가나 조합원들에게 다소라도 도움이 되는 일을 해보고 싶다. 실제적이고 구체적인 사업이나 활동과 어떻게 결합할 수 있는지가 과제라고 생각한다.

🌿 인문운동과 복지의 새로운 지평

　　요즘 복지가 대세로 되고 있습니다. 그 것은 우리나라의 발전 단계가 그것을 요구하고 있기 때문입니다.

　　잘 아시다시피 우리는 반세기의 짧은 기간에 최빈국으로부터 세계경제 10위권의 나라로, 독재국가로부터 평화적 정권교체가 정착하고 있는 민주화된 나라로 변모했습니다. 사실 이런 성과들은 그야말로 대단한 것입니다. 그럼에도 국민들의 행복도는 OECD 국가들 가운데서는 최하위권, 전세계적으로는 100위권을 하회하고 있습니다.

　　그 원인이나 배경에 대해서는 여러 가지로 말할 수 있겠지만, 양극화의 심화와 상대적 빈곤감, 천민자본주의의 물신지배, 경쟁이 주는 스트레스, 개인중심의 민주주의가 나타내는 이기주의의 차가움 등을 이야기할 수 있을 것입니다. 어떤 학자는 '우리 공동체에는 지금 세계 최고 수준의 경제지표와 기술지표, 세계 최악 수준의 인간존엄과 인간지표가 병존하는 것이다. 인류 역사상 이런 공동체는 한국이 거의 유일하다'라고까지 이야기하고 있습니다.

선별적 복지, 보편적 복지에 대한 논쟁이 몇 년 전부터 선거의 가장 큰 이슈로 등장하고 있지만, 사실 이런 논쟁은 우리 사회가 당면하고 있는 테마에 비추어보면 일면적인 것에 불과합니다. 일면적이라는 말은 그것이 주로 물질의 재분배에 국한된 논의이기 때문입니다.

　물론 복지에서 물질(재화)의 재분배를 빼놓고 말할 수는 없습니다만, 이제 우리 사회의 실태를 보면 그것만으로는 턱 없이 미흡한 단계에 왔습니다.

　국민 일반의 행복도를 높이는 것이야말로 복지의 진정한 목적이라고 생각합니다. 아마도 여러분들께서 하시는 일의 대상과 내용은 주로 자본주의 시장에 진입이 어려운 분들(대체로 인구의 5분의 1 정도), 즉 기본적인 생활이 어려운 사람들을 국가와 사회가 그 최저생활을 보장해주고 자활을 도모하는 일련의 활동들이 가장 많을 것입니다. 그리고 지금까지 복지라고 하면 주로 이 분야를 이야기한 것이 사실입니다. 그리고 지금도 역시 그것이 기본임에는 틀림이 없습니다.

　그런데 이제 시대가 요구하는 복지는 그 대상과 내용이 전면적으로 확대됩니다. 이른바 경제적으로 넉넉한 사람들일지라도 진정으로 자유롭고 행복한가? 하는 물음까지를 포함하는 것입니다. 즉 물질적 조건을 넘어 정신적 요소까지를 포함하는 것입니다.

　이제 과거의 복지를 껴안으면서 새로운 복지의 개념으로 전면적인 업그레이드가 요청되는 시대로 되었습니다. 당장 먹을 게 없는 사람들에게 너무 생뚱맞은 이야기가 아닌가 하는 생각이 당연히 들 수도 있지만, 저는 이렇게 업그레이드된 복지 운동의 빛 속에서 과거로부터 이월된 복지의 과제들이 변화된 사회적 조건과 사람들의 의식에 맞게 추구되어야 한다고 생각합니다.

구빈(救貧)이나 구제(救濟)의 대상으로 보는 차원에서 벗어나야 하는 것입니다. 우리 사회의 당당한 주체로서 동시대를 살아가는 사람들, 집단들과 여러 가지 차별의식에서 벗어나 어깨를 나란히 하고 나아가는 그런 운동을 그려보는 것입니다.

아마도 이렇게 말씀드리면, 무슨 꿈같은 이야기냐, 구름 잡는 이야기 아닌가 하고 들리는 게 당연한 것이 여러분께서 현재 일하고 계시는 환경이라고 생각합니다. 과로와 스트레스로 쓰러지고, 심지어는 귀중한 목숨까지 버리는 현실이니까요.

제가 말씀드리고 싶은 출발점도 사실 여기에 있는지도 모르겠습니다. 복지가 시대의 총아로 되고 있는데, 그 최전선에 있는 분들이 고통스럽다면, 이 보다 더한 아이러니가 어디에 있겠습니까? 복지의 목적이 행복도를 높이는 것이라면, 일선에서 그 일에 복무하는 사람들이 먼저 행복해야 되는 것 아닐까요? 자신이 행복하지 않으면서 남을 행복하게 한다는 것은 마치 장님이 길을 인도하는 것과 같지 않을까요.

여러 가지 객관적인 조건과 환경을 만들어가는 것은 여러분들의 단합된 지혜와 힘으로 해가야 하겠지요. 제가 말씀드리는 것은 주로 '인문운동'의 관점에서 운동의 새로운 지평을 열어가고 아울러 여러분들이 스스로 확보해 가야 하는 사회적 지위와 역할을 획득하기 위한 노력에 다소라도 도움이 되었으면 좋겠다는 심정으로 몇 가지를 이야기하려고 합니다. 여러분의 직장, 동료들, 수급권자, 아동, 노인, 장애인 등 여러분이 함께 일하고 생활하는 장(場)의 인문적 진보에 대한 이야기가 될 것입니다.

1. 사이좋음

우선 여러분이 일하는 직장과, 같은 분야의 동료들 간에 사이가 좋아야 합니다. 그래서 이 사이좋음이 점차 여러분께서 사업을 하시는 현장으로 확대되어야 합니다. 가치관이 비슷하거나 지향하는 목표가 비슷한 사람들이라도 같이 일을 하다보면 사이가 나빠질 수 있습니다. 사이가 나빠지면 일하는 것이 즐겁지가 않고, 효율도 오르지 않습니다.

특히 요즘 협동조합이나 마을공동체 만들기가 활발하게 일어나는데, 이것은 복지운동과도 유기적 관계를 가집니다. 어떤 면에서는 복지가 새로운 지평을 열어 가는데 대단히 좋은 기회라고도 할 수 있지요. 지금까지의 자활운동이나 사회적 기업을 한 단계 업그레이드할 수 있는 좋은 환경을 만나고 있다고 할 수 있습니다.

물론 민관 거버넌스가 발전하는 것이 중요하지만, 협동조합이나 공동체가 성공하기 위해서는 관주도로부터 민주도로 중심 이동이 이루어져야 합니다. 자립과 자조가 바탕이 되어야 합니다. 이 때 가장 중요한 것은 사이좋게 의사 결정하기입니다.

협동조합을 예로 들어보겠습니다.

협동조합은 모두가 주인입니다. 특히 소규모의 창업적인 협동조합은 평소 사이가 좋던 사람이나 어떤 지향을 같이 하는 경우가 많습니다. 그런데 막상 이 주인들이 어떻게 의사결정을 하고 그것을 집행할 것인가를 구체적으로 진행하다보면, 어려움을 겪게 되는 경우가 많습니다. 그래서 좋던 사이마저 멀어져 버린다면, 끝장입니다.

같이 하다보면 서로의 아집이 들어나는 것이지요. 연애할 때 모르던 것이 결혼하고 나서 알게 되는 것과 비슷한 것이지요. 파커 파머(Parker J. Palmer)라는 사람이 말한 것으로 기억하는데, 사람들이 모이면 갈등은 있게 마련인데, 선택은 결국 둘 중 하나라는 것이지요. 즉, 부서져 흩어지느냐, 아니면 깨어 열리느냐'라는 것입니다. 이 깨어 열리는 길이 사이좋게 의사 결정하는 길입니다. 서로 비비고 부딪치면서 자신의 아집이 엷어져 상대를 향해 마음이 열리는 상태로 가는 것, 그것이 중심의 문화로 자리 잡는 것이야말로 협동조합이 성공할 수 있는 바탕이 되는 것입니다.

그러면 어떻게 해야 이렇게 될까요?

자신과 생각이나 이해득실과 다를 때 무조건 양보하고 참아야 할까요? 사이좋음과 일치를 위해서 참고 양보하는 것도 때로는 필요하겠지요. 그러나 참는 것은 한계가 있습니다. 참는 것은 일종의 독입니다. 이독이 저절로 약으로 변하지는 않습니다. 마음의 진화가 있어야 된다고 생각합니다.

서로 사이가 안 좋아지는 바탕에는 '내 생각이 틀림없다. 당연하다'는 것이 깔려 있습니다. 그런데 사실은 어떨까요? 나는 여기, 즉 '사실은 어떤가?'에서 시작해야 한다고 생각합니다. 참아서 양보하는 것이 아니라 이러한 자각을 일상화하는 것이지요. 고전에서 많은 도움을 받을 수 있습니다. 요즘은 과학이 발전해서 훨씬 고전을 잘 읽을 수 있습니다.

공자의 "내가 아는 것이 있겠는가? 아는 것이 없다"(吾有知乎哉? 無知也)라는 무지의 선언이나 "모르는 것을 자각하는 것이 참된 앎의 시작"이라는 소크라테스의 말, "오직 모를 뿐(only don't know)"을 화두로 서구 사회에 한국불교를 널리 알린 숭산 선사 등이 그 좋은 예가 될 것입니다.

현대과학으로 인식의 메커니즘을 이해하면 이 말들은 훨씬 잘 다가옵니다. "우리가 아는 것은 각자의 서로 다른 감각기관과 서로 다른 저장된 정보가 만나서 판단하는 것일 뿐, 사실이나 실제와는 다른(별개의) 것"이라는 것을 일상적으로 자각하는 것이지요.

물론 머리로 자각한다고 해서 자신과 다른 사람의 말이나 생각이 잘 이해되고, 사이가 나빠지지 않는다고 기대할 수는 없습니다. 오랫동안 "내 생각이 틀림없어" 하고 훈습된 상태가 빨리 변하지는 않기 때문이지요. 그러나 늘 의식하고, 특히 다른 생각을 만나 힘들 때 이 자각(自覺)을 연습하는 기회로 한다면 '가랑비에 옷 젖듯' 변해갈 것입니다. 처음에는 참는 마음으로 하는 경우가 많겠지만 점차 참는 것(忍이라는 毒)에서 그대로 받아들이는(恕라는 藥) 마음의 진화가 일어날 것입니다. 이것이야말로 협동조합과 인문운동이 만나는 첫걸음이 아닐까요?

저는 여러분들이 이런 문화를 먼저 몸에 익혀, 이것이 복지 분야의 여러 일터로 확산할 수 있는 실질적인 리더가 되었으면 좋겠습니다.

특히 수급권자들이 갖고 있는 여러 실태들은 결코 경제적 조건으로만 해결하기 어려운 경우가 많습니다. 그 실태에 맞게 인문운동을 접합시키는 것이야말로 '자립심'과 '긍지'를 회복하는 데 대단히 중요하다고 생각합니다.

2. 자기실현의 즐거운 노동

진정한 사이좋음은 참는 것이 아니라 '상대를 그대로 받아들임(恕)'입니다. 그럴 때라야 비로소 자신이 하는 일에 즐겁게 전념할 수가 있습니다. 아무리 좋은 취지로 시작하더라도 사업이 망해버리면 그만입니다. 최소한 지속적으로 유지할 수 있는 생산력이 유지되어야 합니다. 그것이 결코 행복하지 않는 경쟁에 의한 생산력이 아니라 과정이 자기실현의 즐거운 노동으로 되어야 하는 것이 우리가 만들고 싶어 하는 사업장입니다. 경쟁을 동력으로 하는 기업에 비해 생산성이 다소 떨어지는 것은 큰 문제가 아닙니다. 적어도 지속성을 가질 수만 있다면, 그 생산 과정이 즐겁고 행복하기 때문에 어떤 면에서는 하나의 모범을 창조할 수도 있습니다. 문명의 전환이라는 시각에서 보면 가장 선진적인 모델일 수도 있습니다. 함석헌 선생님 하신 말씀대로 '뒤로 돌아 앞으로' 할 때 뒤에 선 자가 앞에 서게 됩니다.

가장 선진적인 복지 운동가라면 한 번 품어봄직한 꿈이 아닐까요? 자본주의의 가장 주변부에서 자본주의를 넘어서는 그런 문화를 만들어갈 수는 없는 것일까요? 아마 현실적으로는 너무 힘든 조건에서 일하시는 분들께 이런 말씀을 드리는 것이 무리라는 것은 잘 알고 있습니다만, 스스로 하시는 일이 즐겁기 위해서는 꿈을 갖는 것이 필요합니다. 일에 시달려 꿈조차 꾸지 못하는 현실적이고 객관적인 조건들은 단합된 힘으로 바꿔 내십시오. 즉 복지운동을 하는 사람들의 복지를 위한 환경을 만드십시오. 복지 운동은 그 운동을 하는 사람 스스로가 먼저 행복해야 합니다. 언제나 즐겁기만 하다는 이야기는 아닙니다. 때로는 괴롭고 힘들고 답답한 경우도 많이 있겠지요. 그러나 프레데릭 뷔흐너의 말처럼 '자신의 직업이 자신의 내면 가장 깊은 곳의 진정한 기쁨과 세상의 허기가 만나는 장(場)'이 되면 좋겠습니다. 이 기쁨이 어려움을 이겨내는 동력이 되었으면 좋겠습니다.

이런 동력을 발생하게 하는데, 노동시간이나 급여 같은 객관적 조건의 개선과 함께 인문운동이 큰 역할을 할 것입니다. 내부에서 이러한 동력이 발생하면, 외부의 객관적 조건들을 변화시킬 수 있는 진정한 힘을 갖게 될 것입니다. 시대의 최전선을 담당하는 당당한 주체로서 합당한 지위와 역할을 갖게 되기를 진정으로 바랍니다.

'즐겁게 일하자', '협동하자!'고 해서 바로 그렇게 되는 건 아닙니다. 그렇게 할 수 있는 마음의 상태로 되는 것이 먼저 되어야 하는 것이지요. 그렇게 되려면 무엇이 필요할까요?

우선 자기와 다른 방식으로 일하는 다른 사람을 그대로 받아들일 수 있는 마음이 먼저 되어야 합니다. 공자는 이것을 서(恕)라고 합니다. 그래야 자기 일에 자발적으로 전념할 수 있게 됩니다. 공자는 이것을 충(忠)이라 부르고, 15세기의 에크하르트는 이것을 '거룩함'이라고 불렀습니다.

무엇이라 부르건 이 서(恕)와 충(忠)이 '즐거운 자기 실현의 노동이나 협동'을 가능하게 합니다. 강제적으로는 이루어질 수 없는 것이지요. 좋아서 즐거워서 하는 일이 아니면, 마치 주인 없는 공사처럼 생산력이 떨어지게 됩니다. 이 마음을 연습하고 그것을 진척시키는 것이 생산력과 직결되는 것이지요. 만일 이것이 잘 이루어진다면 사업의 성공은 물론 그보다 훨씬 더 큰 보너스를 얻게 되는데, 그것은 곧 자유롭고 풍부한 인간으로 되는 것이지요. 복지 운동(사업)이 새로운 영역으로 질적 도약을 하는 것이지요.

3. 마음도 물질도 풍요로운 삶

함께 하다보면, 특히 경제적 사업의 경우 '저 사람은 너무 물욕이 강해!' 또는 '저 사람은 지나치게 마음만 강조해!' 하는 생각들이 서로를 불편하게 할 경우가 있습니다. 특히 물질생활이나 소비 욕구 같은 것에 대해서 서로의 생각이나 감각이 다르기 때문에 구성원 사이에 갈등이 일어날 수 있습니다. 사업체로서의 기능과 결사체로서의 기능을 둘러싼 정체성에 대한 논의로 전개될 수도 있습니다. 그래서 이 부분에 대한 올바른 견해가 무엇일까를 함께 찾아가는 인문운동이 필요합니다.

인간의 첫 번째 생존 조건은 물질의 확보입니다. 물질생활은 인간의 행복을 위한 필수조건입니다. 이것을 무시하거나 경시하면 삶의 존립기반이 없어집니다. 그런데 이것이 역전되어 물질이 인간을 지배하게 되면 그것은 진정한 행복과는 거리가 멀어집니다. 자본주의의 최대 기여는 인간의 물질적 수요를 충족하게 하는 생산을 가능하게 한 것이지만 최대의 문제는 인간소외인 것이지요. 즉 물질이 인간을 지배하는 역전 현상이 일어난 것입니다. 이것을 제대로 돌려놓지 못하면 개개인의 행복은 물론 인류의 생존이 아니 존속 그 자체가 위험해질 것입니다.

이런 측면에서도 복지 운동의 새로운 영역이 요구되는 것입니다.

요즘 '단순소박한 삶'이 하나의 화두처럼 떠오릅니다. 공생공빈(共生共貧, 같이 살고 함께 가난하기)이나 '자발적 가난'이라는 말도 이런 취지에서 나오는 말이라고 생각합니다. 다만 너무 극단적이 되거나 진정한 자발성에서 나오지 않게 되면 보편화하기 힘든 주장으로 비춰지기 쉽다고 생각합니다. 특히 가난한 사람들에게는 이것은 너무 '뜬구름 잡는 이야기'로 들릴 수 있습니다.

실제로 물질적 풍요를 경험한 사람이 자발적으로 욕구의 질을 바꾸는 것이 쉬울 수가 있습니다. 가난한 사람이 '물신의 지배'로부터 자유로워지기 어려운 것이 어쩔 수 없는 인간의 실태이기도 합니다. 그러나 '물질의 소유나 소비의 정도'를 가지고 우열을 따지는 그래서 몸에 붙어버리는 뿌리 깊은 열등감이나 무력감에서 벗어나려는 '인문운동'을 전개할 수는 없는 것일까요?

자기실현의 노동과 협동이 주는 즐거움, 공동체구성원 사이에 흐르는 인정, 물질의 소유 정도에 의해 자신의 존재가치가 결정되는 것이 아니라는 내면의 당당함, 이런 것이야말로 새로운 시대의 복지가 추구하는 것 아닐까요?

예전부터 안빈낙도(安貧樂道)라는 말이 있습니다. 나는 이것을 현대적으로 음미하는 것이 좋다고 생각합니다. 가난을 즐기는 것이 아니라. 도(道)를 즐기는 것이지요. 오늘날 이 도(道)란 무엇일까요?

나는 그것이 정신적, 예술적, 영적 욕구로부터 나오는 진정한 '인간의 즐거움'이라고 생각합니다. 여기서 '인간'이란 동물계로부터 한 단계 나아간 존재를 말하는 것입니다.

비록 물질적으로는 상대적 빈곤을 벗어나기 힘들지라도, 열등감이나 무력감에서 벗어나 자발적으로 자긍심을 가지고 새로운 생활문화를 만들어갈 수는 없을까요? 쉽지 않은 과제라고 생각합니다만, 이런 운동이 여러 현장들에서 들불처럼 번져가기를 바랍니다. 그 선두에 여러분들께서 서 계셨으면 좋겠습니다.

이상으로 오늘 제가 드리고 싶었던 말을 마치려 합니다.

아무쪼록 여러분께서 하시는 일 속에서 진정한 행복을 발견하시길 기원합니다.

합작과 연정은 시대정신이다

지은이 | 이남곡
펴낸이 | 김인수

펴낸곳 | 마인드큐브 북스
편집부 | 현윤식·송여름
디자인 | design Vita

출판등록 | 제 2014-000009호(2014년 7월 7일)
주소 | 경기도 의정부시 오목로 72, 403-502
이메일 | mind@mindcube.kr
전화 | 편집 070-4086-2665
　　　마케팅 031-945-8046(팩스 : 031-945-8047)

초판 1쇄 인쇄 | 2016년 5월 20일
초판 1쇄 발행 | 2016년 5월 25일
ISBN 979-11-953277-2-0 03300